"十二五"职业教育国家规划教材

经全国职业教育教材审定委员会审定

21世纪高等院校智慧健康养老服务与管理专业规划教材

老年服务与管理概论

（第二版）

主　编 ◎ 卢　霞　周良才

北京大学出版社

PEKING UNIVERSITY PRESS

内 容 简 介

本书从多学科的角度，系统、全面地梳理了智慧健康养老服务与管理专业涉及的领域、专业知识。为了更准确地进行阐述，本书着重从老年人、老年群体和老龄化社会三个方面，对老年服务与管理的目的、目标、具体的服务内容与管理领域进行了论述。本书共有7个情境（老年服务与管理的兴起，老年服务与管理的领域，老年服务与管理的目标与伦理认知，老年生理健康维护，老年心理健康维护，老年幸福生活营造，老龄化社会的管理），每个情境都设有具体的能力目标和知识目标，且每个情境都包含若干任务，让学生在完成任务的过程中学到知识，加深对老年服务与管理行业的理解。

本书不仅有助于智慧健康养老服务与管理专业的学生更好地理解专业内涵，而且有助于老年服务行业相关从业者对自己的服务领域形成一个全面的认知。

图书在版编目（CIP）数据

老年服务与管理概论/卢霞，周良才主编. —2 版. —北京：北京大学出版社，2022.9
21 世纪高等院校智慧健康养老服务与管理专业规划教材
ISBN 978-7-301-33235-1

Ⅰ.①老⋯　Ⅱ.①卢⋯②周⋯　Ⅲ.①老年人–社会服务–高等学校–教材　Ⅳ.①C913.6

中国版本图书馆 CIP 数据核字（2022）第 146418 号

书　　　名	老年服务与管理概论（第二版） LAONIAN FUWU YU GUANLI GAILUN（DI-ER BAN）
著作责任者	卢　霞　周良才　主编
策划编辑	桂　春
责任编辑	吴坤娟　胡　媚
标准书号	ISBN 978-7-301-33235-1
出版发行	北京大学出版社
地　　　址	北京市海淀区成府路 205 号　100871
网　　　址	http://www.pup.cn　新浪微博：@北京大学出版社
电子邮箱	编辑部 zyjy@pup.cn　总编室 zpup@pup.cn
电　　　话	邮购部 010-62752015　发行部 010-62750672　编辑部 010-62704142
印　刷　者	河北文福旺印刷有限公司
经　销　者	新华书店
	787 毫米×1092 毫米　16 开本　15.5 印张　337 千字 2014 年 9 月第 1 版 2022 年 9 月第 2 版　2024 年 8 月第 6 次印刷（总第 14 次印刷）
定　　　价	48.00 元

未经许可，不得以任何方式复制或抄袭本书之部分或全部内容。
版权所有，侵权必究
举报电话：010-62752024　电子邮箱：fd@pup.cn
图书如有印装质量问题，请与出版部联系，电话：010-62756370

第二版前言

我国从 1999 年进入老龄化社会，到 2021 年进入深度老龄化社会，仅用了 22 年。全国老龄工作委员会办公室、中国老龄协会预测，2035 年前后，我国老年人口占总人口的比例将超过 1/4，2050 年前后这一比例将达到 1/3。人口老龄化速度如此惊人！

与此同时，2020 年第七次全国人口普查数据显示，2020 年我国劳动年龄人口为 8.8 亿，与 2010 年比，减少 4000 多万人。劳动年龄人口的持续负增长将加速整个社会进入深度老龄化和超老龄化。试想，全社会三成以上的人口都是老年人，那么未来将由谁来担负起照顾老年人的工作呢？怎样才能让老年人拥有健康快乐的晚年生活呢？

党的二十大报告明确指出："实施积极应对人口老龄化国家战略，发展养老事业和养老产业，优化孤寡老人服务，推动实现全体老年人享有基本养老服务。"在此背景下，从事老年服务与管理工作的人士被赋予了更多的责任，他们可以运用所学的专业知识去帮助老年人应对老年期的各种生活挑战，去开发更多为老年人服务的项目，去参与制定应对人口老龄化的措施，等等。

我国智慧健康养老服务与管理专业（原老年服务与管理专业）教育从 20 世纪 90 年代末开始建设，经过多年发展已初见成效。随着人口老龄化速度加快，国内高校纷纷开设此专业，但由于智慧健康养老服务与管理专业涉及领域广泛、知识众多，一方面在高校本专业建设过程中如何科学、合理地规划与构建该专业的课程体系，显得尤为重要；另一方面，在众多的领域与知识面前，如何让学生系统地了解本专业的重要性与涉及领域的广泛性，也是一个不容忽视的问题。基于此背景，我们组织编写了本书。

本书从老年人和老龄化社会两个角度系统地阐述了如何通过服务与管理的方式构建和谐的老龄化社会，即老年服务与管理在老龄化社会的重要性；同时，书中介绍了老年服务与管理的目标与内容，对智

慧健康养老服务与管理专业的师生具有指导作用。本书还涵盖了当今社会老年服务与管理的大部分领域，对每个服务领域的目标、知识、方法、技巧进行了概括，并结合当今老龄化社会的现状，导入典型案例，通过理论联系实践的方法，对目标、知识、方法、技巧进行阐述，不仅有助于本专业学生更好地理解专业内涵，而且有助于从事该行业工作的人员开阔视野，加深对本行业的理解。

本书第一版由重庆城市管理职业学院周良才教授和卢霞副教授联合主编，白冰、赵钦清、李莉、杜庆、聂麟懿等老师参编。第二版修订工作在周良才教授与卢霞副教授的主持下，由赵钦清、杜庆、聂麟懿、向雪等老师共同完成。我们参考与引用了众多学者的研究成果与观点，在此对他们表示衷心的感谢。同时，也对所有给予本书编写以指导和关心帮助的，以及付出辛勤劳动的领导、同人表示由衷的感谢！

本书内容涉猎广泛，材料丰富翔实，能够为开设有智慧健康养老服务与管理专业的高等职业院校的日常教学提供理论框架，为就读智慧健康养老服务与管理专业的学生系统学习本专业知识提供方向指导，为从事老年服务与管理工作的人士的日常工作提供借鉴和参考。

本书已经过反复修改、审阅，若书中仍有不足之处，敬请读者批评指正！

编者
2023 年 6 月

本教材配有教学课件或其他相关教学资源，如有老师需要，可扫描右边的二维码关注北京大学出版社微信公众号"未名创新大学堂"（zyjy-pku）索取。

- 课件申请
- 样书申请
- 教学服务
- 编读往来

目 录

情境一 老年服务与管理的兴起 …………………………………… (1)
    任务一 全球人口老龄化认知 ……………………………………… (3)
    任务二 老年人服务需求发展的认知 ……………………………… (9)
    任务三 老年服务与管理兴起的必然性 …………………………… (12)

情境二 老年服务与管理的领域 …………………………………… (17)
    任务一 老年服务与管理的场所 …………………………………… (19)
    任务二 老年服务与管理的对象 …………………………………… (24)

情境三 老年服务与管理的目标与伦理认知 ……………………… (35)
    任务一 老年服务与管理的目标认知 ……………………………… (37)
    任务二 老年服务与管理的质量控制与评估 ……………………… (45)
    任务三 老年服务与管理的伦理 …………………………………… (53)

情境四 老年生理健康维护 ………………………………………… (57)
    任务一 老年生理健康评估 ………………………………………… (59)
    任务二 老年人日常生活照料 ……………………………………… (69)
    任务三 老年营养与膳食 …………………………………………… (80)
    任务四 老年疾病预防 ……………………………………………… (85)
    任务五 老年护理 …………………………………………………… (91)
    任务六 老年保健 …………………………………………………… (99)

情境五 老年心理健康维护 ………………………………………… (109)
    任务一 老年心理健康评估 ………………………………………… (111)
    任务二 老年心理疾病预防 ………………………………………… (122)
    任务三 老年心理疾病干预 ………………………………………… (126)

情境六 老年幸福生活营造 ………………………………………… (139)
    任务一 老年人生活质量评估 ……………………………………… (141)
    任务二 老年婚姻与家庭 …………………………………………… (146)
    任务三 老年文化娱乐 ……………………………………………… (155)
    任务四 老年活动策划和组织 ……………………………………… (162)
    任务五 老年旅游 …………………………………………………… (168)

情境七　老龄化社会的管理 …………………………………………………（177）
任务一　老年人权益保障 ……………………………………………（179）
任务二　养老机构管理 ………………………………………………（187）
任务三　老年社区管理 ………………………………………………（203）
任务四　老年人力资源开发 …………………………………………（214）
任务五　老龄产业开发与管理 ………………………………………（221）
附录 ………………………………………………………………………（231）
参考文献 …………………………………………………………………（237）

情境一

老年服务与管理的兴起

能力目标

本部分知识内容可以根据实际情况采用阅读、自学或讨论等形式组织学习,旨在培养:

1. 自我学习的能力;
2. 分析问题和解决问题的能力。

知识目标

通过学习本部分内容,应了解以下知识:

1. 全球人口老龄化问题的发展趋势;
2. 老年人日常生活的服务需求,认识老年人对服务需求的发展与变化;
3. 老年服务与管理的社会意义。

- 任务一　全球人口老龄化认知
- 任务二　老年人服务需求发展的认知
- 任务三　老年服务与管理兴起的必然性

情境一 老年服务与管理的兴起

任务一 全球人口老龄化认知

情境导入

2018年2月26日,致公党中央向全国政协十三届一次会议提交的35份提案中,其中有一份名为《关于及早谋划实施"积极老龄化"战略的提案》(以下简称提案)尤其受到关注。

提案指出:"当前我国人口老龄化最大的挑战在于老龄人口迅猛增加、人口结构剧烈转变的不可逆转性同我国社会未富先老、未备先老现实状况的双因叠加。"随着中国老龄化速度加快、程度加深,对社会、经济、文化、教育等各个领域都会带来巨大影响,如何应对显得迫在眉睫。致公党中央建议,将"积极老龄化"上升为国家战略。致公党中央参政议政部调研处处长汪庆发表示,实施"积极老龄化"战略,就是要改变消极养老的局面,要让老年人退休后仍可为社会做出贡献。提案建议,提升老年人价值创造的能力,创造老年人价值创造的机会和条件,促进老年人价值创造活动。相应制订积极老龄化的政策纲领和行动计划,通过理念引领、政策支持和系统化的制度安排,使积极老龄化落到实处。同时,改变老年人的消极养老观念,通过建立老年人"弹性再就业""轻创业"和老年人公益志愿服务体系,使社会组织成为促使老年人参与社会活动的骨干力量。另外,构建老年人的多元社会保障和健康支持体系,进一步完善包括机构养老、社区养老、居家养老等多元化养老模式,进一步完善社会养老保险、养老服务与养老保障制度等。

(参考资料:定军.致公党中央:建议将积极老龄化上升为国家战略.http://finance.sina.com.cn/roll/2018-02-27/doc-ifyrvspi2294972.shtml.引用日期:2021-10-15.有删改)

【任务描述】

思考并讨论:

1. 全球人口老龄化是如何形成的?
2. 我国为何要谋划实施"积极老龄化"战略?
3. 世界其他国家目前老龄化状况如何?

【任务实施】

1. 分小组就各个主题展开讨论。
2. 各小组选派代表汇报并分享讨论结果。

【任务思考】

1. 老龄化社会不只是人口学意义上的概念,请分析:从服务与管理的角度来说,老龄化社会意味着什么?
2. 人口老龄化给社会确实带来了很多压力与消极影响,但同时也是社会发展的契机,请思考发展的契机是什么。

【知识链接】

一、全球人口老龄化的形成

人口老龄化是指人口生育率降低和人均寿命延长导致总人口中年轻人口数量减少，年长人口数量增加，从而致使老年人口占总人口比例相应增长的动态过程。当一个国家或地区60岁以上老年人口占人口总数的10%，或65岁以上老年人口占人口总数的7%，即意味着这个国家或地区处于人口老龄化社会。目前，日本是全球人口老龄化最严重的国家，2020年联合国经济和社会事务部人口司统计数据显示，日本65岁以上老年人口比例达到了28.4%，排名世界第一，意大利和德国分别位居第二名和第三名。全球人口老龄化数据如此惊人，那到底全球人口老龄化是如何形成的呢？

（一）全球人口迅速发展

对全球人口发展历史来说，过去一百年间，全球人口总数翻了两番，这是一个惊人的和前所未有的人口增长速度。纵观人类历史发展过程，农业革命和工业革命在人类人口增长中起了决定性的作用。据估计，公元元年全球人口约为2亿～4亿，到17世纪中叶全球人口增长到4.7亿～5.5亿；19世纪初，全球人口达到8亿～11亿，到19世纪中叶达到11亿～14亿。20世纪初全球人口数量为15亿～17亿。在1830年前后全球人口第一次达到10亿；在100年后的1930年全球人口增长到20亿。而第二次世界大战后，世界经历了急剧而空前的人口增长过程，人口增长率显著提高。1950年全球人口达到25亿，1960年达到30亿。也就是说，从10亿人口增长到20亿人口用了整整一个世纪，而从20亿人口增长到30亿人口只用了30年。在此之后，每增长10亿人口的时间越来越短，全球人口保持持续的增长趋势。1975年全球人口达到40亿，也就是说仅用了15年的时间全球人口又增长10亿；1987年则达到了50亿，1999年突破了60亿，2020年已经超过77亿。

在20世纪全球人口增长过程中，第二次世界大战后半个多世纪的人口增长尤其迅速而显著。公共医疗卫生条件改善、疾病减少、婴儿死亡率下降、生活水平提高等因素都对人口增长做出了贡献。许多发展中国家获得独立以后致力经济发展，积极改善医疗卫生条件，同时保持了较高的人口出生率。死亡率下降和出生率提高，致使全球人口在20世纪的后50年里爆炸性增长，尤其是大多数发展中国家人口增长迅速。1950年发展中国家人口占全球人口的67.8%，而到2000年这一比例上升到80.4%。1950—1955年，发达国家的年平均人口增长率为1.79%，而发展中国家的年平均人口增长率为2.06%。1965—1970年全球人口增长率达到顶峰，平均每年增长2.1%。2015—2020年全球人口增长速度放缓，年平均增长率下降到1.1%以下。截至2020年，亚洲人口占全球人口的比例最高，达到59.9%；非洲人口占全球人口的比例为17%，但未来一段时间，非洲将成为全球人口增长的主力；欧洲仅占全球人口的9.6%。由于欧洲的低生育率和人口低增长率，预计未来欧洲人口占全球人口的比重还将下降。

据联合国经济和社会事务部发布的《2019年世界人口展望》报告,通过对235个国家或地区的历史数据和人口趋势进行分析,估计到2050年全球人口将增长至97亿;到21世纪末,全球人口将增长至110亿左右。

(二) 人口寿命延长

自第二次世界大战以后,世界上绝大多数国家在社会、经济等方面都取得了巨大的成就,公共卫生条件得到极大的改善,人口健康水平普遍得到提高。20世纪50年代初,全球人口平均预期寿命仅46.5岁;到70年代末,平均预期寿命提高至59.8岁;2019年,平均预期寿命为72.6岁,其中,全球男性平均预期寿命为70.2岁,女性为75岁。当然,全球各个地区的人口平均预期寿命存在着较大的差距。例如,2019年,南部非洲的平均预期寿命才63.8岁,远低于全球人口平均预期寿命。预计到2050年,全球人口平均预期寿命将达到77.1岁,其中,男性平均预期寿命为74.8岁,女性平均预期寿命为79.4岁。

(三) 人口出生率降低

人口出生率是指某一特定时期某一特定人群中出生的婴儿与同期平均人口数的比率。19世纪以前,全球人口出生率变化不大,各地区的人口出生率差别也不大,平均每个妇女一生生育5~6个子女,人口出生率在4%以上。从欧洲国家的工业化开始,资本主义在欧洲迅速发展,到19世纪中后期,西欧及北欧一些国家的人口出生率开始下降,进而扩展到北美、东南欧地区的国家。进入20世纪后,发达国家的人口出生率持续下降,发展中国家则继续保持着较高的人口出生率。20世纪50年代,发达国家的人口出生率一度有较明显的回升,出现了"婴儿出生高潮期",但进入60年代后,其人口出生率又直线下降,相当多的国家人口出生率下降到人口更替水平以下;而同期,发展中国家的人口出生率仍保持着原有的水平,直到70年代后,发展中国家的人口出生率才出现变化,部分发展中国家,如中国等东亚国家和泰国等东南亚国家实施计划生育政策后,人口出生率大幅度下降,其中部分国家的人口出生率已低于人口更替水平,而西亚、非洲等地区的大部分国家仍保持原来的人口出生率。根据联合国预测,人口出生率将继续降低,2019年平均每个妇女生育2.5个孩子,到2050年将减少至2.2个,到2100年将减少至1.9个。截至2020年年末,我国人口出生率由2017年的12.43‰降至8.52‰。而日本2020年出生人口仅84万,跌破90万,人口出生率为2.3‰,创历史新低。

不断延长的人口寿命和不断下降的人口出生率使得全球人口结构发生了根本性变化,老年人口占总人口数的比例不断上升。对老龄化社会的关注始于19世纪中叶的欧洲,20世纪70年代以后,逐渐扩散至美洲和亚洲的国家,老龄、超老龄人口占总人口的比例和老年人口抚养比不断攀升,成为影响人类发展的全球性议题。世界卫生组织预计,到2050年,全球60岁及以上人口数量将增长到近15亿,老年人口占总人口的比例将攀升到20%。到2025年,将会有70%的老年人口(60岁及以上)生活在发展中国家,约8.4亿。人口老龄化不仅是发达国家要面临的人口发展问题,也是21世纪全球所面临的人口发展

问题。老龄化社会是全球所面临的共同的、新的社会议题,也是影响和制约未来社会经济发展的重要因素。

二、我国人口老龄化趋势

中华人民共和国成立以来,我国人口数量在急剧增长的同时,人口年龄结构也在快速转变。根据人口年龄结构的变化状况,1970—2000年我国人口老龄化的进程可以分为两个主要阶段:第一阶段是人口老龄化的提高阶段(1970—1990年)。在这一阶段,我国人口老龄化开始出现持续提高的态势。第二阶段是快速步入人口老龄化阶段(1990—2000年)。在这一阶段,我国人口老龄化速度加快,到2000年年底,65岁及以上老年人口占总人口的比例达到7%。而目前我国处于老龄化快速发展阶段,2021年,我国60岁及以上的老年人口达2.67亿,占总人口数的18.9%,65岁及以上的老年人口达2亿,占总人口数的14.2%。我国老年人口除绝对数量大、人口老龄化速度快以外,还具有未富先老、各地区发展不平衡、空巢老人问题凸显、高龄化提速等深度老龄化社会的特征。

(一)老年人口数量大,老龄化速度快

我国老年人口的绝对数量居世界第一位。2020年第七次全国人口普查数据显示,我国总人口数是14.1亿多,65岁及以上老年人口数占总人口数的比例为13.5%,比2010年第六次全国人口普查的8.87%上升了将近5个百分点。我国进入老龄化社会的时间迟,但人口老龄化发展速度大大快于世界平均水平。瑞典65岁及以上人口占总人口的比例从7%升至14%用了85年,法国用了115年,人口老龄化发展速度最快的日本用了24年。我国人口老龄化速度已赶超日本,65岁及以上人口占总人口的比例从7%升至14%,用了21年。

(二)人口老龄化超前于社会经济的发展

一般情况下,经济发展、人口出生率下降和人口老龄化三者大致同步。但我国人口老龄化是在经济发展水平不高、综合国力不强、人民生活水平还比较低的情况下到来的,换言之,我国人口老龄化超前于社会经济的发展。发达国家在进入老龄化社会时,已具备较强的经济实力,在经济上人均国民生产总值在1万美元左右。同时,发达国家进入老龄化社会的时间是几十年甚至上百年,有缓冲的时间,从而能相应地做好各种工作。即便是一些发展中国家,在进入老龄化社会时,人均国民生产总值也大大超过我国。例如,乌拉圭在进入老龄化社会时人均国民生产总值达到2000美元左右,而我国在进入老龄化社会时人均国民生产总值不足1000美元。人口老龄化大大超前于经济发展,未富先老,超出了社会经济的承受能力,增加了我国解决老龄化问题的难度。

(三)人口老龄化呈现地区差异和城乡差异

我国人口老龄化在空间区域分布上不均衡,东部沿海地区快于中西部地区,农村快于城镇。

在地区差异上,我国东北、东部、东南部沿海省份,经济较为发达;与之相

比,西部、西北部内陆省份自然条件差,经济发展滞后。发达地区人口老龄化发展较快,而经济欠发达地区人口老龄化相对缓慢。例如,2010年上海市65岁及以上老年人口占总人口的比例为10.13%,2020年这一比例为16.28%,增长超6个百分点;2010年北京市65岁及以上老年人口占总人口的比例为8.71%,2020年这一比例为13.3%,增长约5个百分点;而2010年新疆65岁及以上老年人口占总人口的比例为6.48%,2020年这一比例为7.76%,增长约1个百分点;2010年西藏65岁及以上老年人口占总人口的比例为5.09%,2020年这一比例为5.67%,增长不超过1个百分点。

在城乡差异上,《2020年度国家老龄事业发展公报》中显示,我国乡村60岁及以上、65岁及以上老年人口占乡村总人口的比例分别为23.81%、17.72%,比城镇60岁及以上、65岁及以上老年人口占城镇总人口的比例分别高出7.99个百分点、6.61个百分点。人口老龄化水平的城乡差异,除了经济社会原因,与农村地区青壮年劳动人口大量外流也密切相关。2020年第七次全国人口普查数据显示,全国城镇人口占总人口的63.9%,同2010年第六次全国人口普查相比,城镇人口比例上升14.2%。人口的流动和户籍制度的改革,城市对农村剩余劳动力吸纳能力的提高,城市打工和做生意的收益的刺激,使农村有较高文化程度的青年人口,越来越多地移居到了城市。这在给城市带来新的活力的同时,也加速了农村的人口老龄化。农村人口老龄化程度加深,已经使农村老年人的赡养问题凸显。今后,农村地区将是我国未来人口老龄化最严重的地区。

(四)空巢老人问题凸显

我国城乡空巢家庭比例已超50%,部分中大城市达到70%;农村地区,空巢老人现象同样严峻,且农村养老服务设施薄弱、服务力量欠缺等问题更是困扰着空巢老人。我国空巢老人日益增多,并随着跨地域社会流动的加剧,进入空巢的年龄越来越年轻,空巢期也越来越长。与之相应的社会问题包括:空巢老人的日常生活缺乏照料,心理健康问题非常突出,一些独居在家的老年人甚至出现在家中死亡多日才被发现的悲剧。

(五)高龄化提速,进入深度老龄化阶段

按照联合国的标准,当一个国家或地区65岁及以上老年人口数量占总人口比例达到14%即进入深度老龄化阶段;达到20%则进入超老龄化阶段。根据这个标准,2021年,我国65岁及以上人口超2亿,占全国人口的14.2%,我国已进入深度老龄化阶段。

2020年,我国80岁及以上人口有3580万,占总人口的2.54%,比2010年增加了1485万人,提高了0.98个百分点。我国高龄化人口的快速增长,高龄老年人的比重不断上升,意味着医疗、护理任务加重,医疗和护理人员的社会需求量增大,用于医疗和护理方面的费用增加,社会化的养老要求越来越迫切。

三、我国人口老龄化对社会的影响

人口老龄化是社会经济发展、人民生活水平普遍提高、医疗卫生条件改善和科学技术进步的结果。随着人口老龄化程度的不断加深,特别是老年人口的高龄化,既在社会经济发展方面产生广泛而深刻的影响,也由此带来社会方面的问题。

(一)人口老龄化对社会经济发展的影响

人口老龄化对社会经济发展的影响是负面的,不仅体现在社会抚养的人口负担增大,而且对消费、储蓄、劳动人口数量和质量、劳动生产率都有影响。

1. 人口老龄化导致社会养老负担增大

抚养老年人口的主要承担者是劳动力人口,其主要指标是劳动力对老年人口的总负担率。各国研究结果都得到类似的结论:抚养一位老人的平均费用与儿童的费用大体上为2∶1至3∶1。尽管我国儿童人口比例的下降抵消了老年人口比例的上升,在相当长的时期内被抚养人口总比例增加不多,但社会费用的支出仍将稳定地增长。医疗费用及退休金是社会对老年人主要的支出项目。随着人口老龄化的发展,领取退休金和养老金的人数将不断增加,社会保险、社会救济和医疗卫生等社会福利的支出也将不断增加。国民生产总值中用于老年人的费用份额大幅度增加,势必限制社会扩大再生产,影响生产部门的资本投资和经济效益的提高,加重国民经济的负担。

2. 人口老龄化对消费、储蓄的影响

随着人口老龄化,老年人口消费在消费市场中所占的份额越来越大,引起消费结构的变化。就一个国家的整体消费而言,在人口老龄化过程中,消费支出呈现结构性扩大趋势。从我国城市居民的消费水平来看,老年人的家庭用品、保健费、医疗费及交际费等支出的比例显著提高。随着人口老龄化的迅速发展,收入水平相对较低的老年人的人均消费额随着衰老而减少,他们对住宅建筑及电视机、电冰箱等耐用消费品的需求量也就减少,这在一定程度上抑制了经济发展。人口老龄化对增加储蓄也会产生相当的减退效果,这主要是由养老金制度的推广引起的。由于有退休金或社会保险津贴供给老年人的生活费用,因此导致许多老年人不储蓄或减少储蓄,从而使储蓄率下降。从长期趋势来看,由于老年人口的储蓄水平相对较低,老年人口的增加会带来总储蓄水平的降低。根据经济学理论,储蓄等于投资,储蓄减少等于投资减少,从而对社会经济发展产生不利影响。

3. 人口老龄化对劳动力人口数量的影响

老年人口比重上升,劳动力人口所占比重相应下降,这显然不利于经济发展。我国的劳动力自1978年以来以年均3%左右的速度增长,成为经济快速增长的动力。第七次全国人口普查数据显示,2020年我国劳动年龄人口为8.8亿,与2010年相比,减少4000多万人。虽然我国作为人口大国,目前劳动力人口资源依然充沛,但随着人口老龄化的加速,如果劳动力人口数量进一步减少,将可能导致劳动力不足。

4. 人口老龄化对提高劳动生产率的影响

老龄劳动力接受新的知识和科学技术的速度较慢,对新兴产业的适应能力相对较弱,这给企业的新产品开发和技术革新带来一定负面影响。在科学技术迅速发展、知识更新速度加快和竞争日趋激烈的情况下,人口老龄化对劳动生产率的提高和经济增长更显不利。

(二)人口老龄化带来的社会问题

人口老龄化带来的社会影响,正在使家庭结构和功能发生变化。中华民族具有尊老敬老的传统美德,伴随着社会经济转型,我国传统的大家庭观念日益淡化,家庭结构日益核心化。在我国社会保障系统不完善的情况下,老年人主要靠子女赡养,而现在年轻人面临的社会压力大,如果年轻人物质和精神方面的负担加重,很难对老年人照顾周到,社会上也出现了重小轻老、忽视老年人、远离老年人的现象。

许多经济发达国家的老年人的自杀率居高不下,各种精神疾病困扰着老年人群体,其部分原因在于家庭关系松散,丧偶以后独居的老年人尤其感到孤立无助。在我国,物质贫困带来的社会问题也凸显出来,贫困的老年人成为社会的困难群体。目前,我国距离老有所养、老有所医、老有所乐的目标还有一定距离。城市中仍有部分老年人享受不到离退休待遇,而农村养老保险体系更是尚未健全,大部分老年人无养老保险待遇。在未富先老和家庭保障功能持续弱化的背景下,人口老龄化时代的到来,意味着老年人的生活保障(包括经济来源和生活照料服务),正在由家庭问题转变为社会问题。

任务二 老年人服务需求发展的认知

情境导入

这几年,老年群体也出现了"入学难"的问题——很多老年人希望能到老年大学学知识、交朋友。每到招生季节,老年大学都是门庭若市,不少老年人连夜排队报名。为满足老年人的学习需求,天津市老年人大学在 2013 年新学年实行"扩招",计划设置 230 余门专业课程、设 665 个班级。

天津市老年人大学经过改扩建后,面貌焕然一新。同时,为了满足老年人多样化的需求,学校精心设置了课程。例如:为提高老年人的生活质量,开设了家常菜制作、中西点制作、石雕工艺等课程;为满足健身、保健需求,设立了瑜伽理疗等内容;特别为准备照料"隔辈人"的老年人开设了婴幼儿营养与保健、母婴保健与护理等课程;还新增了歌舞、戏剧影视表演;并尝试开设声乐演唱小班和钢琴演奏小班。

(参考资料:任悦,李海燕.天津老年大学明年计划招收 24 000 人 新增 43 个专业. http://news.enorth.com.cn/system/2012/11/28/010334364.shtml. 引用日期:2020-10-15.有删改)

【任务描述】

思考并讨论：

1. 老年人有哪些需求？
2. 随着社会的发展，老年人的需求有哪些变化？

【任务实施】

1. 分小组就任务描述展开讨论。
2. 各小组选派代表汇报并分享讨论结果。

【任务思考】

1. 老年人需求的发展与我国经济文化的发展有哪些内在的关联性？
2. 请从老年服务与管理的角度思考如何应对老年人需求的发展。

【知识链接】

一、老年人服务的基本需求

（一）养老金服务

养老金服务包括现收现付制和积累制下国家、企业和个人养老资金的缴付、支出、养老基金投资运营及养老金的发放领取等环节的服务，是在养老保障经济制度下运行的服务系统。目前，大多数国家养老金服务的上端——养老金的征缴，中端——养老金的投资运营，下端——养老金的支付和领取，一般都是由政府机构来承担，属于公共服务的一部分。目前，我国养老金服务的上端、中端、下端的需求都在上升。

（二）医疗保健服务

医疗保健服务主要是指围绕医疗和健康保险制度为居家养老或机构养老的老年人提供的医疗保险服务、健康咨询服务、健康检查服务、疾病诊治服务和医疗护理服务等。目前，大多数老年人享受的是与其他年龄段的人群一样的常规社会医疗卫生服务，这与老年人现实的医疗保健需求还有很大差距。

随着养老保障事业的发展，国家和养老机构应该逐步为老年人提供专门的医疗保健服务，实行医疗保险与医院的多项服务挂钩，开展对老年病的专门研究，建立医治各种老年疾病的专门医院，研发治疗各种老年病的药物和老年保健用品，以此保障老年人的健康和生活质量。

（三）生活护理服务

生活护理服务是指为居家或在专门机构养老的老年人提供的衣、食、住、行等基本生活方面的照顾和护理的服务。生活护理服务是家庭养老和机构养老服务中最基本、最普遍且不可或缺的服务方式，是满足老年人生理需求与安全需求的必要手段。

传统社会中老年人的生活护理服务完全由家庭承担，而随着工业化和生产的社会化，家庭主要劳动者大多外出工作，家中缺少能承担老年人生活护理服务的人员。大中型城市中的空巢老人日益增多，居家老年人生活无人护理的问题日趋严重。尽管养老机构提供了专门的生活护理服务，但是其服务质量普遍不高,需要从膳食、起居、衣着、活动等多方面加以改进,以增加服务方式的科学性。

(四)法律权益服务

法律权益服务是养老保障服务的中心内容之一。法律权益服务主要是指在养老保障制度下维护老年人各项合法权益的服务,既包括涉及养老金的法律服务,也包括医疗保险、伤残保险、老年人护理及文化和消费权益等涉及老年人日常生活各方面的法律权益服务。涉及的法律范畴包括老年人作为普通公民的各项法律权益,以及老年群体受到专门保护的法律权益。许多国家都制定了保护老年人权益的法律,我国也颁布了《中华人民共和国老年人权益保障法》(以下简称《老年人权益保障法》),显示了社会保障中"保护丧失劳动能力者以及全体公民基本生活权利"的人文理念。

二、老年人服务需求的发展

改革开放和现代化进程提升了人民生活水平,同时也扩大了老年群体的社会服务需求,迎来了老年社会服务的挑战。21世纪,老年群体的社会服务需求已经从过去养老金服务、医疗保健服务和生活护理服务等基本需求延伸到了心理健康服务、消费服务、文化服务和事业发展服务等潜在需求上。过去,这种潜在的需求,不仅由于客观条件的限制而增长缓慢,而且因为社会文化和观念的落后被长期抑制,但目前这种潜在的需求正在逐步显现。

(一)心理健康服务

心理健康服务是养老服务的高级阶段,也是当今社会服务需求增长的重点,更是现今家庭和社会养老服务中普遍缺乏的内容。现代工业社会和信息社会的高速发展,造成了环境恶化、人口密度增加、生活空间缩小、社会竞争加剧、生活节奏加快、生活压力增大等问题,而这一系列的社会问题给人们造成了不同程度的精神压力和精神伤害,导致了心理与精神的疾病。

一般来说,一个社会的现代化程度越高,生活节奏越快,环境压力越大,人们罹患心理疾病的概率就越大。老年群体是一个相对比较脆弱和敏感的群体。每个老年人都经历了人生的风雨与坎坷,走过了他们精力与活力最旺盛的阶段。社会变化带来的生活方式和观念的变化,以及晚年可能出现的经济贫困、健康状况不佳、亲情缺乏等问题,都有可能导致老年人出现心理方面的问题。因此,当代社会的老年人急切需要科学、正规、良好的心理辅导和心理治疗等一系列的心理健康服务。

(二)老年消费服务

广义的老年消费服务是指针对老年群体的所有消费需求的服务,包括物质和精神两个层面。任何群体都有自己的消费需求和消费偏好,老年人也不例外。但是,目前除了保健品和营养品以外,其他老年人需要的消费产品普遍缺乏。这种现象是老年人陈旧的消费观念、顽固的生活习性、市场开发者的疏忽及市场的趋利性等因素造成的。经历过经济萧条、生活困苦时代的老年人普遍

过度节省。"舍不得"是他们共同的消费态度。正因如此,老年人的消费热情和消费动力不足,特别是老年人"吝啬"的消费倾向,导致了老年消费产品的规模和利润有限,挫伤了老年消费产品提供者的积极性,使老年消费大市场未能完全形成,造成了老年消费市场的萎靡。

老年消费服务的第一要素就是产品的针对性和适应性。必须针对老年人的特点,开发出真正满足老年群体消费需求的产品。这些产品包括老年人日常生活的衣物、食品、医疗、文化娱乐产品,还包括社会化养老服务、国内外旅游服务及老年社会价值创造服务等。专业机构更要保护好老年人的消费权益,做好并优化老年人的消费服务。

(三)文化服务

文化服务是社会养老保障服务中的重要内容,主要包括文化学习、文艺活动、体育活动、艺术欣赏、文艺创作、文化团体建设等内容。国家和各地政府举办的老年大学、各地社区建立的文化活动中心和文化站都为老年人提供了一定的文化服务,受到了众多老年人的欢迎。但是,随着老年人服务需求的不断增长和对服务水平要求的不断提高,社会需要提供更加丰富多彩的文化生活和文化产品,以满足老年群体日益增长的文化服务需要。文化团队建设是老年文化服务的重要手段,需要发动全社会一起努力。新闻传媒要发挥更加主动和积极的舆论引导和宣传作用,帮助营造健康的老年文化服务氛围。

(四)事业发展服务

事业发展服务主要包括老年人人生价值的实现和老年社会生产力的开发两个方面。这个服务在马斯洛的"需求层次理论"中可以看作是对老年人"自我实现需求"的满足,这也是社会养老保障服务的最高形式。那些退休的科学家、医生、教授、政治家及其他有一技之长的、仍然存有梦想的老年人都可以根据自己的愿望和实际情况,在退休后较长的生命历程中有所作为。家庭、养老机构和全社会都要为他们的事业发展提供一切力所能及的服务。这种服务不但可以保障老年人在实现自我价值的同时获得满足、健康与幸福,还可以让老年人利用自己的经验积累与后发优势为社会创造价值,做出贡献。

总之,老年社会需求不断增长、需求内涵日益丰富的客观现实使现有的养老保障服务面临挑战,对建立老年社会保障体系提出了新要求。

任务三 老年服务与管理兴起的必然性

情境导入

郑州市各区正在探索这样一种社区养老模式:老人可以像小孩一样被送进"托老站"。桐柏路街道办事处和郑州中原晚晴养老服务中心合作建立起

托老互助中心。该互助中心内,有信息室、活动室、医疗室等。一楼的房间里,有不少健身器材和设施,可供老人免费使用。白天,家人可以将无暇照料的生病或行动不便的老人托管到互助中心,老人可以在这里吃饭、娱乐,接受康复治疗。晚上,家人再将老人接走。

(参考资料:卢艳艳.郑州实践社区养老 子女上班可将老人送"托老站".http://news.hnr.cn/snxw/201309/t20130926_636991_1.html.引用日期:2021-10-19.有删改)

【任务描述】

1. 你所了解的老年服务有哪些?请举例说明。
2. 社区养老相对于其他养老方式来说有什么特点与优势?又有哪些不足?
3. 为什么现代社会需要智慧健康养老服务与管理专业?

【任务实施】

1. 分小组就任务描述展开讨论。
2. 各小组选派代表汇报并分享讨论结果。

【任务思考】

随着我国经济与社会服务的发展,老年服务与管理经历了从少到多、从小到大、从单一到多元的过程,请描述一个你认为最理想的老年服务与管理模式,并说明理由。

【知识链接】

一、老年服务与管理是经济发展的产物

在封建社会自给自足的自然经济中,生产力不发达,社会相对贫困。社会由单一的经济单位——家庭组成,家庭既是生产单位,又是消费单位,它具有生育、生产、消费、抚幼、养老等多种功能。家庭收入的多寡,取决于劳动力的数量,春种秋收靠的是老年人所具有的生产知识与实践经验。老年人作为一家之长,不但在生产中起指导规划的决定性作用,而且在家庭财产处理与收入分配方面占主导地位,掌握支配权。在这种情况下,老年人在家庭中具有家长的绝对权威,子孙供养父祖是天经地义的事。在封建社会的家庭中,血缘关系与经济结合在一起,老年人的一切需要由家庭解决,社会没有力量也没有必要向有家庭的老年人提供经济保障和服务。

产业革命带来工业经济的发展。随着生产方式的改变,工厂制度的建立和产品机械化、标准化、商品化的发展,打破了以家庭为生产单位与消费单位的传统。生产社会化带来了生产资料与生产工具使用社会化、生产过程社会化和生产目的社会化。与之相适应的是劳动方式、收入分配方式、消费方式的转变。退休制度推行和生活社会化的发展,要求社会对老年人的经济需要和医疗护理提供保障和服务。而这些需要通过对老年人口进行组织管理和社区服务来实现。

二、人口老龄化要求服务与管理社会化

随着经济发展,科学技术特别是卫生医疗事业的进步,一些国家的人口逐渐由高出生率、高死亡率向低出生率、低死亡率转变。出生率下降和人口平均寿命的延长,导致人口老龄化,老年人口的绝对数量增多,老年人口在总人口中所占的比重增大。

老年人口数量增加和老年人口比重上升,意味着社会用于老年人的支出增加和对老年人的赡养系数上升。要处理好代际经济交换中因人口老龄化程度加深所造成的矛盾,需要加强对老年人口的组织管理工作,诸如养老金的筹措、管理与使用。人口老龄化导致劳动力不足,为了弥补空缺,社会需要退休人员继续参与社会建设。但是老年人再就业不在劳动力人口的就业范畴之内,因而需要建立相应的组织机构,加以管理和协调。日本的"银色人才银行""老年人雇用开发协会",德国的"高龄专业人才服务中心",法国的"退休人员技术服务团",英国的"全国人才银行"都属于此类组织机构。

三、人口平均寿命延长带来的需求

"人活七十古来稀"这句话表明在人类历史上,人的寿命不长,能活到70岁的人为数不多。截至2019年,全球人口平均预期寿命最高的国家为日本,已达84岁。2020年,我国人口平均预期寿命为77.9岁。人口平均预期寿命延长带来晚年岁月的增加。按60岁为老年起点年龄计算,很多国家60岁人口的平均预期寿年为20年左右,这意味着老年阶段相当于一生时间的1/4左右。

晚年岁月的增加意味着闲暇时间的增加,通过有益的活动来消磨闲暇时间,不仅是老年人的需求,也是社会应该为老年人考虑的实际问题。法国前总统瓦莱里·吉斯卡尔·德斯坦曾强调:第三人生(老年阶段)有权利在直到人生最后的一刻,始终保持充实的生活感。晚年不是尾声,而是可以创造价值的人生另一个周期。这种老年哲学的兴起,让人们退休后的生活更加多样化。于是,一些发达国家为了满足老年人参加业余活动和欢度晚年的需求,建立了各种服务机构和协会团体,开展老年人口文化娱乐生活的组织管理工作。

《1982年维也纳老龄问题国际行动计划》就指出:旨在造福老年人的政策和行动必须向较年长人士提供满足其自我建树的需要的机会。从广义上说,自我建树的定义为:通过实现个人目标、愿望和潜力达到自我满足。重要的是为老年人制定的各项政策和方案应能促使老年人有机会发挥其力所能及并有益于家庭和社区的各种作用。较年长人士得到个人满足的主要途径是:继续参与家庭和亲属联系,自愿为社区服务,通过正式和非正式学习而继续增长知识,在艺术和手工艺方面自我发挥,参加社区组织和老年人组织,参加宗教活动,参加娱乐活动和旅行,参加非全日工作,以及作为见闻广博的公民参与政治活动。

思考题

1. 人口老龄化给我国带来了哪些影响?
2. 请思考现阶段我国老年人的需求有哪些。

内容小结

1. 中华人民共和国成立以来,我国在人口数量急剧增长的同时,人口年龄结构也经历了快速的转变。目前,我国的人口年龄结构已经转变为老年型人口结构,并呈现人口老龄化社会所具有的特点。

2. 随着我国人口老龄化程度的不断加深,特别是老年人口的高龄化,既在社会经济发展方面产生广泛而深刻的影响,也带来了一些社会问题。

3. 老年人服务的基本需求有养老金服务、医疗保健服务、生活护理服务和法律权益服务。随着社会经济的发展,老年人服务需求还包括:心理健康服务、老年消费服务、文化服务和事业发展服务。

情境二

老年服务与管理的领域

能力目标

本部分知识内容可以根据实际情况采用阅读、自学或讨论的形式组织学习,旨在培养:

1. 自我学习的能力;
2. 分析问题和解决问题的能力。

知识目标

通过学习本部分知识内容,应能够了解以下知识:

1. 社区、养老机构等老年服务与管理的场所;
2. 老年个体、老年群体、老龄社会等老年服务与管理的对象。

- 任务一　老年服务与管理的场所
- 任务二　老年服务与管理的对象

任务一　老年服务与管理的场所

【情境导入】

华龄智能养老产业发展中心联合相关机构制定了《智慧健康养老社区建设整体解决方案》。这一方案将为各地政府部门创建智慧健康养老社区提供科学系统、切实可行的解决方案,为各智慧健康养老项目运营主体搭建一个资源共享平台,实现社区智慧健康养老服务的良性循环和可持续发展。

智慧健康养老服务支撑体系是该方案最大的创新亮点。在这一体系框架内,将创建智慧健康养老信息平台、老年应急救援服务平台,建立智慧健康综合服务中心、智慧养老综合服务中心,为社区居民及老年人提供各项创新性服务。

(参考资源:刘乐,孙稳.《智慧健康养老社区建设整体解决方案》在京发布.http://www.xinhuanet.com//gongyi/yanglao/2017-07/07/c_129649644.htm.引用日期:2021-11-28)

【任务描述】

1. 请分享自己所居住社区的老人的养老方式与途径,并尝试归纳这些养老方式的特点。
2. 请列举你所了解的养老机构,并分析各养老机构之间的异同。

【任务实施】

1. 请每位同学用3分钟时间独自思考并写下要点。
2. 分小组根据任务展开讨论,派代表汇报并分享讨论结果。

【任务思考】

1. 从社区领域能否满足所有老年人的养老需求?为什么?
2. 机构养老服务面临的最大挑战是什么?

【知识链接】

老年服务与管理的场所主要有社区与养老机构。下文中的社区老年服务与管理是指社区范围内为老年群体提供的服务,而机构老年服务与管理是指大型养老机构为老年群体提供的服务。

一、社区老年服务与管理

(一)家庭养老

我国传统养老模式以家庭养老为主,即养老的物质需要和生活照料由家庭成员提供。家庭养老的基础是血缘亲情,形式是在家养老,实质是由家庭成员提供养老资源,即子女在物质和生活上对父母提供养老服务。目前,普遍的家庭养老服务内容主要有以下三个方面:

1. 生活照料

生活照料是指晚辈在衣、食、住、行等方面给予家庭中老年人的帮助。《老年人权益保障法》规定：60岁以上的公民可称为老年人。老年人可以适当承担一些力所能及的家务性劳动，家庭不能强迫其承担田间劳动或其他力不能及的劳动，当老年人生病时，赡养人要为其提供送医、送药等服务，并有专人照料其生活。

2. 经济支持

晚辈为长辈提供一些经济上的帮助，特别是提供老年人在患病时的费用。一般城市中的离、退休老年人有养老金，可能在经济上对子女的依赖不是很明显，但是农村的老年人和城镇无收入或低收入的老年人，一般经济比较困难，多依靠子女接济。在农村，老年人有自己承包的田地、林地或牧场，当老年人不能进行生产劳动时，赡养人有义务耕种或者委托他人耕种老年人承包的田地，照管或委托他人照管老年人的林木和牲畜等，收益归老年人所有，这是农村家庭养老中经济供养最基本的形式。

3. 精神慰藉

精神慰藉是指晚辈满足老年人的情感需求，不忽视、冷落老年人，包括与老年人多沟通、帮助老人习得新的生活技能、尊重老人的婚姻自主权、给予丧偶老人特别的关照等。

（二）居家养老服务

居家养老是指老年人在家中居住，但由政府和社会力量为其提供养老服务的一种社会化养老模式，它从形式上仍保持传统家庭养老的格局，但在内涵上体现了从传统模式向现代模式的转变。随着社会急剧转型，家庭结构出现了高龄化、小型化趋势，家庭养老功能逐渐减弱，家庭养老模式已无法单独应对老龄社会的挑战，依托社区的居家养老开始受到重视。2005年，民政部印发的《关于开展养老服务社会化示范活动的通知》中提出，建立"以居家养老为基础，以社区老年福利服务为依托，以老年福利服务机构为骨干的老年福利服务体系"，为老年人提供生活照料服务。2006年，新闻办发布了《中国老龄事业的发展》白皮书，最终明确了我国要建立"以居家养老为基础、社区服务为依托、机构养老为补充的为老社会服务体系"，明确了居家养老模式在我国养老服务体系中的作用和地位。《"十四五"国家老龄事业发展和养老服务体系规划》中提到"强化居家社区养老服务能力"。

对于推进居家养老服务的目的和意义，《关于全面推进居家养老服务工作意见》是这样描述的：全面推进居家养老服务，是破解我国日趋尖锐的养老服务难题，切实提高广大老年人生命、生活质量的重要出路；是弘扬中华民族尊老敬老优良传统，尊重老年人情感和心理需求的人性化选择；是促进家庭和谐、社区和谐和代际和谐，推动社会主义和谐社会建设的重要举措；也是加快发展服务业，扩大就业渠道和促进经济增长的重要途径。

我国现行的老年社会福利服务体系是以家庭为基础，以社区为依托，以机构为补充。一是以家庭为基础，因为家庭养老是我国的优良传统，家庭养老最能使老年人感受到亲情。老年人都有自己的住房,就不用去福利机构购买床位,同时法律规定家庭成员负有赡养老人的义务。《老年人权益保障法》规定:赡养人应当履行对老年人经济上供养,生活上照料和精神上慰藉的义务,照顾老年人的特殊需求。所以,必须强调继续以家庭为基础。二是以社区为依托,考虑到家庭养老功能的弱化,特别是空巢老人,他们要依靠社区为家庭提供扶助。目前,很多社区正在致力于提供更为完善的养老服务,如上门服务、家政服务、日间照料、精神慰藉、紧急救助等。三是以机构为补充,考虑到一些病患老人、高龄老人由于身体状况需要机构提供的专业化养老服务。还有一部分健康的老人,有支付能力,且愿意到机构养老。通过家庭、社区、机构三位一体,构建符合我国国情的社会福利服务体系。在居家养老模式中,家庭是承担养老照料责任的主体,在家庭照料的基础上,社区发挥近在老人身边的"地缘优势",提供一系列照料服务;同时,积极推进机构养老服务,以满足需要持续照料的老年人的服务需求。

在实际中,居家养老服务是非正规照顾与正规照顾相结合的综合服务项目。非正规照顾与家庭养老大致相同,而正规照顾是由社区内各机构专业人员提供的服务,主要有医疗保健服务、日常生活服务和文化娱乐服务等。目前我国居家养老服务体系主要由三个板块组成:居家养老生活服务体系、居家养老健康服务体系和居家养老精神服务体系。(见图2-1)

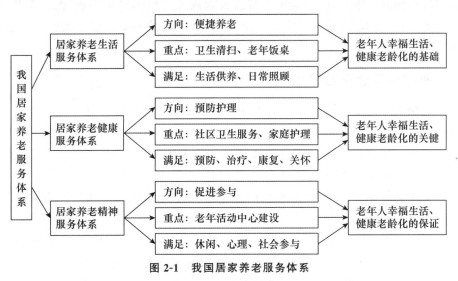

图2-1　我国居家养老服务体系

(三) 老年社区

老年社区是指专供老年人安度晚年的居住小区,一般选址在城市郊区环境优美的地带,区内建有各种户型的公寓、酒店式套房及少量的别墅,与之配套的还有绿化、娱乐中心、老年人运动场所、医疗保健中心、老年大学、图书馆及各种俱乐部和超市等。老年社区是随着我国房地产市场的繁荣和高消费群体的增多而涌现的一种新型的养老模式。老年社区以家庭为单位入住,使老年人在不脱离家庭生活的情境中获得专业服务。

老年社区具有规模优势,有利于社区服务的专门化与专业化,可引入较高层次的专业人才,提升服务质量。配套设施与环境的建设可以丰富老年人的生活,有利于满足老年人人际交往的情感需求;老年社区还为朋友、子女探访提供较便利的条件,可保障老人家庭生活不轻易受到干扰;而优美的环境、清新的空气更是有利于老年人身心健康。

但从现有的老年社区来看,只有高收入家庭才能够承担其高昂的费用,对于大多数的老年人而言,这种服务只能想象。同时,老年社区都远离城市,要真正实现家庭入住的可能性不大,而如果家庭其他成员无法入住,老年人仍然无法享受家庭所带来的情感满足。

随着社会进步,现有的社区养老服务已不能充分满足老年群体的养老需求,各地正积极探索多样化的社区养老服务。具体而言,可有以下几种服务:① 开办社区老年学校。利用广播、电视、网络、函授等多种方式,或采取集中授课的方式开办老年书画班、音乐班、舞蹈班、电脑班、外语班等,以满足老年人求知的需求。② 设立老年人才市场。老年群体是一个蕴含着极大开发价值的人才资源群体,尤其是离退休的老干部、老科技工作者,是国家的宝贵财富。设立社区老年人才市场,使老年人通过人才市场找到发挥余热的场所,继续奉献,参与社会发展,实现老年价值。③ 开展法律援助工作。为社区老年人提供法律援助、咨询、调解等服务,帮助老年人解决丧偶或离异后的再婚问题、无子女及亲人赡养问题、受虐待问题、家庭财产分割问题等,维护和保障老年人权益,使其安度晚年。

二、机构老年服务与管理

机构老年服务通常是封闭式的照顾环境,其提供的服务具有代替家庭照顾、辅助家庭或分担家庭照顾等作用。老年人接受机构养老服务常常是因为家庭养老或居家养老服务没有办法满足老年人的需求,或者老年人在居家养老中不能保持某种程度的自主性和选择性,如家庭饮食、生活节奏等。也有一些老年人是为了不给家人增加负担或缺少家庭支持而主动选择机构养老服务。

从服务内容方面来讲,机构老年服务基本上包括医疗服务、康复保健服务、日常生活照顾和社会性服务等内容。机构老年服务中的医疗服务与医院内的治疗不同,其只是为老年人提供输液、注射、管道喂食、排尿、体温检查等类型,与医疗关联性较大的服务,一般由机构内的护士提供。康复保健服务主要是帮助老年人预防生理功能的衰退,如物理疗法、心理疗法、饮食疗法等,一般由康复保健师提供,或在康复保健师的督导下由其他服务人员提供。日常生活照顾主要是为行动不便的老年人提供的日常生活中的照顾,如协助如厕、入浴、穿脱衣、移动、喂饭、喂水、喂药、协助洗脸漱口等。社会性服务也称为社交性服务,主要是帮助老年人适应机构环境和集体生活,成立老年团体或促进老年人之间的交往,帮助老年人与社区内的各种资源建立关系并运用这些资源,促进老年人与家人、亲属或社区的关系等。机构老年服务的类型可以划分为特殊护理院、护理型养老院、康复保健型养老院和老年公寓等,这是根据机构的功能进行的分类,也是按照护理照料的程度进行的分类,各种不同功能的机构所提供服务内容的侧重点也有所不同。

(一) 特殊护理院

特殊护理院是专业性要求较高的机构,一般必须提供 24 小时的护理照料,入住的老年人以卧床不起的病人,或是行动极为不便的慢性病患者(包括阿尔茨海默病患者)居多。特殊护理院提供的服务包括专业性的医疗、康复保健、护理照顾和其他一般性的日常生活照料。这是以医疗服务为主、社会服务为辅的机构服务模式。

(二) 护理型养老院

护理型养老院也称为老人护理院、养护之家、老人福利院等,专业性要求较高。一般必须提供 24 小时的有专业督导的、健康模式的护理照料服务,而不是医疗模式的服务。入住的老年人生活完全不能自理者居多。服务的内容除了有一定的康复保健、护理照顾外,主要是一些个人照顾、日常生活活动的协助(如穿衣、洗澡、喂食)和其他一些社会性、娱乐性服务。这是以健康服务为主、社会服务为辅的机构服务模式。

(三) 康复保健型养老院

康复保健型养老院主要是为疾病已经得到治疗、病情较为稳定,不需要继续入住医院,但又需要一定的专业康复保健服务的老年病患者提供服务的机构。其提供的服务多为专业性的康复保健、护理照顾和其他一般性的日常生活照料。康复保健型养老院与护理型养老院的区别在于入住康复保健型养老院的老年人,其入住的时间较短,在获得一定的服务、其状况得到改善后即可出院。这也是以健康服务为主、社会服务为辅的机构服务模式。

(四) 老年公寓

老年公寓也称老人之家、老人院等,是指提供膳食、住宿、个人服务或社会照顾的机构。入住的老年人一般没有大的健康问题,只需要保障其良好的居住、活动环境,以及提供一定的社会性、娱乐性服务。这是以社会服务为主、健康服务为辅的机构服务模式。

概括而言,机构服务的优势在于可以为老年人提供高密度技术性的服务内容,为老年人提供长期和积极的治疗性服务,为老年人提供居住、膳食和有限度的日常照顾及社交活动,减轻家属在老年人照顾方面的压力。但机构服务的缺点在于"独立院舍"不可避免过于强调"制度"而忽视个人需求,为维持机构的运行,缺乏人性化管理;容易忽视老年人的自主能力,使老年人对环境形成依赖,加速老年化的过程;机构生活远离老年人所熟悉的社区,容易使老年人脱离社会,精神需求无法得到满足;另外,机构生活比较单一,缺乏变化,极少数机构存在着虐待老人、照顾不周的现象。

任务二 老年服务与管理的对象

情境导入

2019年11月10日,公益福彩·第十四届中国(重庆)老年产业博览会暨2019美好生活嘉年华(以下简称老博会)在南坪会展中心闭幕。逾七百家企业参展,参观人数32.6万人,累计成交金额4357万元,23个重大项目签约共计375亿元。

据了解,本届老博会举办了30余场配套活动,签订了《城企联动品牌养老项目战略合作协议》《智慧健康养老服务平台项目合作意向书》等共计23个重大项目,签约金额达375亿元。本次老博会亮点纷呈,《重庆养老服务发展蓝皮书》与全国首个省级智慧养老线上运营云平台同时发布,平台以"互联网+养老服务"为服务核心,把老人、家庭、社区、养老机构和政府紧密联系起来,建立起"没有围墙的养老院";由老博会携手中国电信、阿里云打造了智慧养老体验厅,以未来养老生活体验为主要内容,通过对居家养老场景的体验展示,用智慧客厅、智慧卧室、智慧厨房和智慧卫生间等应用场景,直观地为观展市民呈现出未来居家养老的模样;重庆星级养老院和重庆十大"最美护理员"也在本届老博会上诞生。

另外,逾千种养老产品也在本届老博会亮相,如3D膳食行为干预互动系统、可弯曲马桶、升降式灶台、胶囊能量料理机和助行机器人等,涵盖了医养结合、康复医疗和旅居养老等多个涉老产业领域,集中勾画出新时代养老创新服务工作的蓝图。

(参考资料:姜念月.第十四届中国(重庆)老博会今日闭幕 23个重大项目签约共计375亿元. http://cq.cqnews.net/html/2019-11/10/content_50717391.html. 引用日期:2021-11-28.有删改)

【任务描述】

1. 从老年人个体的角度来说,哪些服务的提供是必要的?
2. 请查阅资料找出老年人有哪些合法权益。
3. "老年产业"发展面临哪些困难?与其他产业相比,"老年产业"的特征是什么?

【任务实施】

1. 分小组就各个主题展开讨论。
2. 各小组选派代表汇报并分享讨论结果。

【任务思考】

老年人虽然拥有众多的合法权益,但常被剥夺或忽视,请思考仅从立法的角度是否足以保障老年人的权益?如果不能,还有哪些途径可以保障老年人的权益?

【知识链接】

老年服务与管理的对象主要有老年个体、老年群体和老龄社会。

一、老年个体

随着年龄的增加,老年人的组织器官机能逐渐衰退,感知觉能力不断下降,活动能力逐步降低。同时,老年人大多患有各种急慢性疾病,疾病加速了生理性衰老,使他们肌体和器官功能日益退化。老年人对居住环境和社会服务有了更高的期待。他们希望能在安全、便利、舒适的人居环境中生活,熟悉的社区能够满足日常生活照料、医疗保健、精神慰藉等不同层次的需求,幸福地安度晚年。老年人不仅重视物质需求的满足,而且更加关注精神生活的满足。因此,针对老年人个体的服务包括日常生活照料、医疗保健、心理咨询等多个方面。

(一)生活照料服务

老年生活照料是指老年人受身心健康状况或年老体衰的影响,在日常生活活动功能方面逐渐减弱,需要他人照料。老年人随着年龄的增长,其日常生活能力会下降,所以对于日常生活照料和病后照料的需求更为强烈。文化和经济因素会导致城乡老年人照料需求不同,老年人对照料的需求也与项目的服务内容和条件及地区有关,所以对老人进行全方位评估十分重要,这可以决定老年人生活照料服务策略的制定。从国际经验来看,针对老年人的生活照料服务主要有以下几个方面。

1. 人身照料

人身照料是指对起床、穿衣、洗漱和洗澡等个人事务的协助。人身照料并没有精确的定义,但是《英国国家照料标准2000》给出了人身照料的四种主要类型:① 协助实现身体的基本功能如进食、洗澡和如厕;② 协助那些不完全是身体基本功能,但与实现这些基本功能有关的行为,如帮助老人从浴缸出来、帮助其穿衣服等;③ 不是直接提供物理性的身体照料,而是建议、鼓励和监督老人自己进行这些行为,如促使老人自己完成洗浴并监督整个过程;④ 情感和心理支持,包括促进社会功能、进行行为管理和提供认知功能协助。可以看出,人身照料基本上是对老人本身直接施行的帮助和照料。社会服务局、私人营利机构和志愿部门都可以提供此类服务。

2. 家务和园艺协助

家务和园艺协助是指帮助老年人处理家务方面的日常事务,服务大多数由社区志愿者为老年人提供,帮助社区老年人实现正常的日常生活。

3. 送餐服务

在英国,地方政府必须为有需要的人提供送餐服务,这种服务或者由社会服务部门直接提供,或者通过志愿部门或营利机构来提供。送餐可以是热的,也可以是冷冻的,并配合提供加热设备并指导使用。在我国,此类服务往往由社区机构组织,由机构工作人员或志愿者来完成送餐工作。

(二)医疗保健服务

随着社会的发展和经济的日益繁荣,人类平均预期寿命延长,人口结构

逐步呈现老龄化趋势,老年医疗保健已成为社会关注的重点。从我国现有的保障体系来看,要有效解决人口老龄化给医疗保健工作带来的问题还需要进一步完善健康保障制度。同时,需要卫生部门转变医学模式,改革城市医疗卫生服务体系、积极发展社区医疗卫生服务,形成以社区医疗服务为基础的、社区与上级医疗防保中心合理分工的新型医疗卫生服务体系,形成社区医疗卫生服务与社区服务、社区建设协调发展的格局,这将是我国解决老年医疗保健问题的基本途径。

我国的社区老年医疗保健服务始于20世纪90年代末期,根据我国的国情并结合国外社区医疗服务的经验,我国社区老年医疗保健服务经过这些年的发展,已初具雏形。一些大城市初步建立了以社区老年人群健康为中心、以社区为范围、以家庭为单位,融预防、医疗、保健、康复和健康教育为一体的综合性社区老年医疗保健服务体系,主要提供以下服务。

1. 建立社区老年人档案

以社区服务中心为基础,以入户建档形式为所辖社区老年人建立健康档案,筛选老年病人,并根据所患病种分类排序,掌握第一手资料。社区护士进行分片管理,对社区内60岁以上的老人实行三级预防服务。一旦老人生病住院就会迅速得到关于老人病情治疗、预后及家庭状况的信息,对出院转入社区的老人也可实行连续跟踪医疗服务。

2. 开设家庭病床

家庭病床是社区卫生机构为老年人提供的主要医疗服务。老年人由于行动不便、固执、恐惧等原因而不愿意去大的医疗机构诊治,更愿意在社区及家庭中接受帮助。20世纪50年代后期,最初是在上海开展家庭病床的形式。80年代末,有了大规模的家庭病床为慢性病和不需住院的病人提供服务。90年代,社区医疗服务迅速发展,全国大约有500万户家庭开设了家庭病床,仅在上海就有4万余张家庭病床。但家庭病床由于适合病种较少,且收费较高,专业人才缺乏等,目前在推广的过程中还存在着较大困难。

3. 建立老年医疗服务机构

老年医疗服务机构主要为老年人提供医疗、康复保健、善终等全方位服务。目前,国内常见的老年医疗服务机构有:① 独立老年病院。主要服务对象是医院所处地域的社区人群,并对本院出院后的老年人进行家庭访视等;② 独立的老年人社区保健诊所。不依附医院,受社区综合管理。为所在社区中所有老年人建立档案,为老年人提供多种健康服务,如上门打针、换药、定期体检、临终关怀等;③ 老人院、老人公寓医疗服务中心。在社区内建有为老年人提供日常生活照料、医疗护理的公寓式小型照顾机构,可为老年人提供有偿或低偿的医疗保健服务;④ 老年日托医疗服务中心。老年日托医疗服务中心就像幼儿园一样,对于有医疗服务需求的老年人,在白天家人需要上班无人照顾老年人时,可以将老年人送到老年日托医疗中心由专门的社区医疗服务人员对其进行照顾,晚上又接其回家住。

(三) 心理疏导与治疗

老年人在身体机能衰退的同时，心理机能也面临衰退。社会角色的转化、亲友的离世、时代的变化、与晚辈的代沟、疾病缠身等，都会引起老年人的感怀神伤，严重的还会演变为困扰老年人晚年生活的心理疾病。

为了预防老年心理问题、促进老年心理健康、提高老年生活质量，需要在社区层面大力开展老年心理健康服务。社区心理健康服务在发达国家开展的较早，也较普遍，并在整个社区服务业中有一定的影响。早在 1936 年，美国就发布了"关于设置心理健康中心"的相关文件，随后设立的社区心理健康服务中心，在理论和实践方面，都取得了卓著的成绩。在 2002 年 9 月，麦迪臣社区心理服务中心，被纽约州心理办公室（Office of Mental Health，OMH）选为 2002 年度的 OMH 奖获得者，以表彰其在"9·11"事件后做出的贡献。由此可见，美国的社区心理健康服务已经和医疗卫生服务一样受到人们的普遍接受和重视。

在我国，社区服务业发展较快，但心理健康服务没有得到普遍重视。不过，在北京、上海等城市，社区心理健康服务已经迈出了成功的第一步，例如上海的日林街道作为心理健康教育的服务基地得到了良好的发展。

根据现有的研究成果，社区老年心理健康服务工作主要包括以下几方面的内容。

1. 环境护理

告诉患者的家人，要为患者提供安静、舒适的生活环境，因为良好的环境和气氛对心理疾病的康复非常有利，更有助于老年人身心健康和精神愉快。

2. 陪伴护理

老年人最需要陪伴。心理健康服务人员作为知心好友的陪伴，能增加老年人对生活的信心和安全感，陪伴时的交谈还能使老年人压抑在心头的情绪得到疏泄，心情逐渐舒畅，进而摆脱不良情绪的困扰。

3. 倾听护理

耐心听取老年人"吐苦水"。不少人都有"一吐为快"的感觉，把心中不高兴的事都讲出来之后，就会感觉心情舒畅多了。这种倾听和理解对老年人尤为重要。

4. 疏导护理

有些患有心理问题的老年人固执己见，情绪偏激，影响了他们的认知能力，造成"一叶障目"而"全盘皆黑"的错觉。心理疏导能帮助当事人走出认知的误区，客观而全面地看问题，清除心理障碍。

5. 防范护理

个别有心理问题的老年患者处在心理危机时期，可能做出极端之事，如自杀、伤人或自伤等。在心理健康服务中，要善于发现一些危险信号，防患于未然，及时开导与排遣，化解患者心头的冰霜，帮助驱散烦恼。

对于老年心理疾病的社区护理，护理者一定要融入患者的精神生活，摸清老年患者的心理状态，以"静""情"做主导护理，再加上药物治疗。

二、老年群体

(一) 老年权益保障

保护老年人的合法权益,是我国司法实践的一项重要原则,我国的宪法、民法、刑法、诉讼法以及各种地方性法规等无不贯彻和体现着保障老年人权益这条重要原则。1996年8月29日第八届全国人民代表大会常务委员会第二十一次会议通过并公布《中华人民共和国老年人权益保障法》(以下简称《老年人权益保障法》),现行版本是2018年12月29日第十三届全国人民代表大会常务委员会第七次会议第三次修正。该部法律的颁布实施,表明了我国对老年人权益的高度重视,对保障我国老年人的合法权益发挥了重要作用。

1. 老年人的合法权益

根据我国《老年人权益保障法》的有关规定,可以看出我国老年人享有以下权益:

(1) 家庭赡养与扶养。老年人养老主要依靠家庭,家庭成员应当关心和照料老年人。赡养人应当履行对老年人经济上供养、生活上照料和精神上慰藉的义务,照顾老年人的特殊需要。赡养人是指老年人的子女以及其他依法负有赡养义务的人。赡养人的配偶应当协助赡养人履行赡养义务。由兄、姊扶养的弟、妹成年后,有负担能力的,对年老无赡养人的兄、姊有扶养的义务。

(2) 婚姻自由权。老年人的婚姻自由受法律保护。子女或者其他亲属不得干涉老年人离婚、再婚及婚后的生活。

(3) 自由处分财产权及继承权。老年人有权依法处分个人的财产,子女或者其他亲属不得干涉,不得强行索取老年人的财物。老年人有依法继承父母、配偶、子女或者其他亲属遗产的权利,有接受赠予的权利。

(4) 老年人应享受的社会保障。国家建立养老保险制度,保障老年人的基本生活。老年人依法享有的养老金和其他待遇应当得到保障。城市的老年人,无劳动能力、无生活来源、无赡养人和扶养人的,或者其赡养人和扶养人确无赡养能力或者扶养能力的,由当地人民政府给予救济。农村的老年人,无劳动能力、无生活来源、无赡养人和扶养人的,或者其赡养人和扶养人确无赡养能力或者扶养能力的,由农村集体经济组织负担保吃、保穿、保住、保医、保葬的五保供养,乡、民族乡、镇人民政府负责组织实施。

2. 老年权益保障存在的不足

虽然上述法律表明我国老年人权益的保障取得了长足的进展,但是由于受诸多因素的影响,在老年权益保障问题上仍存有许多不足之处。相关法律法规是我国政治、经济、社会、文化特定历史发展阶段的产物,是在人口老龄化现象不够严重、物质条件不很充分的情况下先后出台的。随着我国社会主义市场经济体制的逐步建立,政治、经济和社会生活领域都发生了很多重大变化,出现了许多新情况、新问题,使得这些法律法规在保障老年人合法权益方面日渐显露较大的局限性。

《老年人权益保障法》以及其他涉及保障老年人权益的各项法律法规,都没有把老年人口与经济、社会、资源、环境的协调发展作为立法指导思想,没有很好地倾斜保护原则。正是由于立法指导思想和基本原则的偏差,导致这些法律法规的内容设置不尽科学,许多条款无法执行,立法目标难以实现。

没有进一步明确《老年人权益保障法》在保障老年人权益的法律体系中的核心地位。在《老年人权益保障法》以及其他涉及保障老年人权益的各项法律法规中,指导性条款过多,强制性条款和指导性条款划分不够明确,内容不够具体全面,使得这些法律法规的可操作性较低,司法机关在维护老年人合法权益时难以做到有法可依。

《老年人权益保障法》以及其他涉及保障老年人权益的各项法律法规对于老年人的生活保障(包括精神慰藉)、医疗保障、社会福利等诸多方面缺乏有效的强制性规定;对于歧视、侮辱、虐待、遗弃老年人,干涉老年人婚姻自由,侵占老年人财产等行为,还缺乏强有力的惩治条款;特别是对不履行生活照料和精神慰藉的行为,相关法律法规缺乏明确的界定方式与惩戒措施。

(二)养老机构管理

养老机构是为老年人提供住养、照护等综合性服务,满足老年人基本生活需要的场所,是养老服务体系的重要组成部分。随着人口的高龄化趋势和家庭小型化,越来越多的老年人需要到养老机构接受服务。养老机构在社会生活中将发挥越来越重要的作用。截至 2020 年年底,全国有各类养老机构和设施 32.9 万个,养老床位达 821 万张,平均每千名老人拥有床位数 31.1 张,与发达国家平均每千名老人拥有床位数 50~70 张的水平相差较远。

1. 我国养老机构模式

(1)公办民营模式。该模式由政府出资兴办养老机构,由社会团体或个人经营,政府只起监督作用。养老机构可采用"以房养房"的办法,利用入住者手中的房产,与入住者达成协议,由养老机构方一次性买断入住者住房或帮助入住者经营住房,使老年人有经济能力来承担自己的开销,又使养老机构的经营者能够获取一部分利润,对养老机构进行再投入。

(2)互助养老模式。该模式是政府支持、多方参与、民间操作,在老人家中和社区两个层面建立互助养老点和互助养老中心,形成以老人家庭为基础的家庭式互助养老和以社区养老设施为依托的社区式互助养老;在该模式中,政府负责为互助养老点购买娱乐设施、补贴水电费等,并加强引导扶持、组织开展活动,社区内企事业单位提供闲置场所或提供赞助,或由条件宽裕的老人家庭提供活动场所,有效整合了政府、社会和家庭的资源。

(3)机构式专业养老模式。该模式通过对老年生活社区的整体开发而较全面地解决养老问题,是居家养老和机构养老完美结合的一种新型养老模式。在该模式中,老人以户为单位入住生活社区,完全是居家的概念;同时,老人置身于社区内,又可获得专业化的照料服务,并参与人际互动,有效地消除了老人的孤独感。

(4) 异地养老模式。该模式是指各地养老机构通过有效的机制建立起一个统一的网络,将老年人的市场需求资源和养老机构闲置资源整合起来,进行的交换性服务,相互交换客户资源,让老人在没有增加很多费用的情况下,可以享受来自不同养老机构的多样化的服务。

(5) 社区老年公寓。该模式就是在社区医院附近建立老年公寓,将社区医院和老年公寓有机地结合起来,这种结合能够将社区医院和老年公寓的优势互补,而且还具有以家庭为中心的老年护理模式的优势。

(6) 新型老年公寓。在经营管理上,老年公寓有两种模式:一是与政府脱离,实行自主经营,自负盈亏的企业化经营;二是国家控股,吸纳社会资金组建有限责任公司。新型老年公寓分为养老区(健康老人)、康复区(患病老人)、特护区(临终老人)、托老所(短期托管)、休闲养老区(异地养老)等不同区位,满足不同人的养老需求。公寓内娱乐、健身、阅读、配餐等设施一律对外开放,组建面向社会的老年休闲俱乐部,广泛吸纳会员。

(7) 护理学院经营的老年公寓。其优势主要表现在医院式管理、专业技术优势、教育研究优势。医院式管理:以护理为主的医院管理服务,是其特有管理模式。专业技术优势:护理学院的医疗护理知识资源丰富;老年护理专科人才有更多的专业知识和经验,更能够了解老人的需求。教育研究优势:护理学院经营老年公寓,大量的实践机会使学生得到锻炼,又可以为老年公寓提供更为周到的服务,是一种双赢行为。

(三) 老年人力资源开发

越来越严峻的人口老龄化,使得我国劳动力从"无限供给"转向"有限剩余",对我国的产业结构和竞争优势产生了很大的威胁,并且劳动力供给将在2030—2050年进入最严峻的时期。1991年联合国大会通过的《联合国老年人原则》指出:意识到科学研究已否定了年老无用的陈旧观念,深信在老年人人数和比例日益增大的世界中,必须提供机会,让自愿而又有能力的老年人参与社会当前的各种活动并做出贡献。"十四五"国家老龄事业发展和养老服务体系规划也提出"要鼓励老年人继续发挥作用",具体包括加强老年人就业服务和促进老年人社会参与。因此,开发利用巨大储备的老年劳动力资源,是应对劳动力供给不足和人口老龄化的一个一举两得的好对策,通过开发和利用,把我国老龄人口压力转化为创造社会财富的人力资源动力。

1. 我国老年人力资源开发的年龄阶段

我国在制定与老年人有关的政策措施时,往往把60岁以上的人口看作是一样的,但实际上这些老年人的年龄、身体状况、对他人的依赖和需要帮助的程度各不相同。一般说来,较年轻的老年人身体状况较好,生活的自理能力较强,对别人的依赖程度较小,有些人还可以再为社会做些工作。而越是高龄的老年人越需要家庭和社会给予更多的关心,向他们提供更多的经济帮助、医疗服务和生活服务。

在人口平均寿命不同的情况下,老年人的年龄分层状况也不同。现阶段,以60岁作为划分老年人口开始标准的话,60岁及以上老年人口可以进一步划分为低龄老年人口(60～69岁)、中龄老年人口(70～79岁)和高龄老年人口(80岁及以上)。低龄老年人口中有很大一部分是身体健康、意识清楚、精神旺盛的老年人,而且刚从工作岗位上退下来不久,有着其他人力资源群体无法比拟的独特优势,如经验的优势、文化的优势和关系的优势等,其中很大一部分老年人本身也有继续为社会做贡献的意愿。中龄老年人口虽然体质相对较差,部分需要生活帮助,但仍有部分老年人还能够继续为社会服务,尤其是知识分子。高龄老年人口一般需要特殊照顾。所以,低龄老年人口和部分中龄老年人口应成为老年人力资源开发的重点。

2. 我国老年人力资源的特点

(1) 老年人力资源具有资本性。老年阶段是人经过少年、青年、中年阶段,进入人生最成熟的阶段,老年知识分子更是经历了多年学校教育、社会生活、生产实践的训练,积累了大半生的资本,进入投入小、产出高的阶段。老年人力资源中很大一部分人具有知识、技术、健康和经验等人力资本。他们在退出原工作岗位后,如果能够继续参与社会活动,或结合市场上新的经济增长点,开始第二次创业的话,就会继续获得人力资本收益,也会给社会经济带来更多的收益。

(2) 老年人力资源具有时效性。老年人力资源具有时效性,有两方面的含义:一方面,人力资本是通过人的有效劳动创造的价值体现出来的,失去劳动能力的人或不参加劳动的人不能创造价值,因而也就失去了人力资本,也就失去了使用的价值。因为老年人的种种局限性,老年人力资本的时效性相对于青年人来说更为短暂。另一方面,老年人力资源不同于自然资源,如果不开发,自然资源不会消失;而老年人力资源,如果不被及时开发和利用,就会随着年龄的增长,时间的流逝而降低,直至完全丧失。

(3) 老年人力资源与劳动年龄人力资源的互补效应。目前,对我国老年人口再就业尚有争论。很多人认为老年人到了六七十岁了,就应该在家颐养天年,更有甚者,如果谁家有老年人出去工作,其子女就会被扣上"不孝子"的帽子。而更多的人反对老龄人口再就业的一个重要依据就是:老龄人口就业会冲击青年人口的就业,使待业问题更加严重,禁止老龄人口再就业,以便留出位子,让青年人有更多的就业机会。其实,老年人力资源与劳动年龄人力资源之间有着很好的互补效应:第一,老龄人口再就业的岗位多是需要较高的科学技术水平、较高的劳动技能或较丰富的工作经验,如:对乡镇企业的技术、业务指导,教师与科研人员的返聘,医务人员的指导与培训,技术工人的返场指导,等等,这些都不是刚毕业的大学生或高中毕业的待业青年所能承担的工作。这也体现了老年人力资源与劳动年龄人力资源之间的特长互补、职业互补。第二,老年人力资源与劳动年龄人口之间具有职位互补、性格互补优势。有些岗位如一些机关、学校、工矿企业的传达员,多为再就业的老龄人口所担任。这些岗位不需要多高的技术能力,但是需要稳健、沉静、仔细,这些岗位往往是青年人所不愿或不适于承担的。第三,有些老龄人口的再就业,还创造了一些就业机会,有利于青年人口的就业。

三、老龄社会

(一) 老年社会保障

老年社会保障是指对退出劳动领域或无劳动能力的老年人实行的社会保护和社会救助措施。老年社会保障制度发挥着重要的社会功能,是解决老年社会问题的核心。我国老年保障制度初建于中华人民共和国成立之后。国家颁布了如《中华人民共和国劳动保险条例》等一系列政策,对国家机关、民主党派、人民团体和事业单位的工作人员的退休制度给予了明确规定,保证了广大退休人员的生活需要,对社会的稳定与发展起到了安全保障作用。1978年,国务院颁布了《国务院关于安置老弱病残干部的暂行办法》和《国务院关于工人退休退职的暂行办法》进一步建立、改革与完善了老年社会保障制度。同时,我国对城乡生活困难的老年人实行了社会救济制度。在我国城镇和乡村,由政府对丧失劳动能力、无依无靠的老年人实行"农村五保供养制度",使生活困难的老年人的基本生活得到保证。2018年,第十三届全国人民代表大会常务委员会第七次会议对《老年人权益保障法》进行了第三次修正,明确国家通过基本养老保险制度,保障老年人的基本生活。通过基本医疗保险制度,保障老年人的基本医疗需要。享受最低生活保障的老年人和符合条件的低收入家庭中的老年人参加新型农村合作医疗和城镇居民基本医疗保险所需个人缴费部分,由政府给予补贴。

老年社会保障制度的实施和落实需要一个完整的运作系统来完成,这就是老年社会保障的服务体系。老年社会保障的服务体系就是支撑和维护老年社会保障制度运行和发展各环节与各阶段所需服务的总称。老年社会保障的服务体系包含的内容很多,涉及保障制度的经济、法律、文化、政策等层面,贯穿于整个制度运行的全过程,体现在老年生活保障的各个方面。

(二) 老龄产业发展

老龄产业并不是传统意义上一个独立的产业部门,而是由于老年消费市场需求增长带动而形成的跨行业、跨部门的综合产业群,是21世纪我国由于人口结构转变而发展成的新兴产业。其基本面覆盖了第一、第二、第三产业,具有经济和社会的双重意义。由于目前老龄产业的性质徘徊在事业和产业之间,福利性和微利性是老龄产业的显著特征,也是老龄产业与其他产业的主要区别。老龄产业,国外称为银色产业或健康产业。在国内来讲,老龄产业脱胎于计划经济时代的老龄事业,形成为市场经济时代的老年社会,包括所有有关满足老年人特殊需求的生产、经营、服务的经济活动和设施。

1. 我国发展老龄产业的必要性

我国是世界上老龄人口规模最大的国家,且增长速度快。加之我国人口出生率近些年来明显下降,更加快了人口老龄化的进程。随着老年人口基数的快速攀升,必然导致老年消费群体的不断扩大,这就为老龄产业市场的发展提供了可能。从购买力来看,目前我国老年人的总体收入水平和储蓄水平偏低,加上尚不完善的社会保障制度,在一定程度上限制了老年人的消费需求。但在一些经济发达的省市和地区,老年人的收入水平也已相当高,可以满足高层次的需求。此外,由于我国老年人口规模大、增速快且有老龄人口高龄化的发展趋势,在未来相当长的一段时期内,即使老年人维持现有的、较低的消费水平所产生的购买力,也足够支撑老龄产业的扩大和发展。而且,据统计资料表明,我国政府用于退休金的支出也正在逐年增加。因此,随着我国经济的持续高速增长和社会保障尤其是养老保障制度的逐步完善,老年人口整体收入水平也在稳步提高,其经济实力和消费能力显著增强。就消费倾向而言,老年人消费需求广,购买欲望强。一方面由于生理和心理条件的变化,老年人对医疗保健、老年食品、老年服装、照料护理等老年人用品及服务提出了大量需求。另一方面,现代家庭养老功能的弱化,老年人及其家庭对专业化与市场化需求的增加是一种必然趋势。人口老龄化的加快、老年人口规模的增加与老龄人口高龄化的发展,以及由此导致的家庭结构的变化、养老方式和消费方式的转变,成为老龄产业必要性的客观基础。

2. 我国老龄产业发展的基本现状

我国的老龄产业目前尚处于起步阶段,其发展滞后于老年人口的快速增长,难以满足老年消费群体的巨大需求。

首先,在老年服务业领域,目前专为老年人提供服务的设施严重不足,服务的项目和内容不全,服务人员的素质参差不齐,服务的质量也是远远不能满足市场需要。老年人对服务需求依次排名为护理服务、医疗服务和生活服务等。其中,养老机构是目前我国为老年人提供护理服务的主要机构。随着人口老龄化的不断加剧和平均预期寿命的延长,我国人口老龄化趋势又呈现老龄人口高龄化的特点,高龄老人(80岁及以上)越来越多。随着家庭规模的日益小型化,家庭中照料老人的人员减少。这些扩大了社会对医疗服务和生活服务的需求。但由于养老制度的公益性等特点,市场如何进入该领域仍需进一步探索和研究。

其次,老年用品市场发展滞后。我国老年人的整体购买力不断提高,消费观念开始转变,老年用品市场的需求日渐强烈,但是老年用品却供给短缺,专门针对老年人的特殊生活用品,如老人床垫、手杖、轮椅、老花镜、助听器、义齿、假发等,即使在我国许多大中城市,也很难找到老年消费品专卖店,即使有一些商店,但适合老年人特点的保健型、方便型、舒适型的商品也少之又少。上海、广州等地的调查表明,在吃的方面,除了保健品,老年人所需的低糖、低盐、低脂食品等专供商品难以找到;在穿戴方面,市场上的老年人服饰要么没有,要么颜色晦暗,款式陈旧,号码不全。目前市场上适合老年人特殊需求的各种产品寥寥无几,老年用品市场发展滞后。

最后,在老年休闲文化领域,目前我国老年人的娱乐场所主要是家里和公园里,而随着生活水平的日益提高,老年人闲暇时间充裕,可自由支配收入高,老年人在娱乐、健身、绘画、书法等方面的精神追求和个人文化发展的需求也越来越高。专门针对老年人的休闲娱乐市场潜力巨大。据旅游部门统计,我国每年老年旅游人数已占全国旅游总人数的20%以上。文化需求方

面,目前全国老年大学已达7万余所。但相对于不断膨胀的老龄人口,7万余所老年大学仍然不能满足社会需要。老年理财业,作为一种新兴的老龄产业,刚刚起步。我国部分老年人除日常消费外也积累了一部分资金,客观上有理财的需要。同时,我国实行的基本养老保险制度的特点是"低水平、广覆盖",这就要求个人还要为自己将来的养老负责,对用于养老的资金进行科学管理,这也是老年理财业兴起的根本原因。随着金融日益渗透到经济生活的各个方面,老年人的理财需求也日益增加。老年理财产品与其他理财产品相比,更加注重稳健性、防御性及操作上的方便性。目前市场上理财产品众多,然而,传统的银行储蓄和国债仍是老年人理财的主要选择,符合老年人理财需要的理财产品仍待进一步开发。

思考题

请根据本章所学内容解释"老有所养、老有所医、老有所为、老有所学、老有所乐"的内涵与意义。

内容小结

1. 老年服务与管理的场所主要有社区和养老机构;老年服务与管理的对象主要有老年个体、老年群体和老龄社会。

2. 社区养老服务主要由家庭成员和社区服务人员提供,相对比较分散,机构养老服务主要由机构工作人员提供,相对比较集中。

3. 老年人希望日常生活照料、医疗保健、精神慰藉等不同层次的需求能在熟悉的社区中得到满足,他们既重视物质需求,也关注精神生活。因此,针对老年人个体的服务包括有生活照料、医疗保健、心理疏导与治疗等多个方面。

4. 老年人的合法权益包括:受赡养权与扶养权、婚姻自由权、自由处分财产与遗产权、继承权及老年人应享受的社会保障。

5. 我国养老机构模式有:公办民营模式、互助养老模式、机构式专业养老模式、异地养老模式、社区老年公寓、新型老年公寓及护理学院经营的老年公寓。

6. 开发、利用储备巨大的老年劳动力资源,是解决劳动力供给不足和人口老龄化问题的一举两得的好对策,通过开发和利用,把我国老龄人口压力转化为创造社会财富的人力资源动力。

7. 老年社会保障的服务体系包含的内容涉及保障制度的经济、法律、文化、政策等层面,贯穿于整个制度运行的全过程。

8. 老龄产业覆盖了第一、第二、第三产业,具有经济和社会的双重意义,福利性和微利性是老龄产业的显著特征,是老龄产业与其他产业的主要区别。老龄产业包括所有有关满足老年人特殊需求的生产、经营、服务的经济活动和设施。

情境三

老年服务与管理的目标与伦理认知

能力目标

本部分知识内容可以根据实际情况采用阅读、自学或小组讨论的形式组织学习,旨在培养:

1. 自我学习的能力;
2. 分析问题和解决问题的能力。

知识目标

通过学习本部分知识内容,应了解和掌握以下知识:

1. 老年服务与管理的目标:老年生理健康、老年心理健康、老年生活幸福、和谐老龄社会;
2. 老年生理、心理特点及老年生理、心理健康评估;
3. 营造老年幸福生活、构建和谐老龄化社会的途径与措施;
4. 老年服务与管理质量标准与评估的意义与作用;
5. 老年服务与管理的职业道德和日常礼仪。

- 任务一　老年服务与管理的目标认知
- 任务二　老年服务与管理的质量控制与评估
- 任务三　老年服务与管理的伦理

情境三 老年服务与管理的目标与伦理认知

任务一 老年服务与管理的目标认知

随着老龄化社会的日益严峻,老年人口越来越多,而社会经济的发展让老年人对养老生活提出了更高的要求,老年群体的巨大需求催生了快速发展的老年服务行业,并需要大量为老年人提供服务的专业技能型人才;同时,人口的老龄化对整个社会的发展也带来了深远的影响,如:人口老龄化对社会保障体系的影响,人口老龄化对劳动力资源的影响,人口老龄化对产业结构的影响,人口的老龄化对家庭的影响,等等。人口结构的变化势必会引发一系列的社会问题,在老龄化社会中如何应对纷繁复杂的相关社会问题并科学管理老龄化社会,这也需要更多的专业人士投身于老龄事业。

什么是高品质的老年生活?——当上了年纪,仍然可以保持风度和智慧,拥有充沛的精力与非凡的活力,这才是人们所希望的高品质老年生活。它意味着健康,不仅指身体上没有疾病,还包括充沛的体力、健全的心理和良好的交际能力。如何才能让老年人都过上高品质的老年生活,这不仅是老年人热切关注的问题,也是我们全体社会成员共同的美好愿望。

智慧健康养老服务与管理专业致力于培养从事老年服务事业和老年相关产业的专业人才。这些专业人才的服务对象为老年人,包括老年个体和老年群体;其服务内容包括:① 为老年个体提供日常生活照料、康复保健、医疗护理、心理咨询等服务;② 针对老年群体开展的老年权益保障、养老机构管理、老年活动策划、老年人力资源开发等;③ 老龄社会所需要的老年社会保障、老年产业发展等工作。其服务领域包括老年人家庭、养老机构、相关企事业单位、老年社区乃至整个社会。

世界卫生组织在1987年5月召开的世界卫生大会上首次提出"健康老龄化"概念。其后,该组织在1990年的哥本哈根会议上提出要把"健康老龄化"作为一个战略目标。在1993年召开的第15届国际老年学大会上,又将"科学为健康老龄化服务"定为主题。世界卫生组织对"健康老龄化"的定义包括三个方面,即:老年人个体健康、老年群体的整体健康和健康的人文环境。

《中国老龄事业发展"十二五"规划》中指出:"以科学发展为主题,以改革创新为动力,建立健全老龄战略规划体系、社会养老保障体系、老年健康支持体系、老龄服务体系、老年宜居环境体系和老年群众工作体系,服务经济社会改革发展大局,努力实现老有所养、老有所医、老有所教、老有所学、老有所为、老有所乐的工作目标,让广大老年人共享改革发展成果。"这是国家在宏观层面对老龄事业提出的远景期望。

《"十三五"国家老龄事业发展和养老体系建设规划》中提出的发展目标为:到2020年,老龄事业发展整体水平明显提升,养老体系更加健全完善,及时应对、科学应对、综合应对人口老龄化的社会基础更加牢固。多支柱、全覆盖、更加公平、更可持续的社会保障体系更加完善。居家为基础、社区为依托、机构为补充、医养相结合的养老服务体系更加健全。养老服务供给能力

大幅提高、质量明显改善、结构更加合理,多层次、多样化的养老服务更加方便可及。有利于政府和市场作用充分发挥的制度体系更加完备。老龄事业发展和养老体系建设的法治化、信息化、标准化、规范化程度明显提高。政府职能转变、"放管服"改革、行政效能提升成效显著。市场活力和社会创造力得到充分激发,养老服务和产品供给主体更加多元、内容更加丰富、质量更加优良,以信用为核心的新型市场监管机制建立完善。支持老龄事业发展和养老体系建设的社会环境更加友好。全社会积极应对人口老龄化、自觉支持老龄事业发展和养老体系建设的意识意愿显著增强,敬老养老助老社会风尚更加浓厚,安全绿色便利舒适的老年宜居环境建设扎实推进,老年文化体育教育事业更加繁荣发展,老年人合法权益得到有效保护,老年人参与社会发展的条件持续改善。

《中华人民共和国国民经济和社会发展第十四个五年规划和2035年远景目标纲要》明确指出,"十四五"时期经济社会发展主要目标之一:民生福祉达到新水平。实现更加充分更高质量就业,城镇调查失业率控制在5.5%以内,居民人均可支配收入增长与国内生产总值增长基本同步,分配结构明显改善,基本公共服务均等化水平明显提高,全民受教育程度不断提升,劳动年龄人口平均受教育年限提高到11.3年,多层次社会保障体系更加健全,基本养老保险参保率提高到95%,卫生健康体系更加完善,人均预期寿命提高1岁,脱贫攻坚成果巩固拓展,乡村振兴战略全面推进,全体人民共同富裕迈出坚实步伐。

《"十四五"国家老龄事业发展和养老服务体系规划》更是提出了"十四五"时期的发展目标,即养老服务供给不断扩大,老年健康支撑体系更加健全,为老服务多业态创新融合发展,要素保障能力持续增强,社会环境更加适老宜居;并明确了养老服务床位总量、养老机构护理型床位占比等9个主要指标,推动全社会积极应对人口老龄化格局初步形成,老年人获得感、幸福感、安全感显著提升。

以此为指导思想,老年服务与管理工作的目标具体化为:以维护老年人生理健康、心理健康为己任,通过为老年人营造幸福晚年生活,推动和谐老龄化社会的建设与发展。这也是智慧健康养老服务与管理专业人才培养的目标,更是从事该行业工作的相关人员应遵循的职业道德规范。

情境导入

艾媒咨询数据显示,自2018年起,我国养老行业市场规模不断扩大,2020年养老行业市场规模达7.18亿元,预测2022年中国养老产业市场规模达10.25万亿元。随着我国老龄化趋势日益明显,社会化、专业化养老机构的服务将成为解决养老问题的重要手段,养老服务市场的需求会加速扩大,"银发经济"将迎来风口。此外,目前围绕"老年需求"的相关产业的覆盖范围

情境三 老年服务与管理的目标与伦理认知

很大,从养老护理到殡葬服务,已经形成了较为完善的产业链条。未来,围绕着这条链条上的各个细分领域,有望迎来爆发式增长。与此同时,由于我国老年人基数庞大,养老服务业蕴含着大量创业机会。

(参考资料:养老行业数据分析:预计 2022 年中国养老产业市场规模达 10.25 万亿元.https://www.sohu.com/a/474051340_120205287.引用日期:2022-06-23.有删改)

【任务描述】

1. 阅读上述内容,思考并讨论,你对我国老龄产业发展现状了解有多少?

2. 请运用各种工具查阅相关资料,了解我国在老年服务事业与老龄产业发展方面的最新进展与动态。

3. 谈谈你将如何投身于养老服务这一前景广阔,又充满希望的朝阳产业?

【任务实施】

1. 分小组就各个任务展开讨论。

2. 各小组选派代表汇报并分享讨论结果。

【任务思考】

1. 你对养老服务行业的认识与所查阅资料了解到的行业发展状况是否存在差距?

2. 通过任务的学习,是否加强了你对智慧健康养老服务与管理专业的信心?

【知识链接】

一、健康的定义

(一) 世界卫生组织对健康的定义

20 世纪 70 年代,世界卫生组织曾对健康做过如下定义:健康是指生理、心理及社会适应三个方面全部良好的一种状况,而不仅仅是指没有生病或者体质健壮。世界卫生组织据此提出了健康的十条标准:

(1) 充沛的精力,能从容不迫地担负日常生活和繁重的工作而不感到过分紧张和疲劳;

(2) 处世乐观,态度积极,乐于承担责任,事无大小,不挑剔;

(3) 善于休息,睡眠好;

(4) 应变能力强,能适应外界环境中的各种变化;

(5) 能够抵御一般感冒和传染病;

(6) 体重适当,身体匀称,站立时头、肩位置协调;

(7) 眼睛明亮,反应敏捷,眼睑不发炎;

(8) 牙齿清洁,无龋齿,不疼痛,牙龈颜色正常,无出血现象;

(9) 头发有光泽,无头屑;

(10) 肌肉丰满,皮肤有弹性。

(二) 中华医学会老年医学分会提出的健康老人标准

中华医学会老年医学分会提出了我国健康老人的十条标准,具体如下。

(1) 躯体无显著畸形,无明显驼背等不良体型;
(2) 神经系统基本正常,无偏瘫和阿尔茨海默病及其他神经系统疾病;
(3) 心脏基本正常,无高血压、冠心病(无明显心绞痛、冠状动脉供血不足、陈旧性心肌梗死)及其他器质性心脏病;
(4) 肺脏无明显肺功能不全及慢性肺疾病;
(5) 无肝硬化、肾脏病及恶性肿瘤;
(6) 有一定的视听能力;
(7) 无精神障碍,性格健全,情绪稳定;
(8) 能恰当地对待家庭,有一定的社会交往能力;
(9) 能适应环境;
(10) 具有一定的学习、记忆能力。

不管是世界卫生组织还是中华医学会提出的健康标准,其对健康的定义都涵盖了三个方面,一个是生理健康,二是心理健康,三是社会适应能力,即能够充分享受幸福的晚年生活。其目的是通过改善老年人个体的健康状况,提高老年群体的健康水平,从而促进整个社会的健康发展,实现健康老龄化。

下面分别从老年生理健康、老年心理健康、老年幸福生活、和谐老龄社会等四个方面来介绍老年服务与管理的工作目标。

二、老年生理健康

关于老年生理健康,从服务的角度思考,需要面对两种类型的老年群体:一是身体完全健康的老年人;二是身体并不完全健康的老年人。针对不同类型的老年群体,工作的侧重点是不同的。对于健康的老年人,侧重于帮助其保持和维护现有的健康生理状况;对于身体并不完全健康的老年人,侧重于帮助其重新获得健康的生理状况或者帮助其应对由于身体的不健康因素带来的生活困扰。因此,需要对老年生理健康有一个清晰的认识,并掌握维护老年生理健康的方法和应对不健康身体条件下的生活方式。

(一) 老年生理特点

维护老年人的生理健康,需要了解老年人的生理特点,通过把握老年期身体的变化特征及规律,有效制订科学合理的养生保健计划,预防疾病,延缓衰老。

随着年纪的增长,人进入老年期后,身体会慢慢衰老,在个体的外形上、组织器官的组成成分上、功能上均发生变化。

首先,在外形上老年人会表现出如下变化:头发变白和稀少,皱纹、老年斑出现,皮肤松弛,眼视力等改变,牙齿松动脱落,身高下降,体重减轻,等等。但在外形变化上个体差异很大。

其次,组织器官的组成成分的变化主要表现为:总水量减少,细胞内液量减少,不活动性脂肪量增加,脏器、神经及肌肉组织萎缩和重量减少,除心脏外,细

胞数量减少,由此不同程度地带来基础代谢量减少、各种功能减退、贮备力降低、适应能力减弱等状况。

最后,身体的各种功能随年龄增加而呈直线下降,主要表现为:体力活动和精神活动低下、基础代谢率下降、生殖功能低下,其他生理功能如各脏器系统随着衰老而发生退行性变化,由于各种生理功能的减退而造成各种不适,如全身性的气力减退、身体衰弱、身体活动不自如、容易疲劳且不易恢复。局部症状是步行不自由、视力与听力和记忆力减退、头发变白、性欲减退等。

总的来说,衰老带来的影响是多方面的,贮备力减少、适应力减退、抵抗力低下、自理能力下降都会不同程度地影响到老年人的晚年生活。

(二)老年生理健康的评估

对老年人生理状况进行全面综合的了解,并进行不同等级的评估,有助于开展不同类型的服务工作。

从世界卫生组织对"健康"的定义并结合中华医学会老年医学分会提出的健康标准,可以从三个维度归纳关于生理方面的健康标准:一是躯体外形上的要求;二是各个脏器功能上的要求;三是反映在日常的活动能力上的要求。并根据这几个维度提出具体的评定指标。

第一,在躯体外形上,可以从头发、眼睛、牙齿、肌肉等几个方面来评估老年人的生理状况,通过横向与其他老年人的比较及纵向与自己年轻时候的比较,来评价自身的衰老状况,这可以通过目测法来进行。

第二,在各个脏器功能上,可以通过医学体检的方式,对各个脏器的功能做一个全面的了解,各种生化指标可以不同程度地反映老年人的生理健康状况。

第三,在日常活动能力上,可以通过相应的方法来测试和评估生理健康状况。如吃饭、穿衣、上下床活动、上厕所、沐浴、购物、处理财务,以及做一些力所能及的家务乃至适当的旅游等。

通过评估,可以把老年人基本划分为四种类型:一是健康型,二是康复型,三是照料型,四是护理型。

(三)工作目标

针对不同类型的老年群体,工作内容和工作目标不尽相同。对于健康型老年人,工作目标侧重于协助其保持健康的生理状况,工作内容包括养生保健、营养膳食等;对于康复型老年人,工作目标侧重于帮助其恢复健康的生理状况,工作内容包括康复保健、医疗护理等;对于照料型老年人,工作目标侧重于帮助其适应正常的老年生活,工作内容包括生活照料等;对于护理型老年人,工作目标侧重于辅助其过上正常的老年生活,工作内容包括疾病护理、康复护理和心理护理。

三、老年心理健康

人口老龄化的加速,老龄问题日益增多,其中心理健康问题尤甚。过去人们对老年健康的关注通常都过于片面强调生理健康,随着新的健康理念的发展,人们发现健康不仅仅只包括身体,而应该是身体、心理和社会三方面的完美

结合。只有这样才能真正地提高人们的生命质量和生活质量。由此,整个医学模式也发生了转变,要求从生物、心理和社会三方面维护和促进人类健康。身体、心理和社会三方面达到完美状态,三者不可分割。而人们对心理健康认识从过去的一无所知,到今日有所认识并越来越重视,这也是社会发展进步的标志。

(一) 老年心理特点

维护老年人心理健康的基础是建立在对老年人心理特点的了解和掌握之上。人进入老年期后,随着身体的逐渐老化,心理功能也随之退化。主要表现在以下一些方面。

1. 认知功能的变化

进入老年后,由于听觉、视觉敏锐度的逐渐下降,运动的灵活性和速度也明显减退,学习速度也明显变缓,老年人易出现焦虑。由于注意力不足,对信息编码的精度及深度均下降,记忆容易出现干扰和抑制,特别是信息主动提取方面,老年人记忆障碍较为明显,有时还会出现错构和虚构。这容易给老年人造成一定的心理困扰,出现挫败感,并导致抑郁和焦虑、愤怒等情绪出现,从而影响其生活。

2. 智力的变化

老年人的液化智力①随着年龄的增长在逐渐下降,但晶化智力②却有可能由于知识和经验的积累,再加上生理健康和社会文化等相关因素的影响,而随年龄的增长逐渐升高。

3. 动机和需要的变化

首先,在安全需要上,老年人对医疗保障、患病就医、社会治安等方面会有更多的关注。其次,他们对爱和归属的需要主要体现在家人的关爱和社会的关怀上。最后,在自尊和自我价值实现上,有些老年人会要求不管在家庭和社会上都有自主权,承认他们的价值,维护他们的尊严,尊重他们的人格,过自信、自主、自立的养老生活。

4. 情感的变化

老年人在情感与情绪上较年轻时期容易产生消极情绪,如紧张害怕、孤独寂寞、失落感和抑郁。当然,产生负向情绪的大部分因素都是由于人到晚年将面临更多的生活负性事件。

5. 个性的变化

老年人的个性通常仍保持较高的稳定性和连续性,改变较小,而且主要表现为开放经验与外向人格特质的降低。时代和社会的飞速发展,老年人由于未跟上知识结构和观念的迅速更新,通常也会表现出个性保守、古板、顽固等特点,甚至会出现偏执、多疑、幼稚等特点,这往往也与病理生理过程有密切关系。

---

① 液化智力:与基本心理过程有关的能力,如知觉整合能力、短时记忆力、思维敏捷度等。
② 晶化智力:通过掌握社会文化经验而获得的智力,如言语理解、知识经验等。

（二）老年心理健康评估

老年心理健康评估是通过各种心理学的方法和技术，对评估对象的心理特质（认知、情绪、个性、能力、行为方式等）及存在的心理障碍进行检查和评定，从而确定其正常或异常的原因、性质和程度，以帮助临床做出判断的一种综合诊断的方法。

老年心理健康问题是复杂的系统问题，涉及方方面面的因素，有因为自身生理健康方面所引发的心理疾病，有因为家庭关系方面引发的心理疾病，还有因为与社会融合方面所引发的心理疾病，等等；不同原因导致的心理疾病表现出的症状也各有不同，有抑郁症、强迫症、焦虑症等。心理健康评估可以运用的方法和技术较多，其中运用比较广泛的是各种不同的量表，如人格量表、智力量表、抑郁量表等。当然还可以通过各种实验的手段来加以测验和诊断。

通过对老年人的心理状况进行综合评估，初步判断其心理健康类型大致可以分为两种：一是心理健康状况良好；二是心理健康状况欠佳。针对不同的类型采用不同的方法。对于心理健康状况良好的老年人，主要以维护和预防为主；对于心理健康状况欠佳的老年人，还要运用各种心理评估的方法和技术，进一步深入诊断其心理疾病类型，以确认治疗和干预的方法。因此，老年心理健康评估具有三级功能：初级功能——防治心理疾病；中级功能——完善心理调节；高级功能——发展健康的个体与社会。

（三）工作目标

维护老年心理健康，其工作目标在于通过运用多种方法和技术预防和治疗各种心理障碍与心理疾病。目的是维护和促进老年人心理健康，提高他们对社会生活的适应与改造能力。其工作内容具体说来包括三个方面的内容：初级预防，即向人们提供心理健康知识，以防止和减少心理疾病的发生；二级预防，即尽早发现心理疾患并提供心理与医学的干预；三级预防，即设法减轻慢性精神病人的残疾程度，提高其社会适应能力。

四、老年幸福生活

如何让老年人过上幸福的晚年生活，一是为老年人提供一个健康的自然环境，二是为老年人构建一个和谐的人文环境；同时，还应努力培养老年人适应社会的能力，使老年人能够理解和享受现代文明为人类生活带来的变化，并充分地融入现代社会生活。

（一）老年生活环境

健康的老年生活环境，包括健康的自然环境与和谐的人文环境。老年人对生活环境的具体要求如下。

1. 健康的自然环境

健康的自然环境主要是指老年人日常生活的周边环境舒适、环保，能够让生活于其中的老年人保持健康生理状况。其范围包括整洁舒适的居住环境、绿色环保的小区环境、方便快捷的出行交通、有效保障的医疗服务等。

2. 和谐的人文环境

和谐的人文环境主要是指老年人日常生活的周边环境文明、安全,能够给老年身心带来愉悦感。其范围包括亲密的家庭氛围、融洽的邻里关系、多样的社区服务、良好的社会风尚等。

如此构建的老年社会生活环境,能够让老年人从生理和心理上都保持健康的状态,从而过上幸福的晚年生活。

(二)老年社会融合

现代社会科技的发展,除了带给我们丰富的物质生活,还改变了我们生活方式。手机、电脑、网络等现代化工具的应用,给年轻一代的生活带来了方便快捷,但对于老年人来说,却是挑战。因为随着身体的老化,老年人的认知能力有所退化,造成对于新事物的学习和接受能力下降。除此之外,社会其他方面的发展变化,也会给老年人的生活带来一些不利的影响,他们可能因此而害怕与社会接触,进而与社会脱节。这些都是老年人晚年幸福生活的障碍。因此,帮助老年人学习新生事物,了解和接受现代社会文明,融入其周围的生活环境,能够从多方面消除由于社会的发展变化给老年人晚年生活带来的不利影响,这也是从事老年服务与管理工作的专业人员的工作内容。

(三)老年社会生活状况评估

老年人社会生活状况评估主要从两个方面来进行:一是生活环境,二是社会功能。

生活环境的评估主要从居住条件方面进行评估,包括:房屋的修缮情况及安全措施情况;周边环境,如出行是否方便、空气质量是否良好、绿化条件是否达标、公共服务设施是否完善等。其功能在于确定老年人现有的生活环境是否存在对他们不利的或者不安全的因素,以确保为老年人提供舒适安逸的生活环境。

社会功能主要可以从其日常的生活方式,社会隔离程度,工具性和情感性支持三个方面来评估。通过询问老年人典型1天的主要活动来了解其日常生活方式;通过询问老年人是否感到孤独、平时与他人的社会交往活动等来了解其社会隔离程度;通过询问老年人在生活上是否得到外来援助,以及与家人和朋友的亲密程度来了解其工具性支持和情感性支持的现状。其目的在于:一是确定老年人是否参与了社会活动或者想参与什么社会活动;二是确定老年人是否有自认为能够调动的社会支持资源。

(四)工作目标

通过对社会生活环境的评估,全面了解老年人目前的社会生活状况,重点掌握老年人日常生活中面临的挑战,以及这些会给老年人带来哪些不利的影响,哪些地方需要改善,如何获得相关的社会支持。通常这样的工作应由老年社会工作者来完成,或者通过老年社会工作者召集各方面专业人士组成老年工作团队来完成。其工作内容包括改善老年人日常生活环境,调动社会资源,促进老年人与社会的融合。工作目标在于为老年人提供全方面的服务,改善老年人生活状况,营造幸福晚年生活。

五、和谐老龄社会

老年人口的逐渐增多,人口结构的变化,势必给社会各方面都带来影响,利弊皆有。

(一)人口老龄化对经济社会的影响

1. 对劳动力资源的影响

廉价劳动力大幅减少,人口红利期缩短。老龄化社会的到来,我国的人口红利将逐渐消失,没有了吸引外资的劳动力成本优势,势必会对我国的出口贸易造成相当大的冲击。

2. 对社会保障体系的影响

人口老龄化加重了养老负担,对整个社会保障体系提出了新的挑战。一是经济保障,即老年人晚年生活的经济来源应当得到基本保障;二是医疗保障,即使老年人在保健与疾病医疗方面有保障;三是社会化服务保障,即对老年人的个人生活能够提供必要的照料、护理和帮助等。

3. 对国家财政的影响

人口老龄化加重财政负担,影响经济建设支出。老年人口增多,相应的退休金将大增,势必给国家财政带来沉重负担。而且用于退休金的财政支出增加,则用于经济建设的支出必然要减少,从而影响国家经济建设的进程。

4. 对消费结构的影响

随着人口老龄化,1对夫妻赡养4位老人的现象将成为常态,年轻人的养老压力的陡然增大,鉴于沉重的赡养负担,年轻人只好把钱存起来,不敢消费。由此带来消费结构的变化,并制约内需的扩大,不利于消费水平的提高。

5. 对家庭关系的影响

人口老龄化不利于构建和谐社会,小型化家庭结构不够稳定,家庭成员中若有1个或1个以上的人同时发生意外情况,整个家庭都会乱套,而家庭是社会的基本单位,家庭的不稳定会直接影响社会的和谐。

除此之外,人口老龄化还会在产业结构、社会文化等诸多方面产生影响。

(二)工作目标

要应对人口老龄化给社会带来的各种影响,其关键在于运用各种方式和手段规避老龄化带来的弊端。如:完善社会保障体系,构建多层次的养老服务体系,为老年人提供多样化的养老服务;制定切实可行的办法,完善相应的法律、法规,建立健全社会养老制度,解除老年人的后顾之忧,保障老年人的基本生活;大力发展养老产业,开拓老年消费市场;有效开发老年劳动力资源,应对年轻劳动力资源短缺问题。

任务二 老年服务与管理的质量控制与评估

通过任务一的学习,我们了解到老年服务与管理工作涉及领域广泛,工作类型和工作内容复杂多样,我们无法建立一套适合整个行业的质量控制体系。

但是我们可以针对每个专业服务领域制定不同的质量标准,以此来完善老年服务与管理的质量控制。

情境导入

为贯彻落实中央财经领导小组第十四次会议上习近平总书记就提高养老院服务质量的重要讲话精神,加快建立全国统一的养老服务质量基本标准和评价体系,民政部组织编写并报请国家标准委发布了国家标准《养老机构服务质量基本规范》(GB/T 35796—2017,以下简称《基本规范》),《基本规范》全文共有112条,除去规范性引用文件、术语和定义外,共对养老机构服务质量提出106条要求,主要包括基本要求、服务项目与质量要求、管理要求、服务评价与改进等内容。《基本规范》是养老机构服务质量管理首个国家标准,标志着全国养老机构服务质量迈入标准化管理的新时代。

(参考资料:夯实养老服务质量基准线　持续提升养老机构服务质量——解读国家标准《养老机构服务质量基本规范》.http://www.mca.gov.cn/article/gk/jd/ylfw/201712/20171215007142.shtml.引用日期:2022-06-24.有删减)

【任务描述】

1. 思考并讨论,为什么要制定与养老服务机构相关的服务质量标准,其作用和意义何在?

2. 请运用各种工具查阅相关资料,了解我国养老服务体系建设过程中制定的相关制度和标准有哪些?

3. 课外社会调查:

(1) 请调研你所在地区的养老服务机构提供服务的质量情况。

(2) 请调研养老服务机构服务质量监督方面的制度有哪些?

(3) 搜集本地养老服务机构工作人员对这些制度的意见和看法。

【任务实施】

1. 分小组就各个主题展开讨论,并分享讨论结果。

2. 分小组编制调查问卷,并开展社会调查,形成调查报告,课堂分享调查结果。

【任务思考】

1. 社会调查过程中遇到哪些困难?如何解决?

2. 通过开展社会调查,是否有加深你对养老服务行业质量监控体系的了解?

【知识链接】

一、老年服务与管理的质量控制

老年人口的日益增多,特别高龄老人的增加速度更快,给老年服务与管理行业带来的最大压力在于如何建立更为高效的老年长期照护体系,以高质量地满足老年人最急需的服务需求。所以,以下以老年长期照护体系为例,介绍如何进行老年服务与管理的质量控制。

所谓长期照护就是指在持续的一段时期内给丧失活动能力或从未有过某种程度活动能力的人提供一系列健康护理、个人照料和社会服务。从此定义可看出,长期照护主要不是解决特定的医疗问题,而是为了提高生活质量,不是为了满足特殊需求,而是满足基本需求。其服务对象是慢性病患者和残障人群,老年人则占了此类人群中的绝大多数;服务目标是满足各种疾病患者或残疾人士对保健和日常生活的需求;服务内容包括从饮食起居照料到急诊或康复治疗等一系列正规的长期服务;服务场所包括专门性机构,如医院、护理院,也包括家庭、社区等其他场所。

在老龄化严重的发达国家,如美国,需要提供长期照护的家庭数占总家庭数的1/4左右,且每周护理时间在18小时左右,给家庭成员带来沉重负担。因此大部分经济较发达国家都建立了一套完善的老年社会保障体系,从资金的筹措,到服务的递送和过程的质量监督与控制及后期的评估相对都比较完善,这使得发达国家的老年福利保障质量保持在一个稳定的水准。

"质量"指产品或工作的优劣程度。在医疗服务体系中指的是医疗服务的不同水平和等级,借用于老年长期照护体系,指的就是老年照护服务中的不同水平和等级。在发达国家,质量控制体系的建立主要依据立法机构、管理部门和公众偏好来完成。因此,老年长期照护服务体系必须符合相关部门制定的最低标准,并根据社会和经济发展水平逐渐提高服务质量和服务标准,它与标准制定和监督机制密切相关。

(一)质量标准的制定

在老年长期照护服务体系标准的制定上,每个国家根据自己国家的具体情况,制定了不同的法律法规。

美国1965年通过的《美国老年人法》中,对老年人的生活标准、应享有的照护权利、老年住宅的设计制造、就业机会等都做了相关规定,并详细阐明了管理机构的责任、拨款机构和实施细则。其后又增加了《老年志愿者工作法案》《老年人营养方案》等,特别是1992年《美国老年人法(修正案)》增加了新的第七章"弱势老年人权利活动",内容包括长期照护监察员制,老年人受虐待、忽视、剥削的预防,老年人权利保护和法律援助发展计划等。

日本在1963年颁布的《老年人福祉法》不仅保障了老年人经济和医疗的需求,还出了具体规定,甚至对各级政府、社会和企业等扮演的角色做出了明确规定。1970年出台的《福祉设施紧急完善五年计划》大力推动了养老院之类的老年护理设施建设,使那些经济困难且迫切需要护理的老年人也能入住养老院。而在2000年开始实施的《长期照护公共保险计划》则通过政府财政支持、年轻人对老年人及老年人对老年人之间的相互支持等多种途径来满足老年人的护理需求,并解决医疗资源浪费等问题。

我国从1996年开始实施的《老年人权益保障法》,其中对老年社会保障体系的建设目标有明确规定:老有所养、老有所医、老有所为、老有所学、老有所乐。同时也对各级政府的相关职责做了规定。2008年,《关于全面推进居家养老服务工作的意见》中提出要"建立居家养老服务管理体制"。各地政府应加强

对居家养老服务工作的管理和监督,建立相应工作机制。在区、街道(乡镇)和社区(村)建立居家养老服务中心、站点,受政府委托负责本辖区居家养老服务的实施和管理,其主要职责是:建立老年人信息库,发布老年人服务需求信息和社会服务供给信息,对享受政府补贴的居家老人进行资格评估;对居家养老服务人员相关资格进行审查,接受服务对象的服务信息反馈,检查监督服务质量。承担政府委托的其他养老服务事项。2012年公布的《民政部关于鼓励和引导民间资本进入养老服务领域的实施意见》中第七条专门对民间资本进入养老服务领域提出指导规范。

(1)完善养老服务法律、法规和政策,加强养老服务监督和管理,为鼓励和引导民间资本进入养老服务领域创造公平竞争的市场环境。

(2)制定养老服务资格认证、建筑设施、人员配备、分类管理、安全卫生、等级评定等标准,建立养老服务需求与质量评估制度,推动各级各类养老服务标准的贯彻落实,规范民间资本养老服务提供行为。

(3)开展养老服务从业人员职业道德建设、专业技能培训和职业资格鉴定,提升法律意识、责任意识和业务水平,推行院长岗前培训和养老护理员持证上岗制度,提升民间资本提供养老服务的质量和水平。

(4)指导民间资本举办的养老机构或服务设施加强管理服务,健全规章制度,落实安全责任,实现安全、健康、有序发展。

(5)培育和发展养老服务行业协会,发挥其在行业自律、监督评估和沟通协调等方面的作用,促进民间资本投资主体行业自律和维护自身合法权益。

(6)地方各级民政部门要发挥好宏观管理、行业规范和业务指导职能,进一步采取切实有效措施,鼓励和引导民间资本进入养老服务领域。

(二)质量控制的内容及分工

老年长期照护质量控制内容应包括护理人员的培训、对非正式和正式的护理提供者的监督、患者信息系统的建立、服务标准设定以及指导纲领的发布,且每级政府机构在保障老年服务质量方面的责任各有侧重。

中央政府主要是制定政策来指导老年产业的发展、立法和规范,合理分配资源,筹措资金,组织和管理老年社会保障体系的正常运转,其中包括对服务质量的监管和评估、老年产业所需人力资源的培养和物质资源的合理调配。

地方政府的管理责任包括根据已有的政策规定合理分配养老保障资源,监管老年长期照护服务质量。质量控制的内容包括服务提供者的教育培训、当地指导标准的制定、调整国家标准以适应当地情况、建立现有服务系统的反馈和奖励制度。

社区提供的日常服务质量一般通过服务效率和服务是否人性化两条标准来考量。

(三)质量监管体系的常规运作

在一些老龄化严重的发达国家,如日本、德国、英国、澳大利亚、美国,其现在正在实施的质量监管体系主要运作方式如下。

(1) 中央政府是相关法律、政策、法规的制定者及相关项目的出资人,很多公共福利设施由中央政府出资兴建,或者由中央政府和地方政府、基金会等合作筹资建设,由地方政府执行监督管理职能。

(2) 政府出资兴建的公共养老机构通常为护理院、养老院、特殊疾病专门护理机构、康复机构等,它们多数属于专业性较高、护理服务较完善、福利性质较强的老年照护机构。除接受地方政府的监管外,它们有时还直接接受中央政府相关部门的监管,且这些长期照护机构的监管、考核和资格审批在整个质量控制体系中也是最严格的,是主要的质量监控对象。

(3) 社区长期照护服务和家庭照护服务通常由非营利机构、私营企业,或老年人家属、非正规护理人员来承担。这些服务的提供者可以更加灵活地调整服务内容以适应市场需求。对于社区和家庭的照护服务,政府对其服务质量的监管力度还较弱,没有足够的重视,也没有相关的政策性支持和资金投入。

(4) 体制外的其他质量监督和意见反馈也逐渐为各级政府所重视,如媒体在监控养老保障服务质量方面所做的贡献。媒体经常对照护服务质量不高的机构进行曝光,引起政府对其质量问题的关注。同时,通过不定期地把对养老机构的调查报告发布到互联网上,让公众从中发现各个机构的检查结果和评分情况,以便选择质量好的服务机构入住。这些都构成一个完整的质量监控体系。

(四) 各国经验分享

1. 英国

在英国,大部分的家庭照护客户对他们所获得的护理服务满意,但其他利益相关者(包括政府官员、服务提供者和消费群体)却认为长期照护服务的质量不高是一个严重问题,特别是记录不当问题、药物管理问题,以及养老院和一些其他住宿护理设施不达标问题。

在英国,对养老机构的监管方式主要以制定标准和定期检查为主。标准由卫生部颁布,建立在人们对社会和健康护理服务的预期水平基础之上,内容涉及:隐私和尊严,服务用户对自己生活选择权和控制权,文化、社会、精神和教育需求满足情况,健康和福利,实体环境的质量,危害和虐待防护。检查至少每3年1次,包括"关键性检查""随机检查""主题检查""轻型触摸式检查"。检查结束若发现问题则进行讨论和提出建议,若完全不能满足国家最低标准,检查委员则应采取执法行动限期整改或取消机构的注册资格。

英国最具特色的监管措施是把推广最佳做法、提高人员素质作为补充。具体措施为:规定社会护理工作人员必须符合相应的资格规定和能力标准,必须通过刑事记录检查和参加就业记录审查;通过《护理标准法案》设定目标,每个机构内一半的工作人员都要符合国家职业资格特定标准;开发社会工作培训课程,并监管课程质量。特别是卓越社会护理研究所致力于提高社会护理服务的标准,提高整个社会护理领域服务供应的一致性和促进最佳做法的实施。

2. 德国

德国一直花费巨额资金来支付长期照护体系产生的费用,但德国并没有定期从服务提供者、政策制定者或消费者那里系统地收集照护服务的质量数据。养老院通常在照护的结构方面业绩良好,但在住户照护的检查中往往不达标。主要问题出在营养、补水、失禁护理、褥疮预防及对痴呆病人的护理,且有部分养老住户受到不适当的限制。

德国的质量保障体系将责任分配给服务提供者和疾病基金组织,并由各个州承担剩余的监管职责。法律要求每个服务提供者都需要建立自身内部的长期的正式的质量改善体系。疾病基金组织必须通过与服务提供者签订合同来确保参与医保的受益者能够获得高质量的照护。政府同时规定疾病基金组织必须与所有能够满足最低要求的服务提供者签订合同,这种规定对基金组织与服务提供者的影响力会有影响。质量标准的制定通过疾病基金组织的联盟与服务提供者的联盟进行谈判,消费者不参与其中,谈判各方达成一致是启动和执行任何计划与项目的关键。除此以外,州政府也负责为养老院发放许可证和证书,承担"双重"监管的责任。

德国主要是通过定期合同来保障长期照护服务体系的质量。执行基础是照护机构和家庭式照护服务供应商与消费者之间达成的合同条款。且相关法案还规定了一系列制裁措施,供疾病基金组织在发现问题时使用,如短期消减费用、退还服务费和暂时废止收纳用户,并规定了检查的时间、涉及的机构、程序和质量后果措施等。

除了疾病基金组织的质量保障,各州也可以对护理机构颁发许可,包括年度现场检查。对于选择现金型福利的长期照护保险受益人,机构供应商都会每半年开展1次控制访问,以确认受益人享受到了照护。

德国还出台了《2000年教育改革法》,对老年照护人员推出了统一的国家标准,包括老年照护护士和家庭式照护助理培训标准。其中规定老年照护人员需经过3年培训,并开发了针对长期照护的自愿型管理培训项目。此外,德国医疗办公室着手开发了最佳做法协议。疾病基金组织联邦医疗办公室与其他专家合作制定照护标准。联邦政府还鼓励人们在照护供应和质量保障方面进行新尝试,特别授权大学的研究网络和部分服务供应商开发研究新的系统和示范项目。

3. 日本

日本的大部分老年长期照护服务由医院提供,存在的问题主要有:老年病人多数住多人间,卧床时间长,无其他活动,房间设施简单,对住院者人身自由的限制,等等。而过去日本公共管理机构并没有在公共服务中强调质量保障,只是要求管理对象遵守基本法律、行政管理和财务制度。随着长期照护机构数量的迅速增长和公共财政在长期照护保险中的支出逐渐增多,如何提高长期照护服务质量成为公共政策研究的一个重要议题。

日本对长期照护服务体系的质量监管是在三级政府层面开展的——中央、市和县。对于养老院,检查更偏重于形式,主要是开展文件审查工作,对于家庭

和社区的服务正式监管也很少。但其非正式程序,如由政府官员定期敦促服务提供者改善质量、消费者的选择和同行竞争,都发挥着重要的监管作用。

日本的长期照护服务体系质量监管的重点在于非常规的检查和人员培训。一般照护机构会认真听取政府有关部门的指导意见,如根据床位数确定的机构要求和人员配置。检查通常由地方政府执行,原则上1年1次,但主要是采用提交文件的形式,集中在实体实施、人员配置水平、财务管理和报告准确度等方面。唯一采取的制裁措施就是人员配置不足,则减少30%的长期照护保险项目拨款。针对阿尔茨海默病群体的养老院,政府专门制定了具有针对性的质量保障方法,如:鼓励住户家庭、社区和地方供应商之间开展互动和对员工及所有人进行培训;协助建立针对阿尔茨海默病群体的养老院经营人员的行业协会,并促使该协会就服务质量、经费、良好做法的信息和自我评估等方面开展工作;所有的团体照护协会都要接受照护质量外部评估,评估由具备合格资质的地方评估机构开展。

除开展监管外,日本正实施一系列的替代性措施,以提高照护质量,其中包括在服务供应商之间展开竞争,促进私营资格审定(第三方评估)和认证。

二、老年服务与管理的评估

(一)评估的定义

评估是指依据某种目标、标准、技术或手段,对收到的信息,按照一定的程序,进行分析、研究,判断其效果和价值的一种活动,评估报告是在此基础上形成的书面材料。从这个意义上来讲,评估结论是对评估对象的价值或所处状态的一种意见和判断。而这种意见和判断,则是建立在对评估对象的技术可能性和经济合理性进行充分、客观和科学的分析的基础上,因而能给相关部门或单位提供可靠的参考依据。

(二)老年服务与管理评估

老年服务与管理的评估,即依据老年服务与管理各个领域所确立的目标或所制定的标准,运用各种技术和手段收集相关信息,按照一定的程序分析、研究、判断其服务与管理的效果和价值,并提出评估的意见和判断将评估结果提供给老年服务与管理的提供者,促进其改进服务质量;提供给老年服务与管理的监管者,为其制定相关政策时提供参考;提供给老年服务与管理的消费者,为其选择服务机构时提供依据。

评估也是质量监控体系的一个组成部分,但是本书在此把评估单独进行阐述和分析,原因在于评估在质量监控体系中与其他组成部分不同,其执行主体通常是第三方机构,独立于质量监控体系中标准的制定方和执行方。

(三)经验介绍

在老年长期照护服务体系中,评估工作开展得较好的国家是美国。要开展科学评估离不开客观的评价体系,需要多维度的定量数据。美国采取了很多措施,收集了大量关于健康和长期护理服务质量的数据,并充分发挥国际力量,扩大针对长期护理服务的受惠者的健康和实用结果的标准化数据的收集。

其中，InterRAL（International Resident Assessment Instruments）就是一个由 32 个国家的临床工作者和卫生保健研究者组成的国际合作网络组织。该组织的成员关注如何改善卫生保健服务质量，特别是针对脆弱、长期患病和失能人群的卫生服务质量。目标是推动循证临床实践和政策决策。为实现这个目标，这个组织的成员多年来潜心研究开发了一套评估系统，用于收集和分析不同医疗与社会服务环境下患者的特征及医疗干预结果的高质量数据。这套评估系统已经被部分国家和地区的政府用来控制卫生资源的使用和监督卫生服务质量。这套评估系统以 InterRAI（组织）的照护评估和指南为基础，并依据整理分析照护对象的临床要因，作出有科学依据的照护计划用于老年人，残障人士，因此，这套照护系统也被称为 InterRAI 照护评估系统。

InterRAL 照护评估系统需要一些规范的支持机制来维持。一方面，需要收集和评估具体的患者数据，并以此为依据制定临床对策，这是医务人员日常医疗工作的一部分；另一方面，需要建立标准语言，增加医疗服务的透明度。建立一个完善的 InterRAL 照护评估系统，对于老年服务与质量控制和保障有着重要意义。该照护评估系统包括：共同的专业术语和质量改善测量工具；流行病学和卫生保健研究共同的概念界定；创立以保健提供程度为依据的费用支付分类；为规范管理者、消费者和服务提供者，创建有质量的"绩效评测"手段。

目前，多数发达国家在处理入住养老机构的申请时，首先要用通用的日常生活活动指标体系评测申请者的健康程度，然后根据结果来决定申请者应获得什么标准的护理服务。这些评测指标可以简单概括为：心理状态（认知能力、神志清醒程度、交流能力等）、生理状态（视力功能、尿失禁、戴导尿管、摔伤、康复潜力等）、情绪状况（精神病治疗药物的使用等）、行为状况（日常活动功能、是否需要限制身体活动）、营养状况（进食方式、是否戴饲管、是否失水、口腔保健情况、是否有褥疮等）。

日常生活活动指标体系是一套统一、量化的数据标准，已通过很多国家的使用检验。在一些国家，该指标体系还作为申请长期照护保险金和其他医疗的重要评估标准。现在，日常生活活动指标体系已经作为 InterRAL 照护评估系统的一部分来帮助收集需要长期照护者的相关数据。

InterRAL 照护评估系统的建立给质量控制工作带来诸多好处，因为数据越具体就越有助于正确的决策和管理。其为政府科学量化服务目标和质量标准提供基础依据，便于相关部门全面掌握老年人使用养老资源的路径，并有利于这些部门对公共养老资源进行有效整合和管理，同时通过跟踪监控老年人得到的服务的质量情况来及时发现问题，通过成本计算和预算控制让有限资源发挥最大效用。

在澳大利亚，由政府出资的照护机构和社区照护服务提供者也必须满足各项标准，特别是服务提供者，需满足的标准有 27 条，每一条都是消费者预期的一个结果。同时，相关部门还利用各种工具，如通过消费者电子邮件问卷调查、面对面访谈或焦点小组等形式,收集三方面信息:一是消费者在接受服务过程中的体验;二是对客户权利的尊重和客户权利方面信息的接收情况;三是服务的满意度。通过对比质量标准,在各州、各地的服务提供者之间开展联合评估。

日本在服务质量方面的评估主要采用私人评估的方式,通过设立行业协会来关注质量问题,并向长期照护服务提供者推荐第三方评估,把评估结果公布在互联网上,有助于消费者做出选择。

任务三　老年服务与管理的伦理

伦理,就是人与人及人与自然的关系和处理这些关系的规则,即各种道德标准和道德规范,也即是人们共同认为的关于什么是"好"的,什么是"坏"的定义。

我们每个人都生活在一定的社会环境中,总是和他人发生这样或那样的联系,建立一定的社会关系,如同事关系、上下级关系、长辈与子辈的关系、员工与企业的关系等。种种关系错综复杂,稍不留意就会带来纷争,从而影响家庭、社会甚至国家的稳定,因此需要有一定的规范和准则来调节种种关系,即社会对道德的需要。

职业道德是一定的社会道德原则和规范在职业行为和职业关系中的特殊表现,是从业人员在职业生活中应遵循的道德规范及应具备的道德观念、道德情操和道德品质。如教师的职业道德有"教书育人"、医生的职业道德有"救死扶伤"。那么从事老年服务与管理工作的人员又应该遵循怎样的职业道德?

情境导入

作为客舱乘务员,我们应该怎样为独自乘机出行的老年旅客提供服务呢?我们主要根据老年旅客的基本生理特点提供相应的服务,服务过程中一定要仔细,要有耐心,语气要缓,动作要慢,特别是要尊重老年旅客的意愿。

登机过程中,热情打招呼,给他们营造愉快的氛围,引导他们找座位就座,帮助其放置行李。

起飞前,重点为其介绍客舱设备,安全注意事项,特别是帮助他们系好安全带,教他们使用呼唤铃。遇有航班延误时,除了广播说明原因外,还要单独为老年旅客解释。

起飞后,询问老年旅客有什么特殊需求,如:关注老人对客舱温度是否适应;提供餐饮时,询问老年旅客是否有忌口。

餐后,特别是长航线,多照顾多关心老年旅客,如:及时了解他们的身体状况有没有不适;适时地问问老人需不需要使用卫生间。起飞着落阶段,客舱压力的变化,有些老人会出现压耳的现象,可以教他们一些简单动作来缓解,如吞咽、捏着鼻子鼓气等。

飞机下降前,提早了解老人后续的转机、行李问题,是否需要轮椅等,如果有需要,可以在飞机落地前通过机长经无线电联系地服,提早让地服人员在机门口等待。

(参考资料:陈迎洪.飞机上空乘如何为独自乘机的老年旅客服务? http://news.carnoc.com/list/205/205553.html.引用日期:2020-09-15.有删改)

【任务描述】

1. 上述内容是否对你从事老年服务与管理工作有所启发?

2. 编排一出情景剧,题目为《李奶奶的幸福生活》,情境假设李奶奶是生活在养老院的一位老年人,要求:

(1) 把握题目的主题思想。

(2) 从老年服务与管理的角度再现"幸福的一天"。

3. 思考并讨论,当你步入老年后,理想的生活状态是怎样的?

【任务实施】

1. 分小组就各个主题展开讨论,并分享讨论结果。

2. 分配编排情景剧的任务。

3. 汇报演出。

【任务思考】

1. 你对《李奶奶的幸福生活》如何理解?

2. 编排情景剧的过程中遇到哪些困难?如何解决?

3. 这次情景剧编排对你学习专业有哪些启示?

【知识链接】

一、老年服务与管理的职业道德

老年服务与管理工作以老年人为对象,从业者尤其应具有高尚的职业道德。其职业道德目标为:尊老敬老,无私奉献;自尊自强,爱岗敬业;严谨细致,技术求精;遵纪守法,团结协作。

(一) 尊老敬老,无私奉献

老年人是我们幸福生活的创造者,我们今天所拥有的一切都离不开老年人的辛勤劳动。当年轻人享受幸福生活时,他们却慢慢老去,离开了奋斗多年的工作岗位,但他们仍然是功臣,理应受到全社会的尊重与爱戴。年轻人有责任在他们年老后为他们提供幸福生活,使他们愉快地度过晚年生活。

人到老年各种身体和心理疾病随之而来,器官老化,感知觉退化,给生活带来各种不利影响。为老年人提供服务与管理,更多是对其日常生活的照料和护

理,该工作琐碎而繁重,且工资待遇普遍不高,但随着人口老龄化日益严重,为老年人提供服务与管理又是整个社会必不可少的工作。因此,从事老年服务与管理工作的人们不仅要有爱心、耐心,还要有奉献精神,才能够投入到这份公益事业中来,才能以很好的状态完成自己的本职工作。

(二)自尊自强,爱岗敬业

为老年人提供服务与管理是一项光荣的工作。虽然在传统社会中有人认为服侍人的工作要低人一等,但在现代社会中,职业没有高低贵贱之分,任何职业的共同目的都是为社会服务。热爱本职工作是一种职业情感,也是人们对所从事的职业的情绪和态度,正确地认识本职业对社会的意义,树立自尊自强,爱岗敬业的职业道德观,全身心地投入到职业活动中,努力培养自己对所从事工作的荣誉感和责任感,争取在平凡的岗位上做出不平凡的业绩。

(三)严谨细致,技术求精

老年服务与管理工作的服务对象是老年人,老年人的生理和心理特点决定了从事该工作的人需要细心、耐心、责任心。比如,从事一般的日常生活照料,看似简单,但却需要工作人员随时观察和记录老年人的健康和生活状况,及时发现老年人的身体和心理不适,并配合医生、护士,做好老年人患病时的治疗、护理工作。老年护理工作通常面对的是生活不能自理的老年人,从老年人的身体清洁到穿衣饮食到睡眠都需要悉心照顾,除了严谨细致外,还需要掌握相关的技能和技巧,如何预防褥疮、营养膳食、帮助其排泄、促进睡眠等。工作人员精湛的技术能够让老年人生活得更舒适愉悦。

(四)遵纪守法,团结协作

法律是国家制定或认可的,由国家强制力保证实施的,以规定当事人权利和义务为内容的具有普遍约束力的社会规范。法律是全社会从事各行各业的工作者都必须遵循的行为规范,无一例外。老年服务与管理工作的从业者需要树立严格的法制观,认真学习和遵守国家法律法规,特别是学习有关尊老、敬老和维护老年人权益的法律法规,以约束自己的一言一行。同时也要在工作中形成团结协作的精神,一个人的力量终归有限,调动一切有利因素为老年人提供更为完善的服务也是老年服务与管理工作从业者的工作目标和工作理念。

二、老年服务与管理的日常礼仪

礼仪是人们在社会交往过程中共同遵循的,最简单、最基础的道德行为规范,属于社会公德的范畴,但是其要求更为具体细化,通常体现一个人的文化修养和精神面貌。

礼仪包括礼节和仪表等内容。礼节是在交际场合,送来迎往间相互问候、致意等惯用的形式;而仪表是指人的外表,包括容貌、姿态、风度、服饰等。礼仪应遵从尊重他人,适度自律的原则。

一个人在社会生活中要与他人接触,其礼仪的表现将会使他人产生很强的知觉反应,能给人留下深刻的印象。良好的礼仪修养能强化人际沟通,建立良好的人际关系,反之不但会损害自己的形象,而且会影响人际关系。同样在职

业活动中,良好的礼仪行为有助于职业活动的开展。因此,人们不但要在日常生活中重视礼仪修养,在职业活动中同样要遵守礼仪行为规范。

(一)着装礼仪

着装整洁、庄重大方。不管是从事护理还是管理工作,在工作的过程中一定要注意保持个人的清洁卫生与服饰的庄重大方。老年人具有丰富的社会经验和阅历,见多识广,一般都有良好的审美观,着装得体能够给工作对象留下好的印象,从而增进相互的了解与沟通。切忌在工作的过程中穿着过于暴露或者浓妆艳抹,这样容易让老年人产生反感,不利于工作的开展。

(二)行为礼仪

行为举止端庄得体。行为是受思想支配而表现出来的外在活动,通常表现为一定的动作和表情。在日常活动中的一举一动、一颦一笑都可以概言为行为举止。它是一个人文化修养的体现,它向人们传达信息,对周围的人产生影响。只要一个人举止端庄、文雅、落落大方,即使他相貌平平,也能给人留下良好的印象。

所以不管在老年服务与管理的哪个领域都要求有正确的站姿、走姿和坐姿。站立时,姿势挺拔端正;走路时,轻快稳健;入座时,轻稳挺直。在言语上做到文明用语、规范用语,对老年人多用敬语,态度真诚和蔼,用心与老年人沟通。

内容小结

1. 老年服务与管理工作的目标为:以维护老年人生理健康、心理健康为己任,通过为老年人营造幸福晚年生活,推动和谐老龄化社会的建设与发展。

2. 概述了老年生理健康、老年心理健康的特点与评估的指标及工作目标;老年幸福生活、和谐老龄社会包含的内容及工作目标。

3. 介绍了国外老年服务与管理质量监控体系的构成及运作,并针对在质量控制体系中较为特别的评估体系,结合各国经验进行了阐释和介绍。

4. 针对老年服务与管理工作的特点,提出在工作过程中应遵循的职业道德规范,并就日常工作行为提出了本行业需遵循的礼仪行为规范。

情境四

老年生理健康维护

能力目标

本部分知识内容可采用案例分析、小组讨论、角色扮演、情景模拟、社会调查等多种形式组织学习，旨让培养：

1. 灵活应变的能力；
2. 制订老年生活照料与护理计划的能力；
3. 制订老年保健计划的能力。

知识目标

通过学习本部分内容，应能够：

1. 熟悉老年生理健康评估的内容和方法；
2. 熟悉老年生活照料的内容及要求；
3. 熟悉老年常见疾病；
4. 掌握老年护理的注意事项；
5. 熟悉老年护理的内容与要求；
6. 了解老年保健的原则；
7. 熟悉老年保健的内容。

- 任务一　老年生理健康评估
- 任务二　老年人日常生活照料
- 任务三　老年营养与膳食
- 任务四　老年疾病预防
- 任务五　老年护理
- 任务六　老年保健

任务一 老年生理健康评估

情境导入

张某,男性,75 岁。10 多年前患者确诊高血压,血压最高达 180/100 mmHg①,目前予以"安内真"1 片(每日 1 次),血压控制良好,4 年前患者确诊 2 型糖尿病,目前予以诺和灵 30R 10U(每日 1 次)控制血糖,血糖控制欠佳。两年前患脑血管疾病导致左侧偏瘫,失语,患病后脾气暴躁,不善与人沟通交流,整天在家看报纸和电视,老朋友来访时发现他出现焦虑感和恐惧感,且反复无常。

【任务描述】

思考并讨论:

1. 我们可以从哪些方面对张某的身体状况进行评估?
2. 我们可以使用哪些工具来进行评估?采用哪些评估方法?你对量表是否有所了解?
3. 在收集老年人健康史的过程中,你认为哪些知识和技巧对你帮助较大?你觉得自己应加强哪些方面的训练?

【任务实施】

1. 按每七人为一组对全班同学进行分组;
2. 以小组为单位根据任务展开主题讨论,分析解决相关问题;
3. 各小组选派代表汇报、分享讨论结果。

【任务思考】

1. 老年生理健康评估的内容有哪些?
2. 老年生理健康评估的技巧是什么?

【知识链接】

一、老年生理健康评估

(一) 老年人健康史采集过程中的常见问题

1. 记忆不确切

增龄使老年人的感觉器官功能下降,脑细胞逐渐萎缩,记忆功能也逐渐减退。故部分老年人对发病时间、病情经过比较模糊,有时次序颠倒,重点不突出。

2. 隐瞒或夸大症状

有些老年人由于害怕某些检查项目和治疗措施、担心检查治疗费用过高、对疾病的危险程度认识不足、对疾病的预后缺少相关的知识,或担心评估对自

---

① 1 mmHg=0.133 kPa。

己及家属不利等因素有可能隐瞒症状。另外，部分老年人脑功能受损或认知障碍，常常出现否认或夸大症状的情况。

3. 反应迟钝、表述不清

老年人由于听力下降，认知功能障碍，往往对所提问题反应迟钝，回答问题常不具体、不准确，甚至答非所问。

4. 主诉与症状不相符

衰老、疾病、社会与心理问题等，使老年人主诉多、重复，且与症状不相符。

（二）老年生理健康评估时的注意事项

1. 避免受凉

老年人的感觉功能降低，皮下脂肪减少，血液循环缓慢，代谢率及体温调节功能降低，容易受凉，体检时应注意调节室内温度，以 22~24℃ 为宜。

2. 避免劳累

老年人由于感官退化，反应较慢，行动迟缓，思维能力下降，加之他们往往患有多种慢性疾病，很容易感到疲劳和烦躁，故体检时不要催促，最好分阶段进行体检。全身评估时可分时分段进行。

3. 避免损伤

有些老年人痛觉、温觉减退或消失，需要较强的刺激才能感觉到，故在痛觉和温度检查时，应适当增加强度刺激老年人，但不要损伤老年人。

4. 重视老年人疾病的非典型性表现

老年人感受性降低，加之常并发多种疾病，因而发病后往往没有典型的症状和体征。例如，老年人患肺炎时常无症状，或仅表现出食欲差，全身无力，脱水，或突然意识障碍，而无呼吸系统的症状；因阑尾炎导致肠穿孔的老年人，临床表现可能没有明显的发热体征，或仅主诉轻微疼痛。这种非典型表现的特点，给老年人疾病的诊治带来一定的困难，容易出现漏诊、误诊。因此对老年人要重视客观检查，尤其体温、脉搏、血压及意识的评估极为重要。

（三）老年生理健康评估的技巧

1. 建立良好的护患关系

首先要尊重和关爱老年人，其次要有足够的耐心，仔细询问并倾听。采集前，应先自我介绍，并说明采集目的和所需时间。

2. 提供舒适的环境和恰当的距离

环境要安静、舒适，光线要柔和，温湿度要适宜。与老年人交谈时应面对面，距离以使其能看清护理人员的面部表情及口型、能听清护理人员的声音、伸手可触及护理人员为宜。

3. 及时核实相关的内容

主要是核实前后矛盾、含糊不清或存有疑问的内容，以获取准确的健康史资料。

4. 必要时求助家属或照顾者

对于有记忆功能障碍、语言表达功能障碍及认知功能障碍的老年人，询问时要简洁得体，必要时可由其家属或照顾者协助提供资料。

5. 适时运用沟通技巧

与老年人交谈时,语速要慢,语调要平和,语音要清晰,语言通俗易懂,问题应限于确实需要的方面,要有适当的停顿和重复。在采集的过程中应显示出对其回答的问题的兴趣和关心,对其陈述表示理解、认可和同情,并做好相关内容的记录。对于有认知障碍而无法表达和理解谈话内容的老年人,应适时运用非语言沟通技巧,如适当的目光接触、温和的面部表情、恰当的手势语、治疗性的触摸等。

二、老年生理健康评估的内容

(一) 老年人健康史采集内容

健康史是老年人目前与既往的健康状况、影响健康状况的因素,及老年人对自己健康状况的认知、日常生活活动和社会活动能力等方面的主观资料。老年人健康史采集的目的是收集资料和进一步形成护理诊断,为制订护理计划提供依据。

1. 一般资料

一般资料包括姓名、性别、年龄、婚姻状况、民族、职业、籍贯、家庭住址、联系方式、文化程度、宗教信仰、经济收入、医疗费用的支付方式、入院方式等。

2. 健康状况

健康状况包括目前和既往的健康状况、影响健康状况的有关因素、对自身健康状况的认识和反应、日常生活活动能力等。

3. 生理状况

生理状况包括目前最突出、最明显的症状和体征,以及近期饮食、睡眠、排泄、活动、性生活等情况。

4. 精神心理状况

精神心理状况是指老年人情绪的强度和紧张感,包括有无焦虑、抑郁、固执、离群、主观、自私、多疑、妒忌与懒散、焦躁、过度紧张、烦躁不安、谵妄和痴呆等。

5. 既往疾病史

详细追问老年人的既往病史,如手术、外伤史,食物、药物过敏史等。

6. 伴随症状

注意老年人多病共存的特点,不强调必须找到符合相应疾病的诊断标准。如肺心病和冠心病并存时,冠心病的症状常被肺心病的表现和体征掩盖。

7. 活动能力和生活自理能力

了解老年人肢体感觉和运动情况,包括日常生活能力(如洗澡、穿衣、进食、如厕、购物、打电话等)、生活方式和兴趣爱好(如吸烟、饮酒、运动、饮食习惯)。

8. 家庭关系和人际关系

了解老年人家庭成员情况及与周围社会环境中他人的关系,能不能恰当地处理家庭关系、邻里关系、子女关系,确定有无家庭不和、子女不孝、经济纠纷、退休、离异、丧偶、邻里纠纷等生活事件。

一般认为,老年人每 1~2 年应进行一次全面的健康检查。目的是全面动态掌握其身体状况,及时发现潜在或现存的健康问题,实现健康老龄化,提高老年人的生命质量。

(二) 老年人体格检查内容

老年人的体格检查内容与一般人的体格检查内容差别不大,但应考虑老年人的生理特点和疾病的影响。

1. 生命体征

生命体征包括体温、脉搏、呼吸、血压。老年人基础体温较青年人低,70 岁以上的患者感染常无发热的表现。如果老年人午后体温比清晨高 1℃ 以上,应视为发热。测脉搏的时间应不少于 30 秒,注意脉搏的不规则性。高血压和直立性低血压在老年人中较为常见,平卧 10 分钟后测定血压,然后直立后 1 分钟、3 分钟、5 分钟各测血压一次,如直立时任何一次收缩压比卧位血压降低 ≥20 mmHg 或舒张压降低 ≥10 mmHg,称为直立性低血压。评估呼吸时注意呼吸方式与节律、有无呼吸困难。老年人正常呼吸频率为 16 次/分钟~25 次/分钟,在其他临床症状和体征出现之前,老年人呼吸 >25 次/分钟,可能是下呼吸道感染、充血性心力衰竭或其他病变的信号。

2. 一般状况

一般状况主要是评估老年人每日活动量、饮食状况及有无饮食限制。测量身高、体重,正常人从 50 岁起身高可缩短,80 岁以后身高会比年轻时下降 10~15 厘米。由于肌肉和脂肪组织的减少,80~90 岁的老年人体重也明显减轻。

3. 意识状态

意识状态主要反映老年人对周围环境的认识和对自身所处状况的识别能力,有助于判断有无颅脑病变及代谢性病变。通过评估老年人的记忆力和定向力,有助于早期痴呆的诊断。

4. 体位、步态

疾病常可导致体位发生改变,如心肺功能不全的老年患者,可出现强迫坐位。了解步态的类型对疾病诊断有一定帮助,如慌张步态见于帕金森病,醉酒步态见于小脑病变。

5. 皮肤

老年人的皮肤干燥、弹性下降、皱纹多、色素沉着、没有光泽、敏感性下降,卧床不起的老年人易发生压疮,常伴有皮肤损坏。应全面评估老年人皮肤的颜色、温度、湿度,皮肤的完整性与特殊感觉。

6. 头、面部与颈部

(1) 头发。随着年龄的增长,头发变成灰白,发丝变细,头发稀疏,并有脱发。

(2) 眼睛与视力。老年人眼窝内的脂肪组织减少,眼球凹陷;眼睑下垂;瞳孔直径缩小,反应变慢;泪腺分泌减少,易出现眼干不适感;角膜周围有类脂性浸润,随着年龄的增加角膜上出现白灰色云翳。老年人晶状体柔韧性变差,睫状肌肌力减弱,眼的调节能力逐渐下降,迅速调节远、近视力的功能下降,出现老视。老年人因瞳孔缩小,视网膜紫质的再生能力减退,使其区分色彩、暗适应的能力有不同程度的衰退和障碍。由于发生玻璃体混浊,老年性白内障,眼底动脉硬化,易发生眼底出血等,常严重影响老年人的视功能。异常病变可有夜盲、白内障、角膜溃疡、斑点退化、眼压增高或青光眼。

(3) 耳与听力。外耳检查可发现老年人的耳郭增大,皮肤干燥,失去弹性,耳垢干燥。老年人的听力随着年龄的增加逐渐减退,对高音量或噪声易产生焦虑,常伴有耳鸣,特别在安静的环境下较明显。检查耳部时,应注意取下助听器,可通过询问、控制音量、手表的滴答声及耳语来检查听力。常见听觉问题有传导性耳聋、感音神经性聋、老年聋。

(4) 鼻腔与嗅觉。鼻腔黏膜萎缩变薄、干燥,嗅神经随增龄数量减少、萎缩,嗅觉变得迟钝,对气味的分辨力减退,对环境中的有毒、有害物体气味的敏感度降低,故易发生气体中毒。

(5) 舌与味觉。随着年龄的增长,老年人舌部的味蕾萎缩,数量减少,功能退化,对食物的敏感性降低,常使老年人食而无味,影响老年人的食欲。

(6) 口腔。由于毛细血管血流减少,老年人唇周失去红色,口腔黏膜及牙龈显得苍白;唾液分泌减少,使口腔黏膜干燥;由于长期的损害、外伤、治疗性调整,老年人多有牙列缺失,常有义齿。检查口腔时应取下义齿,充分暴露检查部位,并注意牙托是否合适,有无牙周疾病及舌下病变。

(7) 颈部。颈部结构与青年人相似,无明显改变。注意老年人颈部强直的体征,不仅见于脑膜刺激征患者,而且更常见于痴呆、脑血管病、颈椎病、颈部肌肉损伤和帕金森病患者。

7. 胸部

(1) 乳房。随年龄的增长,女性乳房变长和平坦,乳腺组织减少。注意乳腺有无肿块,如发现肿块,要高度疑为癌症。男性如有乳房发育,常常由于体内激素改变或是药物的副作用。

(2) 胸、肺部。老年人尤其是患有慢性支气管炎者,常呈桶状胸改变。由于生理性无效腔增多,肺部叩诊常示过清音。胸部检查发现与老化相关的体征有:胸腔前后径增大,胸壁硬化,胸廓横径缩小,胸腔扩张受限,呼吸音强度减轻。

(3) 心前区。老年人心音强度的变化比杂音的变化更有临床意义,如舒张期杂音多为异常的反映,而收缩期杂音则应注意鉴别。检查的重点是确定有无心脏杂音、心肌肥厚及心脏扩大等。

8. 腹部

老年肥胖者常常会掩盖一些腹部体征;而消瘦者因腹壁变薄、松弛,患有腹膜炎时也不易产生腹壁紧张,肠梗阻时则很快出现腹部膨胀。随着年龄的增大,膀胱容量减少,很难触诊到膨胀的膀胱。听诊可闻及肠鸣音减少。

9. 泌尿生殖器

(1) 女性。由于雌激素缺乏使外阴发生变化：子宫颈变小，子宫及卵巢萎缩；阴毛稀疏，呈灰色；阴唇皱褶增多，阴蒂变小；阴道因纤维化变窄，阴道壁干燥苍白，分泌物减少且偏碱性，易发生阴道炎、外阴瘙痒症。

(2) 男性。外阴改变与激素水平降低相关，表现为阴毛变稀及变灰，阴茎、睾丸变小；双阴囊变得无皱褶和晃动。随增龄老年男性前列腺逐渐发生组织增生，增生的组织引起排尿阻力增大，导致下尿道梗阻，出现排尿困难。

10. 脊柱四肢

老年人肌张力下降，腰脊变平，导致颈部脊柱和头部前倾。椎间盘退行性改变者脊柱后凸。骨质疏松患者，易产生自发性骨折，且常发生股骨颈骨折、骨盆骨折等；关节退化者常活动受限，骨质增生患者有腰痛、腿痛、关节痛。评估老人四肢时，应检查各关节及其活动范围及动脉搏动情况，注意有无疼痛、畸形、运动障碍。如出现下肢皮肤溃疡、足冷痛、坏疽及脚趾循环不良等，常提示下肢动脉供血不足。

11. 神经系统

老年人神经传导速度变慢，对刺激反应的时间延长，精神活动能力下降，表现为记忆力减退、易疲劳、注意力不易集中、反应变慢、动作不协调、生理睡眠缩短等。

(三) 老年人功能状态评估的内容

老年人的自理功能状态常与健康水平改变有关，并在很大程度上影响着老年人的生活质量。因此，定期对老年人的功能状态进行客观的评估是老年护理的良好开始。老年人的功能状态受视力、听力或躯体疾病、运动功能、情绪等因素的影响。因此，对老年人的功能状态评估要全面结合生理健康、心理健康及社会健康状态，避免主观判断偏差和霍桑效应，对功能状态评估结果的解释应谨慎。

1. 日常生活活动

日常生活活动(Activity of Daily Living, ADL)是指老年人最基本的活动，是老年人自我照顾每天日常生活必需进行的活动，如衣(穿脱衣、鞋，修饰打扮)、食(进餐)、行(行走、变换体位、上下楼)、个人卫生(洗漱、沐浴、如厕、控制大小便)，这一层次的功能受限，将影响老年人的基本生活。ADL 能力评估不仅是评估老年人功能状态的指标，也是评估老年人是否需要补偿服务或评估老年人死亡率的指标。

2. 工具性日常生活活动

工具性日常生活活动(Instrumental Activity of Daily Living, IADL)是指老年人在家中或社区生活中需要借助工具进行的较复杂的活动，包括购物、家庭清洁和整理、使用电话、支付账单、做饭、洗衣、旅游等，即为支持独立生活所需要进行的诸项活动。IADL 评估老年人是否能独立生活并具备良好的日常生活功能。

3. 高级日常生活活动

高级日常生活活动(Advanced Activities of Daily Living, AADL)是指进行

与生活质量相关的一些活动,反映老年人的智能能动性和社会角色功能,包括主动参加社会交往、娱乐活动、职业工作等,但不包括满足个体保持独立生活的活动。随着老年期生理变化或疾病的困扰,这种能力可能会逐渐丧失。失去这一层次的功能,就失去维持社会活动的基础。例如,股骨颈骨折使一位经常参加各种社交和娱乐活动的老人失去了参与这些活动的能力,这将使这位老人的整体健康受到明显影响。高级日常生活活动能力的缺失,要比日常生活活动能力和工具性日常生活活动能力的缺失出现得早,一旦出现,则预示着更为严重的功能下降,需要做进一步的功能性评估,包括日常生活活动能力评估和工具性日常生活活动能力评估。

(四) 实验室检查内容

1. 常规检查

实验室检查是诊断老年病的重要依据,但应注意区别实验室检查结果的异常是由生理性老化(衰老)引起,还是由病理性改变(疾病)所致,或者是受老年人服用的某些药物的影响。目前关于老年人实验室检查结果标准值(参考值)的资料很少。老年人实验室检查结果标准值可通过年龄校正可信区间或参照范围的方法确定,但对每个临床病例都应个别看待。

(1) 血常规:血常规检查值异常在老年人中十分常见,一般以红细胞<$3.5×10^{12}$/L,血红蛋白<110 g/L,红细胞比积<0.35,作为老年人贫血的标准,但贫血并非老年期生理变化,因而需要进行全面系统的评估和检查。多数学者认为白细胞、血小板计数无增龄性变化。白细胞的参考值为$(3.0～8.9)×10^9$/L。在白细胞分类中,T淋巴细胞减少,B淋巴细胞则无增龄性变化。

(2) 尿常规:老年人的尿蛋白及尿胆原与青年人无明显差别。增龄使老年人的泌尿系统防御感染的功能降低,尿中出现白细胞或菌尿的比例也增多,尿沉渣白细胞计数≥20个/HP才有病理意义。老年人中段尿培养污染率高,可靠性较低,老年男性中段尿培养菌落计数≥10^3/mL、女性≥10^4/mL为判断真性菌尿的界限。

(3) 红细胞沉降率:在健康老年人中,红细胞沉降率变化范围很大。一般红细胞沉降率在 30 mm/h～40 mm/h 之间无临床意义,如红细胞沉降率超过 65 mm/h 应考虑感染、肿瘤及结缔组织病。

2. 心电图检查

老年人的心电图常有轻度非特异性改变,包括 P 波轻度平坦、T 波变平、P-R 间期延长、ST-T 段非特异性改变、电轴左偏倾向和低电压等。老年人动脉粥样硬化的发生率高,生理与病理的界限不明显。如果老年人心电图有以上改变,应慎重并需结合临床判断。

三、老年生理健康评估的工具

(一) 老年人躯体健康一般状态评估表

老年人躯体健康一般状态评估表,如表 4-1 所示。

表 4-1 老年人躯体健康一般状态评估表

评估项目	评估内容
一般评估	姓名　　性别　　年龄　　伴侣(有、无、逝世)　　文化程度 身高　　cm,体重　　kg 家庭联系电话： 入院时间：　　年　　月　　日 入院方式：步行、扶走、背来、车送、轮椅
生活自理评估	1. 饮食：早餐　　两,中餐　　两,晚餐　　两。进食：自理　护理 2. 大便：　　次/日,质：正常、稀、便秘、失禁,自理　护理 3. 小便：　　次/日,夜尿　次,自理　护理(失禁、尿潴留、插尿管) 4. 穿衣：自理　护理 5. 修饰：自理　护理 6. 沐浴：　　次/周,自理　护理 7. 褥疮：无　有　个,分度　　；自行翻身、护理翻身
活动评估	1. 可以活动　完全不能活动(原因：瘫痪、骨折、恶病质,其他：　　) 2. 活动情况：①床上活动；②室内活动；③轮椅活动；④院内活动；⑤到处活动 3. 活动方式：①被动运动；②散步；③跳舞；④太极拳(剑)；⑤健身操；⑥下棋；⑦打球；⑧器械运动；⑨其他运动： 4. 活动时间　　分钟/次　　次/周
睡眠评估	睡眠　　小时/日,入睡困难,易醒,多梦,失眠,用药物辅助睡眠
健康意识	1. 吸烟：无　有　支/日。 2. 饮酒：无　有　两/日。 3. 看电视健康栏目：经常,偶尔,基本不看。看健康杂志：经常,偶尔,基本不看
疾病评估	1. 身体　基本健康 2. 有病(高血压、糖尿病、冠心病、慢支、骨折、胃溃疡、风湿性疾病、关节痛、肿瘤、脑中风、阿尔茨海默病、白内障、耳聋,其他 1.　　2.　　)
家族疾病	无　有(高血压、糖尿病、冠心病、精神病、胃溃疡、肿瘤、其他　　)
心理状态	平和、悲哀、易激动、焦虑、恐惧、孤独、沮丧、欣快、抱怨、痴呆
社交能力	单独居住　多人居住　与同住朋友关系：很好　一般　有点矛盾 希望与更多的人交往　不愿与人交往
入院顾虑	无　有(经济原因,自理能力,家庭关系问题,想家,其他　　) 目前每月住院费用约　　元(自己支付　　元,家庭支付　　元,社会支付　　元)
营养状况	良好、中等、欠佳、肥胖、消瘦、恶病质
护理体检	T　℃,P　次/分,R　次/分,入院：BP 最高　　mmHg,最近　　mmHg 神志：清楚、痴呆、恍惚、模糊、昏迷
五官功能	正常　视力下降　失明(左、右)　失聪(左、右)　失语 义齿：无　有　颗义齿　全部义齿
用药	无　有(药名：1.　　2.　　3.　　)； 自己服药,护士喂药

（二）老年人功能状态评估量表

在医院、社区、养老机构、康复中心等开展老年护理工作时，有多种标准化的评估量表可供护理人员使用。

1. 日常生活活动量表

日常生活活动量表（Activity of Daily Living Scale，ADLS）由美国的劳顿和布罗迪于1969年制定，主要用于评定被试者的日常生活能力。其量表常用于描述个体功能的基础状态，以及检测这些功能改变与否，以作为制定护理措施的依据。

（1）日常生活活动量表的结构和内容。

日常生活活动量表共有14项，由躯体生活自理量表（Physical Self-maintenance Scale，PSMS）和工具性日常生活活动量表（Instrumental Activities of Daily Living Scale，IADLS）组成。主要用于评定被试者的日常生活能力。躯体生活自理量表共6项，包括：定时上厕所、进食、穿衣、梳洗、行走和洗澡；工具性日常生活活动量表共8项，包括：打电话、购物、备餐、做家务、洗衣、使用交通工具、服药和自理经济。

（2）评定方法。

日常生活活动量表项目细致，简明易懂，便于询问，即使非专业人员也容易掌握。评定时按表格逐项询问，如被试者因故（如痴呆或失语）不能回答或不能正确回答，则可根据照顾者等知情人的观察评定。

（3）结果解释。

评定结果可按总分、分量表分和单项分进行分析。总分低于16分为完全正常，大于16分有不同程度的功能下降，最高56分。单项分1分为正常，2~4分为功能下降。凡有2项或2项以上≥3分，或总分≥22分，则为功能有明显障碍。

2. 卡茨日常生活功能指数评价表

卡茨日常生活功能指数评价表是由英国的卡茨等人设计制定的语义评定量表，可用于测量评价慢性疾病的严重程度及治疗效果，也可用于预测某些疾病的发展。一般来说，老年人日常生活的复杂功能首先丧失，简单的动作丧失较迟。

（1）量表的结构和内容。

卡茨日常生活功能指数评价表将日常生活活动分为：进食、更衣、沐浴、移动、如厕和控制大小便，主要测量老年人完成各项活动的独立程度。

（2）评定方法。

通过与被试者、照顾者交谈或被试者自填问卷，确定各项评分，计算总分值。

（3）结果解释。

总分值的范围是0~12，分值越高，提示被试者的日常生活能力越高。

3. 劳顿功能性日常生活能力量表

劳顿功能性日常生活能力量表由美国的劳顿等人制定。

（1）量表的结构和内容。

劳顿功能性日常生活能力量表将工具性日常生活活动分为：上街购物、外出活动、食物烹调、家务维持、洗衣服、使用电话、服用药物、处理财物，主要用于评定被试者的功能性日常生活能力。

(2) 评定方法。

通过与被试者、照顾者等知情人的交谈或被试者自填问卷,确定各项评分,计算总分值。

(3) 结果解释。

总分值的范围是 0~14,分值越高,提示被试者功能性日常生活能力越高。

4. 普费弗功能活动问卷

普费弗功能活动问卷(Functional Activities Questionnaire,FAQ)于 1982 年编制。其目的是为更好地筛选和评价功能障碍不太严重的老年患者,即早期或轻度痴呆患者。

(1) 量表的结构和内容。

FAQ 将功能分为:使用各种票证、按时支付各种票据、自行购物、参加游戏或活动、使用炉子、准备和做一顿饭菜、关心和了解新鲜事物、持续 1 小时以上的注意力情况、记得重要的约定、独自外出活动或走亲访友。

(2) 评定方法。

评分采用 0~2 的三级评分法:0 级没有任何困难,能独立完成,不需要他人指导或帮助;1 级有些困难,需要他人指导或帮助;2 级本人无法完成,完全或几乎完全由他人代替完成。若项目不适用,如老人从不从事这项活动,记 9 分,不记入总分。由访问员或被试者的照顾者,做出反映老年人活动能力的评分。该量表评定一次仅需 5 分钟,常在社区调查或门诊工作中应用。

(3) 结果解释。

FAQ 只要两项统计指标:总分 0~20 分,分值越高,提示被试者的功能性日常生活能力越差。

总分≥5 分,并不等于痴呆,仅说明社会功能有问题,尚需进一步确定这类损害是否新近发生,是因智力减退还是另有原因,如年龄、视力缺陷、情绪抑郁或运动功能障碍等。

5. Barthel 指数量表

Barthel 指数量表主要检测老年人治疗前后独立生活与活动能力的变化,体现老年人需要护理的程度,适用于患有神经、肌肉和骨骼疾病的长期住院的老年人。

(1) 量表的结构和内容。

Barthel 指数量表包括:饮食、床-椅移动、个人卫生、如厕、洗浴、平地行走、上下楼梯、穿脱衣服、大便管理、小便管理,具体见表 4-2。

表 4-2 Barthel 指数量表

项目	总分值	评分标准
1. 饮食	10 分	10=独立;5=需要帮助;0=完全不能做
2. 床-椅移动	15 分	15=独立;10=需要帮助;5=需要较多帮助;0=完全不能做
3. 个人卫生	5 分	5=独立;0=完全不能做
4. 如厕	10 分	10=独立;5=需要帮助;0=完全依赖他人

续表

项目	总分值	评分标准
5. 洗浴	5分	5＝独立;0＝完全依赖他人
6. 平地行走	15分	15＝独立;10＝需要帮助;5＝操作轮椅;0＝完全依赖他人
7. 上下楼梯	10分	10＝独立;5＝需要帮助;0＝完全依赖他人
8. 穿脱衣服	10分	10＝独立;5＝需要帮助;0＝完全依赖他人
9. 大便管理	10分	10＝独立;5＝需要帮助;0＝完全依赖他人
10. 小便管理	10分	10＝独立;5＝需要帮助;0＝完全依赖他人

（2）评定方法。

通过与被试者、照顾者交谈或被试者自填问卷,确定各项评分,计算总分值。

（3）结果解释。

严重程度评估:0～20分,功能严重障碍,日常生活完全依赖他人。21～40分,生活需要很大帮助,属重度依赖。41～60分,生活需要中等程度帮助。大于60分,生活大部分自理。100分,基本生活独立自理,不需他人照顾。

任务二 老年人日常生活照料

情境导入

陈某,男,73岁,身高165 cm,体重69 kg,基础血压165/95 mmHg。有心绞痛史6年,1年前无明显诱因突发右侧偏瘫,言语含糊不清,无明显头痛头昏,立即入院行头颅CT检查提示"脑梗死",入院后予以活血化瘀、改善脑代谢等治疗后,症状无明显缓解后出院,5个多月前因"脑梗死后右侧偏瘫"欲行康复训练,遂入某康复中心,予以语言、偏瘫肢体综合训练等康复治疗有所好转后出院。现在老人在家休养,有专人照护。

【任务描述】

1. 该老人有哪些生活照料的需求?
2. 生活照料的内容及要求是什么?
3. 选择不同的养老院参观体验调查,了解不同类型老年人生活照料的需求,以及生活照料方法。

【任务实施】

1. 分小组开展课外调查活动,根据书本提供的知识,对照实际情况,撰写调查报告。
2. 各小组选派代表汇报,分享调查结果,需要有照片、视频等调查资料。

【任务思考】

1. 老年人的居住环境有哪些要求?

2. 老年人饮食照料有哪些要求？对待有吞咽困难的老年人要注意些什么？

【知识链接】

一、老年生活照料的需求

（一）满足老年人的生理需求

1. 食物的需求

应注意老年人的膳食营养，及时补充维生素、钙及蛋白质等，满足身体的营养需要；由于老年人存在消化能力下降、唾液分泌减少、味觉和嗅觉不敏感等变化，因此在满足营养的同时要考虑老年人的饮食特点；为不能自理的老年人喂食和喂水。

2. 排泄的需求

不能自理的老年人需协助其排便、排尿，及时清除排泄物；帮助老年人训练排便、排尿功能，尽可能恢复老年人的自理能力。

3. 舒适的需求

为老年人营造安静、清洁、温度湿度适宜的休养环境；为老年人准备宽松、舒适、美观、便于穿着的衣服。

4. 活动和休息的需求

根据老年人的身体状况，帮助老年人适当活动，并尽可能促进老年人的活动功能；帮助老年人养成良好的生活习惯并改善睡眠状况。

（二）满足老年人安全的需求

老年人容易发生跌倒、噎食、误吸、损伤、走失、猝死等安全事故，因此需要评估影响老年人安全的因素，采取安全预防措施来防止意外的发生。

（三）满足老年人爱和归属的需求

营造良好的休养环境，促进老年人的人际交往，帮助老年人及时与家人联系沟通，改善家庭关系，更多地给予老年人精神上的关心。

（四）满足老年人受尊重的需求

在与老年人交往的过程中，充分考虑老年人的心理特点，善于运用沟通技巧，维护老年人的自尊，肯定老年人的价值，保护老年人的隐私。

（五）满足老年人自我价值实现的需求

协助老年人参加各种活动，扩大老年人的社交范围，增进老年人之间的情感交流，形成良好的人际关系，更好地融入社会；协助老年人保持良好的容貌，让老年人尽可能做到老有所为。

二、老年人生活照料的内容及要求

（一）环境照料

老年人的生活环境主要包括居住地的周边环境、室内环境等，要求环境安全、便利、整洁、健康。良好的生活环境对老年人健康长寿影响较大。

1. 营造良好的生活环境

(1) 周边环境。

周边环境应方便老年人活动和生活。老年人住宅周围最好有公园或活动广场,以方便老年人活动;有商场、超市,以方便老年人购买生活用品;距医疗机构较近,以方便老年人就医。另外,最好为老年人提供一个进行社会交往的公共空间。

老年人不宜久待的环境主要有以下几种。① 空气污浊的环境。这里指不洁的场所和人群聚集的影剧院、歌舞厅等地方。② 嘈杂的环境。老年人若久处在人声嘈杂的环境里,容易产生烦躁情绪。医学研究表明,家庭中噪声超过60分贝,会对听觉、视觉、心血管系统、消化系统、内分泌系统和神经系统等造成损害。③ 过于安静的环境。老年人处于过于安静的环境中,容易产生不安全感、孤独感,甚至恐惧感,对身心健康同样不利。因此,老年人居住地不宜过大过旷,周围要有子女或邻居相伴。④ 色彩纷杂的环境。老年人对色彩的快速辨识能力下降,如果长时间处于色彩纷杂的环境中,因判断失误而发生跌倒的可能性会增大。因此,老年人住宅应有清楚的方向性和明确的标志系统,为记忆力减退的老年人提供活动上的便利。⑤ 刺激惊险的环境。各种紧张的体育比赛、惊险的娱乐项目会刺激老年人交感神经,使其心跳加快、血管收缩、血压升高。因此,有心脑血管疾病的老年人应避免待在此种环境中。

(2) 室内环境。

老年人住宅内的采光、温度、湿度、通风、色彩等,应适合老年人的生活,让其有安全感与舒适感。

① 采光:室内阳光照射对老年人尤为重要。日光照射时红外线被皮肤吸收,深部组织受到温热作用,会使血管扩张、血流加快,能改善皮肤组织的营养状况,给人以舒适感。因此,老年人居室内的采光要做到明亮有度。

老年人由于视力下降,光线较暗的地方容易产生危险,应根据照明用途和场所适当配置照明器具。转弯和容易滑倒的地方(门厅、走廊、卧室的出入口、有高差处)应安置辅助灯,以便老年人夜间行走。

老年人对亮度变化的适应能力差,必须设法使亮度逐渐变化。卧室宜采用可调节亮度的开关,并应在床头位置设置开关。在卧室与厕所之间应设置地灯,并保证夜间长明。所有照明开关均应采用大面板、带灯的开关。

② 温度和湿度:由于老年人的体温调节能力降低,因此要保持居室内的温度和湿度适宜。一般温度应为22~24℃,湿度应为50%±10%。最好在室内放置一个温湿度计,以便准确地判定室内的温度和湿度。

条件允许的情况下,室内应有冷暖设备,但取暖设备的种类应慎重考虑,以防发生事故,如热水袋易引起烫伤、电热毯长时间使用易引起脱水。冬天有暖气的房间较舒适,但容易造成室内空气干燥,可用加湿器或放置水培植物以保持一定的湿度。夏天使用空调时,应注意避免冷风直吹老人且温度不宜过低。

③ 通风:居室要经常通风以保持室内空气新鲜。一般每天应开窗通风2次,每次20~30分钟,通风时要避免对流风,以防老人着凉。老年人行动不便

71

在室内排便或二便失禁时,易导致房间内有异味,应注意及时、迅速清理排泄物及被污染的衣物,并适当通风。

④ 色彩:老年人对色彩感觉的残留较强,故可将门涂上不同的颜色以帮助其识别不同的房间,也可在墙上用各种颜色画线以指示厨房、厕所等的方位。

2. 老年人家具的选择

老年人居室内的陈设不要太多,一般有床、桌、凳椅、沙发即可,且家具的转角处应尽量用弧形,以免碰伤老年人。

(1) 床。

为了预防和治疗腰部疼痛,最好选择木板床加厚褥子。床头应设床头灯和信号铃,床两边有活动护栏。床单要干燥、平整无皱折,以全棉的天然材料为宜。床旁物品要注意摆放整齐,定点放置,方便老人取用。为了减轻老年人的孤独感,还可以在床旁放其喜欢的物品如全家福照片等,使其感受到家的温暖。

另外,要注意床的高度、宽度和床垫硬度等。床的高度是指地面距床垫的高度50厘米为宜。对能自主活动的老年人床高的标准是以坐在床上足底能完全着地为宜,最好大腿与小腿呈90°角。对卧床的老年人应选择较高的床,以便进行各种照料活动,如有能调节高度的床则更好。床的宽度最好在100～120厘米,这样有利于老年人自行坐起。床垫的软硬度以易于活动,不过于松软为宜。床下应有一定空间,使老年人从椅子或床边站起时,脚向后有空间利于站起。

(2) 桌子。

老年人用的桌子,既不能太高,也不能太低。桌子过高,容易导致老年人的脊柱侧弯、肌肉疲劳、视力下降等,长时间伏案的老年人,还会引起颈椎病变;桌子过低,则会使老年人感到肩部疲劳、书写不适、起坐吃力、胸闷等。

(3) 凳椅。

老年人使用的板凳、椅子,最好有靠背垫,以托住其脊柱,保持全身肌肉用力平衡,减轻劳累。靠背垫和椅面的宽度要适中,避免久坐导致血液循环受阻而使足部温度下降,影响身体健康。

(4) 沙发。

老年人使用的沙发不宜过于柔软。应注意座位不能过低,避免坐下去和站立时感到困难。有腰背部疾患的老年人,应选购带枕头的沙发,以增加舒适感。

(二) 饮食照料

1. 烹饪时的照料

(1) 对咀嚼困难和消化吸收功能障碍者的照料。

老年人由于牙齿松脱、义齿装配不恰当、唾液分泌减少,以致咀嚼困难及不适。照顾者应选择软硬程度适中的食物。蔬菜要细切,肉类最好制成肉末,烹制方法可采用煮或炖,尽量使食物变软而易于消化。但由于易咀嚼的食物对肠道的刺激作用减少,往往很容易引起便秘,因此应多选用富含纤维的蔬菜,如青菜、根菜类等。另外,还应定期为老人检查牙齿并配戴合适的义齿。

(2) 对吞咽功能障碍者的照料。

某些食物如水、饼干等很容易产生误吸,对吞咽机能低下的老年人更应该引起注意。因此,应选择密度均匀、有一定黏稠度的食物,同时要根据老年人的身体状态合理调节饮食种类。

(3) 对味觉和嗅觉等感觉功能障碍者的照料。

老年人味觉神经细胞退化,因此,老年人喜欢吃味道浓重的饮食,特别是盐和糖,而盐和糖食用太多对健康不利,使用时应格外注意。食物的色、香、味能够大大地刺激食欲,有时老年人进餐时因感到食物味道太淡而没有胃口,烹调时可用醋、姜、蒜等调料来刺激食欲,鼓励咀嚼并保持口腔卫生以增加对食物味道的体验。

2. 进餐前的照料

(1) 进餐环境。

应清洁整齐,空气新鲜,必要时应通风换气,排除异味。老年人单独进餐会影响食欲,如果和他人一起进餐则会有效增加进食量。

(2) 进餐前准备。

根据老年人需要备碗、盘、筷子或勺子等餐具,选择合适的餐桌及椅子。询问老人是否有便意,并注意在餐前半小时移去坐便器。提醒老人餐前洗手,做好就餐准备。

(3) 取合适的体位进餐。

根据老年人的身体情况,采取适宜的体位进餐,尽可能采取坐位或半坐位。对卧床的老年人帮助其坐在床上并使用特制的餐具(如床上餐桌等)进餐。

3. 进餐管理

(1) 进餐方式。

对有自理能力的老年人,鼓励其自主进餐。对进餐有困难的老年人,照顾者应协助进餐,尽可能借助一些自制餐具,维持其自主进餐能力。对进餐完全不能自理的老年人,应予喂食,喂食时与老人互相配合,并注意进餐速度;对不能自口腔进食的老年人,应给予管饲或胃肠外营养。

(2) 进食姿势。

不管采取何种坐姿,都要保持上身前倾,使口腔不低于咽喉,食物在吞咽力量的基础上,借助重力将食物送入胃内,防止食物误入气管。偏瘫的老年人应选择有扶手的轮椅,双足跟着地以坐得安稳。卧床的老年人侧卧位进食时,后背应垫软枕或靠背以保持身体稳定,用软枕垫于双膝骨骼突出处以减轻压力,使用毛巾或餐巾遮盖老人上胸部,把食物放在老人能看到的地方和手能拿到的地方。喝水要使用吸管以避免发生呛咳。

(3) 特殊老人的进食照料。

① 上肢障碍者:老年人有麻痹、挛缩、变形、肌力低下、震颤等上肢障碍时,虽然自己摄入食物困难,但是有些老年人还是愿意自行进餐。此时,可以自制或提供各种特殊的餐具,如老年人专用的叉、勺,其柄较粗易于握持,也可用纱

布或布条缠在普通勺把上；有些老年人张口困难，可将婴儿用的小勺加以改造后使用。使用筷子对大脑是一种精细动作刺激，因此应尽量让老年人坚持使用筷子，必要时可用弹性绳子将两根筷子连在一起以防脱落。

② 视力障碍者：对有视力障碍的老年人做好单独进餐的照料非常重要。照顾者首先要向老年人说明餐桌上食物的种类和位置，并帮助其用手触摸以便确认。热汤、茶水等易引起烫伤的食物要提醒其注意，鱼刺等要剔除干净，以保证安全。有视力障碍的老年人可能因看不清食物而引起食欲减退，此时，加强食物的味道和香味，或者让老年人与家属或其他老人一起进餐，制造良好的进餐气氛，以增进食欲。

③ 吞咽功能障碍者：由于存在会厌反应能力低下、会厌关闭不全或声门闭锁不全等情况，有吞咽功能障碍的老年人很容易将食物误咽入气管。尤其是卧床老年人，舌控制食物的能力减弱，更易引起误咽。因此这类老年人进餐时的体位非常重要，一般采取坐位或半坐位比较安全，偏瘫的老年人可采取侧卧位，最好是卧于健侧。进食过程中应有照顾者在旁观察，以防发生意外。同时随着年龄的增加，老年人的唾液分泌也相对减少，口腔黏膜的润滑作用减弱，因此，进餐前应先喝水湿润口腔，对于脑血管障碍及神经失调的老年人更应如此。

（三）排泄照料

排泄是维持健康和生命的必要条件，而排泄行为的自理则是保持人类的尊严和社会自立的重要条件。指导与帮助丧失自理能力或因缺乏有关保健知识而不能正常排尿、排便的老年人，是照料人员的重要职责。

1. 厕所的设计

老年人使用的厕所应既方便能行走的老人使用，也便于坐轮椅或偏瘫的老人使用。卫生间的门应向外开，一旦发生意外可以及时救护。厕所内要有呼叫器，并安置在老人容易触到的地方。地面要有防滑垫，如厕要穿防滑的拖鞋，以防老人如厕时滑倒。宜选用坐式马桶，并设有扶手，以方便老人自己蹲坐和起身。

2. 如厕照料

反应迟钝、经常发生直立性低血压、服用降压药的老年人夜间尽量不去厕所，如夜尿次数多，应在睡前备好所需物品和坐便器，必须下床或上厕所时，一定要有人陪伴。

患有高血压、冠心病、心肌梗死等疾病的老年人用力屏气排便时，腹壁肌和膈肌强烈收缩，使腹压增高，而腹压的增高会使心脏排血阻力增加，动脉血压和心肌耗氧量增加，可诱发心绞痛、心肌梗死及严重的心律失常甚至发生猝死。老年人血管调节反应差，久蹲便后站起容易发生短暂性脑缺血发作，容易出现晕倒甚至发生脑血管意外。因此，应提醒老人勿用力排便，大便时应取坐位，不宜用蹲式，便后站起时应缓慢，以防发生猝死等意外事故。

3. 卧床老人的排泄照料

因病需卧床休息或因身体极度虚弱而无力下床的老年人患者，要使其逐渐适应在床上解大小便，可采用下列方法促进其排泄。

(1) 便前诱导。

小便困难者,可让其听流水声。女患者给其用温水冲洗会阴,也可按摩下腹部促进排尿。大便困难者,可根据患者排便的习惯,按时给予便盆。大便干燥者可用开塞露通便。

(2) 便盆的使用。

老年男性排尿应用尿壶或大口瓶子,瓶口要光滑。排便用便盆,每次用便盆前要冲洗干净,并事先用热水温一下便盆。老年女性用普通便盆,如病情允许,可在他人协助下用普通便盆在床上坐盆。排尿后由前向后擦洗会阴,用热水擦洗肛门,使会阴和肛门保持清洁和干燥,减少泌尿系感染的概率。

4. 排泄异常照料

随着年龄的不断增加,老年人机体调节功能逐渐减弱,自理能力下降,或者因疾病导致排泄功能出现异常,发生尿急、尿频甚至大小便失禁等现象,有的老年人还会出现尿潴留、腹泻、便秘等,常给老年人造成很大的生理、心理压力。照顾者应妥善处理,让老人明白排泄问题是机体老化过程中无法避免的,要体谅他们,尽力给予帮助。

(四) 睡眠照料

1. 睡眠对老年人的意义

良好的睡眠可调节生理机能,维持神经系统的平衡,是使人的精力和体力由疲劳恢复正常的最佳方式。老年人随着年龄的增长,脑动脉逐渐硬化,血管壁弹性减低,管腔愈来愈狭窄,脑血流量相对减少,脑组织呈慢性缺血缺氧状态,很容易出现疲劳。一旦出现疲劳或睡眠不足,可能加重各种躯体及精神疾患。另外,白天嗜睡,情绪沮丧、焦躁、焦虑、抑郁等使老人生活质量、工作能力及社会适应性下降,脑功能损害,易诱发多种内科疾病等。因此,充足且合理的睡眠对老年人的身体健康是十分必要的。

2. 老年人睡眠的特点

相对青年时期而言,老年人由于身体生理、病理等原因,睡眠质量会有所下降,其特点为:① 睡眠时间缩短。调查发现65岁以上的老年人,就寝时间虽平均为9小时,但实际睡眠时间大约只有7小时;② 夜间易受内外因素的干扰,易醒;③ 浅睡眠比例增多,而深睡眠比例减少;④ 容易早醒,睡眠趋向早睡早起;⑤ 睡眠在昼夜之间进行重新分布,夜间睡眠减少,白天睡眠时间增多;⑥ 老年人对睡眠到觉醒各阶段转变的耐受力较差。

3. 影响老年人睡眠的因素

(1) 生理因素。

躯体疾病是影响老年人睡眠质量的重要原因,其中糖尿病、冠心病、关节炎或风湿病、青光眼或白内障、精神病、脑血管疾病、肿瘤、泌尿道疾病和肺气肿或支气管炎等疾病对睡眠质量有显著影响。疾病本身的困扰和对疾病的担忧以及疾病期间运动量的减少,均可导致睡眠紊乱。而在治疗疾病的过程中服用的一些药物,有的也会影响中枢神经递质,使睡眠-觉醒节律发生改变,从而影响

睡眠质量。影响睡眠的药物包括抗癌药、抗癫痫药、抗心律失常药物、东莨菪碱、某些抗高血压药物、类固醇、甲状腺激素、黄嘌呤诱导剂、抗抑郁药物等。

(2) 心理因素。

老年人的睡眠质量也会受到各种心理因素的影响。如惧怕失眠、期待、自责等均可使情绪一直处于慢性唤醒状态而致睡眠障碍。疾病、生活不能自理、离退休后生活的不适应、经济来源减少、就医费用的增加等给老年人造成了很大的压力,成为影响老年人睡眠质量的直接原因。

(3) 环境因素。

睡眠环境的改变也会影响老年人的睡眠质量。由于老年人入睡潜伏期长、深睡眠减少,所以老年人睡眠对环境的要求较高。如生病住院后,新的环境以及病房的声音、光线、温度、湿度及卫生条件等的改变均可影响老年人的睡眠规律。因此,环境因素对睡眠质量的影响不容忽视。

(4) 不良的睡眠习惯。

睡前抽烟、喝浓茶、咖啡、可乐等刺激性饮料,以及睡前长时间看情节恐怖的电视节目、书籍等都可能导致睡眠质量的下降。

4. 睡眠照料

密切关注老年人心理状况,保持良好的沟通,有条件的应该鼓励老年人继续工作,发展老年人自己的业余爱好,积极参加体育锻炼和社会活动,减轻压力,做好心理护理,这些都有益于改善老年人的睡眠质量。

对于睡眠质量下降的老年人,应多注意观察,及时查找睡眠质量下降的原因。在日常的生活照料中可注意以下几点:① 保持身体的清洁,睡前温水泡脚,按摩促进循环。② 晚饭不宜过饱,饮食宜清淡、易消化。不喝浓茶、不喝咖啡。③ 居室环境保持空气清新,调节好温、湿度,拉好门窗、门帘。④ 协助老人采取右侧卧位,睡觉时身体不要覆盖过重的被服。⑤ 必要时服用安眠药,要遵医嘱。

(五) 清洁照料

1. 口腔清洁照料

口腔是病原微生物侵入人体的主要途径之一。正常人的口腔中有大量的细菌存在,其中有的是致病菌,当人体抵抗力降低,饮水、进食量少,咀嚼及舌的动作减少,唾液分泌不足,自洁作用受影响时,致病菌可乘机在湿润、温暖的口腔中迅速繁殖,造成口腔炎症、口腔溃疡、腮腺炎、中耳炎等疾患,甚至通过血液、淋巴,导致其他脏器感染,给全身带来危害;长期使用抗生素的老年人,由于菌群失调又可诱发真菌感染。所以,做好口腔清洁对老年人十分重要。

(1) 协助老年人刷牙漱口。

刷牙最好的时间是在进食后的半小时内。如果有可能,尽量在三餐后立即刷牙。这样,不仅可以使口气清新,还可以防止食物残渣为牙齿表面的细菌提供营养。每次刷牙的时间控制在 3 分钟,以上下刷牙方式保护牙龈,很多人采用的大力横刷法,会使牙齿根部造成过度磨损并刺激牙龈的退缩。刷牙时应特

别注意下前牙内侧和后牙的位置,避免形成牙石。刷牙后要用清水多次冲洗牙刷,并将刷毛上的水分甩干,倒置保存。

(2) 刷牙后配合使用牙线与舌苔刷。

牙缝间的食物残渣通过刷牙很难清除,这样会导致有害物质在牙缝深层的积存和腐败,口气的产生与此关系明显。因此,刷牙后使用牙线可以彻底清洁牙齿。同时,舌苔的清洁也要特别注意。舌苔不能过度刷洗,经常用力刮舌苔,会损伤舌乳头,刺激味蕾,造成舌背部麻木,味觉减退,食欲下降。普通的牙刷会对舌苔造成损伤,要使用特殊的舌苔刷来清洁舌苔。

(3) 义齿的清洁。

① 义齿也会积聚食物碎屑,必须定时清洗。白天应持续佩戴义齿,对加强咀嚼功能、说话与保持面部形象均有利;晚间应卸下义齿,可以减少对软组织与骨质的压力。卸下的义齿浸泡在冷水中,以防遗失或损坏。不能自理者由照顾者协助,操作前洗净双手,帮助老年人取下上腭部分,再取下颚部分放在冷水杯中。

② 用牙刷刷洗义齿的各面,用冷水冲洗干净,让老年人漱口后再戴上义齿。

③ 暂时不用的义齿,可泡于冷水杯中加盖,每日更换 1 次清水。不可将义齿泡在热水或酒精内,以免义齿变色、变形和老化。如遇义齿松动、脱落、破裂、折断,但未变形时,应将损坏的部件保存好。

2. 头发清洁照料

步入老年之后,由于皮肤的生理性退化、萎缩及皮肤毛囊数目的逐渐减少,头发会出现干枯、变细、脱落、易折断、变白等现象。在日常生活中可以通过经常梳发、科学洗发、头部按摩、减少染发及烫发的次数等方法对头发进行照料。

经常梳理头发,不但可以加快头发根部的血液循环,起到坚固发根的作用,还能起到醒脑提神、防止大脑衰退、增强记忆力的作用。

头发每天都会沾上许多灰尘和细菌,再加上头发皮脂腺分泌物的不断积累,很容易影响头发的健康,所以老年人应经常清洗头发,保持头发的清洁。应根据老年人的健康状况、体力和年龄选择洗发的方法。身体状况良好的老人可自行洗发,体质虚弱、高龄老人可由照顾者协助洗发,卧床老人应在床上洗发。洗发所用的洗护液应根据老年人的具体情况灵活选择,首选刺激性小的产品,不要使用碱性大的香皂或肥皂。洗发的频率取决于个人的日常卫生习惯和头发的卫生状况,一般 3~5 天洗发 1 次,长期卧床的老人应每周洗发 1 次,对于出汗较多或头发上沾有各种污渍的老人,应增加洗发的次数。有头虱的老人必须经过灭虱处理后再洗发。在洗发时,水温要适中,不可过热或过凉,洗发的时间也不宜太长。

除进行头发的基本护理外,老年人应经常对自己的头部进行按摩。染发剂多是有毒的化学品,频繁染发会使发质受损,使头发易断裂。而经常烫发则会使头发变得粗糙、易分叉。老年人应尽量减少染发、烫发的次数。

3. 皮肤清洁照料

在日常生活中,老年人要注意保持皮肤卫生,特别是皱褶部位,如腋下、肛门、外阴等。沐浴可清除污垢,保持毛孔通畅,有利于预防皮肤疾病。沐浴时合适的水温可促进皮肤的血液循环,改善新陈代谢,延缓老化。建议冬季每周沐浴2次,夏季则可每天温水洗浴;沐浴的室温调节在24～26℃,水温以40℃左右为宜;沐浴时间以10～15分钟为宜,时间过长易发生胸闷、晕厥等意外。洗浴时应注意避免使用刺激的碱性肥皂,宜选择弱酸性的硼酸皂、羊脂香皂,以保持皮肤pH值在5.5左右;沐浴用的毛巾应柔软,洗时轻擦,以防损伤角质层;可预防性地在晚间热水泡脚后用磨石板去除过厚的角化层,再涂护脚霜,避免足部的皲裂。而已有手足皲裂的老年人可在晚间沐浴或热水泡手足后,涂上护手护脚霜,再戴上棉质手套、袜子,穿戴一晚或一两个小时,可有效改善皲裂状况;需使用药效化妆品时,首先应观察老年人皮肤能否耐受,是否过敏,要以不产生过敏反应为前提,其次再考虑治疗效果。

4. 衣着卫生照料

老年人衣着应以实用、舒适、整洁、美观为特点。

(1) 衣着的质地。

老年人体温中枢调节功能降低,对外界环境的适应能力较差,许多老人既怕冷,又畏热。因此,在选择老年人内衣时应以柔软、吸水性好、不刺激皮肤的棉织品为主,不宜选择对皮肤有刺激的毛织品、化纤制品等,外衣则可适当选择毛料、化纤织品等。另外,还要考虑各种织物的透气性、吸水性、保温性等,使冬装可保暖,夏衣能消暑。

(2) 衣着的款式。

老年人的衣着应宽松舒适,柔软轻便,易穿脱,利于活动和变换体位。上衣和拉链上应留有指环,便于老年人拉动。衣服纽扣不宜过小,以方便系扣。可选择前开门式上装,便于老年人穿脱,尽量避免圆领套头上衣。衣着过于窄小会影响血液循环,过大过长容易导致老人绊倒。做饭时的衣服应避免袖口过宽,以防着火。冬季,最好穿保暖、透气、防滑的棉鞋,穿防寒性能较优的棉袜和羊毛袜。其他季节,老年人宜穿轻便布鞋,老年女性不要穿高跟鞋,以防跌伤。

(3) 衣着的颜色。

对衣着的颜色的选择,应以尊重老年人习惯和增强自信心为原则。衣着色彩要注意选择柔和、容易观察是否干净的色调。为了增强老年人的自信心,可建议老年人选择色彩较鲜艳的衣着,因为鲜艳的色彩可使老年人显得年轻、有活力。

(4) 衣着的卫生。

老年人的内衣裤、袜等应勤洗勤换,清洗后翻转放户外日光晾晒,让紫外线充分照射,达到消毒的目的。

(六)压疮预防与照料

压疮是身体局部组织长期受压,血液循环障碍,组织营养缺乏,以致皮肤失去正常功能而引起的组织溃烂和坏死。引起压疮最根本、最重要的因素是压力,故压疮又称为"压力性溃疡"。长期卧病在床的老年人,过于肥胖或极度消瘦、行动不便、长期依靠轮椅生活的老年人,以及大小便失禁、皮肤经常受潮湿刺激的老年人,容易发生压疮。

1. 老年人压疮的特点

(1) 比较隐蔽。

老年人由于感觉减退、反应迟钝、痴呆,常不能在早期发现压疮。

(2) 易继发感染。

老年人由于机体免疫力下降,压疮局部及其周围组织易继发感染,严重者可并发全身感染而危及生命。

(3) 全身反应不明显。

老年人因感觉迟钝、身体虚弱及机体免疫力低下,即使继发全身感染时,中毒表现也常不典型、不明显,易贻误治疗时机。

(4) 愈合困难。

老年人由于营养不良、皮肤老化、组织修复能力差、合并慢性病等,一旦发生压疮,很难愈合。

2. 压疮的预防

预防压疮的关键在于消除其发生的诱因。因此,照顾者在工作中应做到6勤:勤观察、勤翻身、勤擦洗、勤按摩、勤整理、勤更换。

(1) 避免局部组织长期受压。

① 应鼓励和协助老年人经常更换卧位,翻身的间隔时间视病情及受压处皮肤情况而定,一般每2小时翻身1次,必要时1小时翻身1次,最长不超过4小时,建立床头翻身记录卡,协助老年人翻身时应避免拖、拉、推的动作。

② 支持身体空隙处以保护骨隆突处的皮肤。对易发生压疮的老年人,可在身体空隙处垫软垫、海绵垫。必要时可垫海绵垫褥、气垫褥、水褥等,使支撑体重的面积加大,从而降低骨隆突部位皮肤所受到的压强。

③ 对使用石膏、夹板、牵引的老年人,衬垫应平整、柔软,随时观察局部皮肤和肢端皮肤颜色、温度改变的情况。

(2) 避免局部刺激。

保持皮肤清洁干燥,大小便失禁、出汗及分泌物多的老年人应及时洗净擦干;保持床单和被褥清洁、干燥、平整;不使用破损便器,使用便器时避免拖、拉的动作。

(3) 促进局部血液循环。

① 对长期卧床的老年人,经常检查受压部位,每日进行全范围关节运动,维持关节的活动性和肌肉张力,促进肢体的血液循环,减少压疮的发生。

② 定期为老年人温水擦浴,按摩受压部位。

(4) 改善机体营养状况。

营养不良是导致压疮的原因之一,又会影响压疮的愈合,蛋白质、维生素等营养物质对压疮的愈合有促进作用。

3. 压疮的分期及护理

(1) 淤血红润期。

淤血红润期为压疮初期,局部皮肤出现暂时性血液循环障碍,开始出现红、肿、热、麻木或有触痛,解除压力30分钟后,皮肤颜色不能恢复正常。此期要及时去除致病因素,加强预防措施,如增加翻身次数、红外线照射每日2次等。

(2) 炎性浸润期。

炎性浸润期为红肿部位继续受压,静脉血液回流受阻,局部静脉淤血,红肿向外扩大、浸润、变硬,皮肤颜色转为紫红色,压之不退色,表皮有水泡形成。此期应使小水泡减少摩擦,防止破裂,让其自行吸收;大水泡用无菌注射器抽出泡内液体,涂消毒液,配合红外线照射,用无菌敷料包扎,增加翻身次数,防止局部继续受压、受潮。

(3) 溃疡期。

溃疡期为静脉血液回流严重受阻。轻者,表皮水泡破溃,有黄色渗出液流出,感染后表面有脓液覆盖,使浅层组织坏死,溃疡形成;重者,坏死组织发黑,脓性分泌物增多,有臭味,感染向周围及深部组织扩展,可深达骨骼,甚至可引起败血症,危及老年人生命。

任务三　老年营养与膳食

随着我国老龄人口的逐步增多,与老龄人口健康相关的问题相继出现,如老年人容易发生肿瘤、心脑血管疾病、糖尿病、肥胖症、骨质疏松症、白内障、阿尔茨海默病等疾病,这些疾病直接影响了老年人的健康与寿命。在影响老年性疾病的发生、影响老年人健康和寿命的众多因素中,营养因素是至关重要的。合理的营养能预防疾病,延缓衰老,增进老年人的健康。

情境导入

根据一项对北京、上海、广州、成都、重庆等五大城市共6000名老年患者进行的专题调查显示,总体营养不良及营养风险的发生率为55%;大多数老年人所患的疾病均是与营养密切相关的慢性病,其中营养不良的老年人有52%不能自理,有营养风险的老年人有16%不能自理,而营养正常的老年人只有4%不能自理。

情境四 老年生理健康维护

> 复旦大学附属华东医院营养中心主任孙建琴教授指出,老年人能够及早发现营养不良及营养不良风险的,应尽早进行营养干预或制订个性化的营养计划,有利于改善营养状况,降低慢性病及相关并发症的发生,从而能够有效提高生活自理能力,改善生活质量。
>
> (参考资料:朱国荣,左钢.调查:北京等5座城市老人营养不良发生率达55%. http://news.sohu.com/20120926/n353974295.shtml.引用日期:2020-10-18.有删减)

【任务描述】

1. 试讨论分析,哪些原因会导致老年人出现营养不良?
2. 社会调查:请调研你所在地区的老年人的营养健康状况。

【任务实施】

1. 分小组就各个任务展开讨论,并分享讨论结果;
2. 分小组编制调查问卷,并开展社会调查,形成调查报告,课堂分享调查结果。

【任务思考】

在社会调查过程中,你遇到了哪些问题?有什么收获?

【知识链接】

一、老年人营养饮食的要求

(一)能量

老年人基础代谢率降低及活动量减少,能量需要也相应降低。当老年人摄入的能量超过维持机体能量代谢平衡的需要量时,可能造成体脂占体重的百分比不断增加,导致超重和肥胖。如65岁老年人所需能量约为25岁成年人的80%。

(二)蛋白质

蛋白质是维持生命活动的基本物质。老年人体氮含量减少,机体蛋白质的合成率降低,容易出现负氮平衡。如果饮食中蛋白质供应不足,就可能引发老年慢性营养不良、贫血等疾病。老年人蛋白质的推荐摄入量为55~65克/天。

但是,由于老年人肾功能降低,过多摄入蛋白质,又会增加其肾脏负担,加之老年人消化吸收率低,所以应当在饮食中增加优质蛋白,如奶类、豆类、鱼虾类等,并做膳食加工使之有利于吸收和利用。优质蛋白摄入量应为总蛋白摄入量的50%。

(三)脂肪

老年人随着年龄的增长,人体总脂肪明显增加。其中主要是胆固醇的增加,甘油三酯和游离脂肪酸也有所增加。脂肪和胆固醇摄入过多,易引起血中胆固醇增高,特别是氧化的低密度脂蛋白胆固醇的增加,会造成动脉粥样硬化,增加心脑血管疾病的发生率。此外,脂肪的摄入量也与结肠癌、乳腺癌、前列腺癌、胰腺癌的死亡率成正比。

因此,老年人在饮食中,控制脂肪摄入量是非常必要的。《中国居民膳食营养素参考摄入量:2013版》中指出,60岁及以上老年人的膳食中脂肪提供的能量占一天总能量的20%~30%为适宜。世界卫生组织建议敏感人群膳食中胆固醇含量应低于每人200毫克/天。一些含胆固醇高的食物,如动物内脏、鱼卵、蟹黄、蛋黄等,老年人不宜多食。

(四)碳水化合物

老年人的糖耐量降低,血糖的调节作用减弱,容易使血糖增高。所以碳水化合物应以淀粉为佳,淀粉能促进肠道中胆酸及胆固醇的排泄。老年人膳食碳水化合物提供的能量应占一天总能量的50%~65%。

由于老人肠道蠕动弱,活动减少,容易发生便秘,故摄入膳食纤维十分必要。膳食纤维作为不能被人体消化吸收的碳水化合物,可以增加粪便的体积,促进肠道的蠕动,对于降低血脂、血糖,以及预防痔疮、结肠癌、乳腺癌有良好的作用。膳食纤维的适宜摄入量为25~30克/天。

此外,不少食物中的多糖类物质,如枸杞多糖、香菇多糖等,有提高机体免疫功能和促进双歧杆菌生长的作用,有益于老年人的健康长寿。

(五)无机盐

无机盐中的微量元素与心血管疾病及脑血管疾病的关系,近年来越来越引起人们的重视。

1. 钙

老年人的钙吸收率低,对钙的利用和储存能力低,易发生钙摄入不足导致骨质疏松,所以,老年人应增加钙的补充。中国营养学会推荐老年人钙的适宜摄入量为1000毫克/天,可耐受最高摄入量为2000毫克/天。

2. 铁

老年人对铁的吸收利用率下降且造血功能减退,血红蛋白含量减少,易出现缺铁性贫血,故要注意增加铁的摄入量。老年人铁的适宜摄入量为12毫克/天,可耐受最高摄入量为42毫克/天。

3. 钠

老年人味觉降低,容易引起食盐摄入过量,而高钠又是高血压的危险因素,故老年人要注意控制钠的摄入量,摄入量<1400毫克/天(其中80岁及以上老人不得超过1300毫克/天)。

4. 其他微量元素

铬和锰具有防止脂质代谢失常和动脉粥样硬化的作用。镁对维持心肌结构、功能起着良好的作用,能改善脂质代谢和凝血机制,防止动脉壁损伤,也能预防动脉粥样硬化的发生。硒也对维持心肌功能具有重要作用,老年人要注意补充。

（六）维生素

老年人的生理机能下降，特别是抗氧化功能和免疫功能下降，因此维持充足的维生素摄入量十分重要。维生素 A 是人类必需的一种脂溶性维生素，它对维持正常视力、维持和促进免疫功能等具有重要作用；维生素 B 族是构成体内生化代谢的重要辅酶，对人体健康和疾病预防起着重要作用；维生素 C 是一种很强的水溶性抗氧化剂，对保护血管壁的完整性、改善脂质代谢和预防动脉粥样硬化方面有良好的作用；维生素 D 有利于预防骨质疏松；维生素 E 是一种重要的抗氧化剂，能防止多不饱和脂肪酸氧化，预防体内的过氧化物生成，有延缓衰老的作用。

二、老年人配餐原则

（一）老年人食谱编制原则

配餐是根据《中国居民膳食营养素参考摄入量：2013 版》和《中国居民膳食指南（2022）》相关标准，精心设计和调配食物的种类、数量，将一日各餐主副食品的名称、数量、烹调方法和营养素含量等列成表格，也叫作食谱编制。为老年人编制食谱时，需遵守以下原则：

1. 要满足老年人对能量和营养素的需要量

根据用膳者的年龄、职业、性别、劳动和生理状况，依照《中国居民膳食营养素参考摄入量：2013 版》和《中国居民膳食指南（2022）》相关标准，计算并选择适宜的食物，组成平衡膳食。

2. 食物分配恰当，比例合理

把一天的食物恰当地分配到全天各餐当中，而且比例要适当，间隔要合理。一般早餐应当占全日总能量的 25%～30%，午餐占 30%～40%，晚餐占 30%～35%。

3. 要考虑膳食调配，注意食物的多样化

采用适合老年人的烹调方法，选用各种食物，注意改善食物的色、香、味、形、质，以增进老年人的食欲，充分利用食物中的营养素。

（二）老年人合理膳食原则

（1）控制总能量摄入，饮食饥饱适中，保持理想体重，防止肥胖。

（2）控制脂肪摄入，脂肪占总能量的 20%～30%。

（3）蛋白质要以优质蛋白为主，荤素合理搭配，提倡多吃奶类、豆类和鱼类。

（4）碳水化合物以淀粉为主，重视膳食纤维和多糖类物质的摄入。

（5）吃新鲜蔬菜水果，多食抗氧化营养素（β-胡萝卜素、维生素 E、维生素 C 和硒等）。

（6）补充充足的钙、铁、锌；食盐每天摄入量应不高于 5 克。

（7）食物搭配要多样化，烹调注意色香味、柔软，尽量不吃油炸、烟熏、腌制的食物。

三、老年人饮食保健

饮食，作为老年人日常生活中必不可少的内容，其本身也有矛盾的两重

性,它既可以维持生命,保证健康,也会因安排不当导致疾病。不良的饮食习惯,饮食营养过程中的种种误区往往造成营养素的浪费、破坏,甚至会产生有害物质,给肌体带来危害。所以,在掌握营养学知识的同时,还应注意饮食保健。

(一)养成良好的饮食习惯

1. 不暴饮暴食

老年人应避免吃得过饱,以防造成胃肠负担,或引发肥胖、高血压、糖尿病及肝肾疾病等。

2. 不偏食

膳食宜多样化。偏食易导致营养不良。

3. 不嗜细喜精

在日常饮食中,将粮豆混食、粗细搭配比单吃精米细面要更健康。因为大量的维生素与无机盐主要分布于谷粒的外层,过细的碾磨可损失许多营养素。另外,粗细粮搭配,各种不同食物混合食用,还能起到营养素互补的作用,提高食物的营养价值。

4. 不贪食肥甘

贪食过甜或过分油腻的食品,会使糖与脂肪的摄入过量,造成肥胖和胃肠负担,还易引发心血管疾病和糖尿病。

5. 不勉强进食

老年人若没有胃口或没有食欲,不要勉强进食,以免造成胃肠不适。应先查明原因,对症治疗;同时创造轻松愉快的进餐环境,烹制可口的饭菜来增加食欲。

6. 饮食要定时定量

定时定量能使消化道乃至整个肌体代谢活动劳逸相间,促进食物消化、吸收、利用,充分发挥食物的效能。若老年人经常食无定时,就会扰乱身体的生理活动规律,导致胃肠疾病和营养不良。

7. 饮食不过冷过热

饮食要温度适中,过冷或过热都会伤及脾胃,可能导致消化不良。过冷使胃肠道受冷刺激而痉挛,易引发腹痛、腹泻;过热易损伤上消化道黏膜,长期食用过热的食物甚至可能增加某些癌症发生的风险。

8. 少饮或不饮酒

白酒除了其中的酒精能提供能量外,不含其他营养成分,所以老年人应尽量不饮酒,若饮酒则应饮低度酒或葡萄酒等。

9. 食盐要适量

食盐过多可能导致高血压等疾病,因此老年人食盐要适量。

10. 细嚼慢咽,不囫囵吞食

细嚼慢咽,可使食物与唾液充分混合,经过咀嚼的食物被充分碾碎,形成食团送入胃内,有益于食物的消化吸收。

（二）饮食卫生保健

1. 宜食用硬果类食物

硬果类食物也称干果类，多数是指植物的果实或种子，如核桃、花生、葵花子、松子等。一般老年人的咀嚼能力减退，唾液分泌减少，食用硬果类食物有些吃力。但若无牙齿松动、残缺，适量地吃些硬果类食物不仅对身体无害，反而有益。中医讲求"齿宜数叩，津宜数咽"，嚼硬果如同叩齿，能锻炼咬肌，增强咀嚼功能，延缓牙齿的衰老。咀嚼硬果还能促进唾液分泌，改善消化吸收状态，起到保健全身的作用。

另外，硬果类食物含有丰富的蛋白质、不饱和脂肪酸、丰富的无机盐和维生素，这些都是老年人不可缺少的营养物质。

2. 肉类宜与蔬菜同食

肉类食品为人体提供优质蛋白和脂肪，而蔬菜为人体提供维生素、无机盐及膳食纤维。肉类食品最好与食用菌或蔬菜同食，这样既可获取较全面的营养素，又可使肉类中的胆固醇及食物在分解过程中产生的有害物质随同蔬菜中的膳食纤维排出体外，所以菜肉同食有益于老年人的健康。

3. 宜多食鱼类

海产鱼中含有较多的不饱和脂肪酸，可使血中的甘油三酯和总胆固醇降低，高密度脂蛋白增高，肝脏合成低密度脂蛋白减少，所以能防止动脉硬化和冠心病的发生。另外鱼类含有丰富的优质蛋白，碘、钙等无机盐较多，适合老年人食用。

4. 宜多食素食

提倡老年人多吃素食，并不是说荤腥不沾，而是在平衡膳食的前提下，提倡多食素食。因为，老年人物质代谢远不如年轻人旺盛，消耗相对减少，消化液分泌减退，一些代谢产物容易堆积；若动物性食物吃得多了，使体内饱和脂肪酸、胆固醇及其他物质增多，则可能引起心血管疾病。

任务四　老年疾病预防

情境导入

何某，男，68岁，身高155 cm，体重70 kg，血压170/90 mmHg，听力和记忆力都明显下降。有糖尿病史2年，平时喜欢吃较咸、油腻的食物，不喜欢喝牛奶，也没有补钙，喜欢喝浓茶，两天抽1包烟，每天饮酒2～3两。平时运动较少，不喜欢外出，偶尔上街买生活用品。

【任务描述】

1. 电话询问自己家庭中的老年人的身体状况，是否患有某些生理疾病？
2. 如何帮助家人提前预防疾病？

【任务实施】

1. 分小组开展电话调查,由小组长汇总,并分享调查结果。
2. 各小组选派代表汇报、分享讨论结果。

【任务思考】

1. 老年人常见的疾病有哪些?为什么?
2. 老年人患病有什么特点?

【知识链接】

一、老年常见疾病概述

据国家卫生健康委北京老年医学研究所对我国老年流行病学的研究结果显示,我国老年人前四位常见病依次是:高血压、冠心病、脑血管病和恶性肿瘤。老年人死亡的主要原因依次为恶性肿瘤、心血管病、脑血管病和呼吸系统疾病。

(一)老年常见疾病的类型

从发病期不同,老年病可以分为如下几类:

(1)多数发生在老年期的疾病或称为老年人所特有的疾病,如阿尔茨海默病、老年性白内障、老年性前列腺增生等。

(2)青壮年期有发病但老年期发病增多的疾病,如原发性高血压、慢性支气管炎、冠心病等。

(3)老年人与青年人均容易发生的疾病,如感冒、肺炎、胃炎等。

(二)老年人患病的特点

多数老年人患有慢性病,多种因素可触发老年病;多数老年病的症状和体征不典型;老年病多数为一体多病,同时伴有多脏器衰竭或多系统功能障碍,有多种老年综合征的表现和多种老年问题的出现;老年病常常存在多重用药和药物副作用的问题,需要多专业医师参与诊治,需要多学科团队参与康复治疗和护理。

1. 起病隐匿,发展缓慢,症状体征不典型

衰老导致老年人机体的敏感性和反应性下降,从而使得老年人患病常有起病隐匿、发展缓慢、症状体征不典型等特征。当疾病发生时,患者并无任何不适,可以像正常人一样生活和工作。很多疾病有一个漫长的发展过程,甚至疾病发展到比较严重的程度,老年人仍无明显不适症状,或临床表现不典型,极容易造成漏诊和误诊。

(1)老年人患肺炎时常无明显症状,有的仅表现为生活规律发生变化,食欲差,精神萎靡不振,全身无力,有的表现为脱水或突然出现意识障碍等较明显症状,但很少出现发热、咳嗽、胸痛或咳痰等呼吸系统的症状,早期很少能在胸部听到啰音。

(2)患急性心肌梗死的老年人很少有心绞痛频繁发作、疼痛加剧等表现,常呈无痛性急性心肌梗死而漏诊,有的仅有呼吸短促、恶心、呕吐等症状。

(3)因阑尾炎导致肠穿孔的老年人,临床表现可能没有明显的发热体征,或仅主诉腹部隐痛、腹胀、腹泻、呕吐等胃肠道症状。

2. 多种疾病同时存在,病情复杂

老年人全身各系统的功能都有不同程度的老化,防御和代谢功能普遍降低,各系统之间相互影响导致多种疾病同时或先后发生。约有70%的老年人同时患有两种或两种以上疾病,而且各种症状的出现及损伤的累积效应也随着年龄的增大而逐渐增加,因而病情错综复杂。

3. 病情发展变化迅速,容易出现危象

老年人组织器官储备能力和代偿能力差。免疫器官老化致免疫功能降低,应激能力减退,一旦发病,病情迅速恶化,治疗困难。老年人急性病或慢性病发作时,容易出现器官或系统的功能衰竭,病情危险。例如,老年重症肺炎可很快相继发生呼吸衰竭、心力衰竭、脑病、多器官衰竭而死亡。老年人存在多个心脑血管疾病的危险因素,故猝死发生率高。

4. 病程长,康复慢,并发症多

老年患者免疫力低下,抗病能力和修复能力减弱,导致病程长、康复慢,容易出现多种并发症。

(1) 水、电解质和酸碱平衡紊乱。增龄的基本特征是脂肪组织增多、体内水分含量下降、机体细胞数目减少。伴随着机体细胞数目的减少和内分泌功能减退,出现细胞内液减少、含钾量减少和储钾能力下降等。

(2) 感染。感染是导致老年人病情恶化和出现多器官功能衰竭的重要原因之一。据统计,老年人并发的各类感染中,发生率最高的前三种感染依次是:尿路感染、肺炎、皮肤和软组织感染。与青壮年相比,老年人发生各种感染的危险性明显增高,特别是阑尾炎、结核病、尿路感染和胆囊炎。高龄、瘫痪、糖尿病、恶性肿瘤、长期卧床、住院时间≥5天是老年人并发感染的主要危险因素;并发多菌种或多重感染则与化疗和广谱抗生素的应用密切相关。

(3) 血栓形成和栓塞。由于血流缓慢(如因病重卧床或因病长期卧床者)或血液黏稠性增加(如高血糖、高血脂、失水或高凝状态),老年患者易发生动脉血栓形成、深静脉栓塞和肺栓塞,严重者可发生猝死。

(4) 多器官功能障碍综合征。多器官功能障碍综合征是导致老年人死亡的最常见的并发症。各种感染,尤其是肺部感染,是老年人发生多器官功能障碍综合征的主要原因。患者可在短时间内同时或相继出现呼吸系统、循环系统、大脑、肾的衰竭和弥散性血管内凝血。

(三) 老年常见疾病介绍

1. 脑出血

脑出血是指原发性非外伤性脑实质内出血,占急性脑血管病的20%~30%。脑出血预后与出血量、出血部位、病因及全身状况有关。老年人脑出血病死率高,且病死率随年龄增长而升高,急性期病死率达30%~40%,其余相当一部分患者留有偏瘫、失语、智力障碍等严重后遗症。

2. 老年高血压

老年高血压是指年龄大于60岁的老年人,在未使用高血压药物的情况下,收缩压≥140 mmHg和(或)舒张压≥90 mmHg。若患者既往有高血压病史,目前正服用降压药,即使血压低于 140/90 mmHg,也诊断为高血压。老年高血压是导致卒中、冠心病、心力衰竭、肾衰竭发病率和死亡率升高的主要危险因素。随着年龄的增长,其患病率增加,65 岁以上的老年人患病率为 49%～57%,80 岁以上的老年人患病率为 65.6%,是老年人致残、致死的主要疾病之一。

3. 冠心病

冠状动脉性心脏病(简称冠心病)是指冠状动脉粥样硬化使血管腔狭窄或阻塞,和(或)因冠状动脉功能改变(痉挛)而导致心肌缺血、缺氧或坏死而引起的心脏病。1979 年世界卫生组织将冠心病分为无症状性心肌缺血、心绞痛、心肌梗死、缺血性心肌病、猝死。冠心病是严重危害健康的常见病,其患病率随着年龄的增加而上升,70 岁以上的老年人很多都患有程度不同的冠心病。

4. 骨质疏松症

骨质疏松症是一种以骨量降低和骨组织微结构破坏为特征,导致骨脆性增加和易于骨折的代谢性疾病。骨质疏松症可分为原发性骨质疏松症和继发性骨质疏松症两类。原发性骨质疏松症又可分为两种亚型,即绝经后骨质疏松症(Ⅰ型)和老年性骨质疏松症(Ⅱ型)。Ⅰ型是雌激素缺乏所致,女性的发病率是男性的 6 倍以上。Ⅱ型多见于 60 岁以上的老年人,女性的发病率为男性的 2 倍以上。继发性骨质疏松症的原发病因明确,常由内分泌代谢疾病或全身性疾病引起,如内分泌代谢疾病引起的性功能减退症、甲状腺功能亢进、1 型糖尿病、库欣综合征等,或其他全身性疾病。患骨质疏松症的老年人极易发生脊柱和髋骨骨折。

5. 退行性骨关节病

退行性骨关节病是由于关节软骨发生退行性病变,引起关节软骨完整性破坏及关节边缘软骨下骨板病变,继而导致关节症状和体征的一组慢性退行性关节疾病。患病率与年龄、性别、民族及地理因素有关。好发于髋、膝、脊椎等负重关节,以及肩、指间关节等,高龄男性髋关节受累多于女性,手骨性关节炎则以女性多见。本病随年龄的增大发病率也随之升高,65 岁以上的老年人患病率达 68%,是老年人致残的主要原因之一。

6. 老年糖尿病

老年糖尿病是指年龄在 60 岁以上的老年人由于体内胰岛素分泌不足或胰岛素作用障碍,引起内分泌失调,从而导致物质代谢紊乱,出现高血脂、水与电解质紊乱等代谢病。随着人口老龄化、人们生活方式和生活水平的改变,糖尿病患病率随年龄增加而上升。本病使老年人的生活质量降低,并发症增多,寿命缩短,死亡率增高,目前已成为严重威胁老年人健康的世界性公共卫生问题。

7. 老年期痴呆

老年期痴呆是指发生在老年期,由于大脑退行性病变、脑血管性病变、脑外伤、脑肿瘤、颅脑感染、中毒或代谢障碍等各种病因所致的以痴呆为主要临床表现的一组疾病。老年期痴呆主要包括阿尔茨海默病(又称老年性痴呆)、血管性痴呆(如多发性梗死痴呆)、混合性痴呆(即阿尔茨海默病合并血管性痴呆)和其他类型痴呆(如外伤、颅内血肿等引起的痴呆)。但其中以阿尔茨海默病和血管性痴呆为多见,约占全部痴呆的70%~80%左右。

8. 前列腺增生

前列腺增生是老年男性的常见病之一,是前列腺细胞增生导致泌尿系梗阻出现的一系列临床表现及病理生理改变。前列腺增生与体内雄激素及雌激素的失调关系密切。随着我国居民人均寿命的延长和生活水平的提高,前列腺增生的发病率也随之增加,严重影响了老年男性患者的生活质量。

9. 老年性阴道炎

老年性阴道炎常见于绝经后的老年妇女,因卵巢功能衰退,雌激素水平降低,局部抵抗力下降,致病菌容易入侵繁殖引起的炎症。其患病率可高达16.6%。绝经后妇女由于生殖系统的老化,阴道壁萎缩,黏膜变薄,上皮细胞内糖原含量减少,阴道内pH值增高,局部抵抗力降低,致病菌容易入侵、繁殖,从而引起炎症。

二、老年常见疾病预防的原则与方法

(一) 老年常见疾病预防的原则

1. 增强自我保健意识

老年人自身应加强身体锻炼,增强自我保健意识,其中关键是养成良好的生活方式和生活习惯。世界卫生组织曾宣布每个人的健康与寿命60%取决于自己。因此,要健康,自我保健的意识就成为第一要素。

2. 家庭支持

家庭应主动承担养老责任,在生活、精神和经济上给予老年人支持。家家有老人,人人都会老,尊重老年人,关爱老年人,就是关爱我们自己。

3. 健全各种保障体系

加强老年人的社会保障,积极发展老年医疗保险制度;重视老年人的精神文化生活,营造健康老龄化的环境;开展健康老年人的研究,加强老年病研究,重视和发展老年医学和护理教育,普及全科医疗和社区护理,提高老年人社区医疗服务质量;充分发挥老年群体的力量,积极开发健康老年人力资源,达到老年人自我管理、自我服务的目的。

(二) 老年常见疾病预防的方法

1. 疾病知识宣传

(1) 宣传内容。向老年群体宣传老年疾病的相关知识,讲解老年常见疾病的发病原因、诱发因素和危险因素,介绍老年常见疾病的临床表现、诊断、治疗方法及预防对策等。

(2) 宣传方式。宣传方式应多样化,例如采取定期讲座、图片宣传、健康报、交流讨论等方式。

2. 饮食合理

(1) 饮食要满足老年人的营养需求。应尽可能平均分配一天的摄食量,做

到少食多餐,不漏餐。每日至少三餐,若一日四餐、五餐更佳。每顿饭只吃八九分饱。应食用低动物脂肪、低胆固醇食物,多食用富含纤维素、维生素、微量元素的蔬菜和水果,并且要有足量的优质蛋白。

(2) 饮食要符合老年人预防疾病的要求。一般选用低盐、低脂、低热量、富含维生素和纤维素的食物,以保持大便通畅,避免用力排便;避免刺激性的食物,戒烟酒。

3. 保持乐观积极的心理状态

指导老年人保持乐观、平和的心态,正确对待自己的病情。避免过度劳累、情绪激动、饱餐、寒冷刺激等,以免病情复发。

4. 按医嘱服药

指导老年人按医嘱服药,不能擅自停药、减量或自行换药。告知老人药物的作用和不良反应,并让老人学会自我监测药物不良反应。定期复诊,如有异常及时就诊。

5. 定期体检并学会自我监测和自我护理

(1) 定期进行身体检查,做到对老年病的早发现、早诊断和早治疗。

(2) 加强血压的自我监测。教会老年人及其家属测量血压的方法,协助老年人制定家庭血压测量的记录表,注明测量时间及血压值,有助前后比较。

(3) 教会老年人自测脉搏及心肌梗死发作时自救的方法,提醒老年人外出时随身携带硝酸甘油等急救药品;定期复查血压、血糖、血脂等项目,积极治疗高血压。

(4) 加强对骨质疏松症高危人群的监测,通过定期测量骨密度和骨量,早期筛选出骨量降低者,以便及时进行治疗,防止骨折等并发症的发生。

(5) 教会老年人及其家属正确注射胰岛素,熟悉药物的作用、副作用和注意事项;按医嘱正确用药,不可随意加减药量、换药、停药。

(6) 教会老年人及其家属尿糖定性测定的方法,以及便携式血糖仪、胰岛素泵的使用方法。自我监测血糖是近些年来糖尿病老人管理方法的主要进展之一,使用便携式血糖仪可观察和记录血糖水平,协助老年人设计记录表,记录测量的时间和血糖值,为调整药物剂量提供依据。指导老年人定期复诊,了解糖尿病病情控制程度,如有异常及时就诊。

6. 坚持适度运动

运动可以提高心肺功能,保护心血管,还有助于锻炼全身肌肉和关节运动的协调性和平衡性,对预防跌倒、减少骨折的发生有很大帮助。对老年人来说,有氧运动是最适合的锻炼方式,如散步、慢跑、游泳、跳舞、骑自行车等。锻炼时,老年人应遵循从小运动量开始,循序渐进、持之以恒的原则,同时要注意根据季节和个人情况选择合适的运动项目。运动频率以每周3~5次为宜,运动时间以每次或相加在30分钟以上为宜,且尽量选择在下午和晚上进行运动。如果清晨锻炼,则不宜空腹进行。合理膳食和适量运动能帮助老年人保持合适的体重,预防多种严重的老年病。已经患病的老年人在自身努力和医生的帮助下适当运动,也可使疾病得到有效控制和缓解。

情境四 老年生理健康维护

任务五 老年护理

情境导入

黎某,男,81岁,身高170 cm,体重56 kg,血压170/90 mmHg。他刚做完右侧髋部手术,现已出院回家休息。此外,他还患有高血压、心脏病、急性支气管炎等多种疾病。近日来,老人感到没胃口,吃不下饭,睡眠质量也很差,刚做完手术时常感觉身体疼痛,行动也不方便,在家每天郁郁寡欢。

【任务描述】
1. 该老人存在哪些护理需求?
2. 请为该老人制订一份护理计划。

【任务实施】
1. 组织小组成员学习"知识链接"内容,完成相关任务。
2. 分享学习成果。

【任务思考】
1. 如何评估老年人的护理需求?
2. 老年人为什么需要康复护理?老年康复护理技术有哪些?

【知识链接】

一、老年护理需求

(一)健康老龄化对护理的需求

"健康老龄化"的宗旨是最大限度地提高老年人健康,减轻国家与人民负担,建设和谐稳定的社会,造福全体人民。护理工作者是实现健康老龄化的重要力量,健康老龄化需要大量护理人员走向社会,走进家庭,为老年人提供健康咨询、护理指导及家庭护理。

老年护理能重新燃起老年人对生活的热爱,最大限度地激发老年人的独立性,训练老年人独立生活的信心和能力,提高老年人自我护理的能力。老年护理是以老年人为主体,从老年人身心健康的需求出发,去考虑他们的健康问题及护理措施,解决他们的实际需求。要实现健康老龄化的目标,护理人员不但要学会老年疾病的护理知识和技巧,而且要掌握促进老年人健康的知识和方法,以维护老年人的最佳功能状态。因此,老年护理必须走出医院,深入家庭和社区。护理工作者从家庭的角度来评估老年人,不仅要维护老年人的健康,而且要重视其家庭成员的健康。护理工作者在为老年人提供健康体检与咨询时,对老年人的家庭成员进行健康教育,从而使家庭能够更好地满足老年人的生理需求,为老年人提供更多的情绪支持与安慰。老年人大多生活在社区环境中,护理工作者也要在社区开展老年健康护理,提供有效的社区健康护理项目,使

老年人在社区也能接受各种健康护理。提高老年人自我保健的能力和健康水平,也将是实现健康老龄化的重要保证。

(二)老年人疾病对护理的需求

老年人是一个特殊的群体,老年疾病有其自身的特点:发病率高;慢性病多;病情复杂,住院时间长;医疗需求高,住院花费多。因此,如何帮助老年人保持健康是一项重大挑战。

慢性病是影响老年人日常生活活动能力最主要的因素之一。对老年人日常生活活动能力影响最大的前5位疾病是痴呆、失明、卒中、关节炎和慢性肺部疾病。众多学者将日常生活活动能力丧失视为老年人最主要的健康问题,它不仅严重影响老年人自身的活动自由,而且还会给家庭及社会带来沉重负担。日常生活活动能力丧失的老年人需要长期的护理和照料。

患慢性病的老年人比例高,慢性病病种多,治疗护理需求也大,并且很多特殊的治疗,需要延续性护理服务。例如:前列腺炎和脑血管后遗症患者对导尿及护理有需求;慢性肺疾病和脑血管疾病患者对呼吸道护理、雾化吸入、吸氧管理等护理项目有需求;糖尿病患者对定期测血糖、饮食控制等护理项目有需求等。

因此,患慢性病的老年人对生活方式指导、慢性病预防、护理照料、慢性病康复与护理指导等护理项目有较高的需求。他们迫切需要护理人员走进家庭,提供具体的、可操作性的指导,期望通过正确的护理干预,改变自身不良的生活方式和饮食习惯,保持良好的行为与生活方式,提高生活质量。

(三)老年人生活自理能力状况对护理的需求

2016年3月由中国人民大学老年学研究所组织执行、中国人民大学调查与数据中心调查实施的《〈中国老年社会追踪调查〉研究报告》在北京公布。该报告指出,我国老年人整体生活自理能力良好,但重度失能老人绝对数量不容忽视,且老年人患慢性病比例较高。根据国家卫健委数据显示,目前我国失能或者部分失能老年人约有4000万,约78%的老年人至少患有一种慢性病,高血压、心脏病/冠心病、颈/腰椎病、关节炎、糖尿病和类风湿是城乡老年人患病比例较高的慢性疾病。另有资料显示,低年龄老年人和高年龄老年人的生活自理能力有明显差别,低年龄老年人生活自理能力较强,而年龄越高的老年人生活不能自理的比例也越高,90岁以上的老年人中,生活不能自理的比例已经达到50%;生活不能自理的老年人中,75岁及以上的老年人占一半。老年人随着年龄的增大,生活自理能力逐步下降,健康状况随之变差,他们对护理的需求量也随之增加。

中重度失能的老人的健康护理需求主要有以下几方面:

(1)中重度失能的老人最希望大医院能提供护理项目,并希望去大医院就诊,这可能与其患病多,更相信大医院有关;同时,他们也更愿意从医院医护人员处获得健康护理知识。

(2)中重度失能老人对上门护理服务、家庭巡视、日间护理和康复护理的需求较高。在一般临床护理项目中,对输液项目的需求最高,为84.2%,更换尿袋、呼吸道护理、雾化吸入治疗、伤口换药等护理项目的需求比例相对较高。在特殊临床护理项目中,对留置导尿管护理、留置鼻胃管护理、压疮护理、康复指导、吸氧管理等的需求比例相对较高。

(3) 中重度失能的老人希望得到定期测量血压、生活方式指导、家庭用药、老年常见病的护理指导、排尿与排便指导、家庭看护者的护理咨询、抽血检查及代采集标本等护理项目。

(4) 在有临终护理需求的群体中,中重度失能老人的需求最高,达32.4%。

因此,健康评估是对中重度失能的老人健康护理的重点,在此基础上建立健康档案,将其作为重点访视与护理对象,根据他们的需求提供各种临床护理项目,同时给予心理支持。

(四) 老年人认知功能的改变对护理的需求

认知功能障碍是老年性痴呆的主要临床表现之一,《世界阿尔茨海默病报告(2021年)》最新数据显示,全世界有5500万人患有认知功能障碍。预计到2030年,这一人数将达到7800万人。随着认知功能障碍老年人的增多,对其护理的需求也随之增多。

认知轻度损害者,大多没有意识到自己认知有损害或者也不愿意承认自己认知有损害。而认知中重度损害者,自己无法评估,大部分的评估是根据照顾者的观察;他们往往长期卧床,反应差,科学的护理对他们非常重要,否则容易出现并发症,进一步损害其健康。

对认知中重度损害者,护理人员应定期对其进行体检和访视。一方面,根据老年人的具体情况对其提供临床护理项目、康复训练、紧急救护服务、临终病人的护理等健康护理项目;另一方面,给老年人及其家人提供各种健康护理知识。

(五) 老年临终关怀对护理的需求

临终关怀是通过护理让老年人安详、有尊严、无憾地走完生命的最后一站。尊重生命,关注护理而非治疗,注重生命质量,尊重死亡是一个自然过程。因此不加速也不延迟死亡,协助病人安静地、有尊严地死去,这是对老年护理工作者的挑战。

老年人生理功能的衰退存在很大的个体差异,主要为生命活力、患病情况、生活自理能力等方面的差异较大。因此,有必要对老年人进行健康评估,按其年龄、自理能力、认知功能、患病情况等方面的情况,将老年人划分为不同的类型,分别给予不同的医疗保健护理,有针对性地提供健康护理服务。

二、老年护理应注意的事项

(一) 对老年人主动性的关注

老年人由于疾病治疗及衰老而无法独立进行日常生活活动时,往往会对家属和护理人员产生强烈的依赖心理。因此,要理解和尊重老年人,在拟订护理计划时,要把握每个老年人的个性,对老年人的日常生活进行多方面的护理。

在生活护理方面,既要注意其丧失的功能,又应该看到其尚存的功能。要鼓励老年人发挥其尚存功能的作用,使其基本的日常生活能够自理。

应当注意的是,对于老年人的日常生活,包揽一切的做法是有害无益的。所以不仅要满足老年人的生理需要,还要充分调动老年人的主动性,最大限度地发挥其尚存功能,尽量让其作为一个独立自主的个体,参与家庭和社会生活,满足其精神需要。

(二)对老年人安全的保护

1. 针对老年人相关心理进行疏导

一般情况下,有两种心理状态可能会危及老年人的安全:一是不服老,二是不愿麻烦他人。如有的老年人明知不能独自上厕所,却不要别人帮助,结果难以走回自己的房间;有的老年人想自己倒水,但提起暖瓶后,却没有力量将瓶里的水倒进杯子。护理人员要熟悉老年人的生活规律和习惯,及时给予健康指导和帮助,让老年人了解自身的健康状况和能力,使其生活自如。

另外,老年患者常感到孤独,普遍存在怕衰老、怕疾病不愈、怕病死的心理,并且对自身和病情关注多,对外界关注少。因此,护理人员必须重视他们的心理健康,与老年人进行有效的沟通交流,及时发现他们存在的心理问题,通过肢体语言如触摸疗法等,减轻老年患者的心理压力。做到善于沟通、耐心细致、服务热情、技术过硬,加强健康宣教,做好心理护理。

2. 为老年人提供可靠的社会支持力量

社会、单位和家庭要多关心老年人的生活,尤其是丧偶老年人的生活,为他们创造一个良好的社会生活环境,消除使老年人产生消极情绪的各种环境因素。

3. 其他防护措施

因身体老化而引起的生理性和病理性改变所造成的不安全因素,能严重威胁老年人的健康,甚至生命。老年人常见的安全问题有跌倒、噎呛、坠床、错服药物、交叉感染等,护理人员应意识到这些严重性,及时采取有效措施,保证老年人的安全。

(三)对老年人个别性的保护

1. 个别性的关怀

人们的日常生活有共同的行为和性质,但每个人也有其独特的地方。个别性是指每个人所具有的独特的生活行为和社会关系,以及与经历有关的自我意识。由于个体不同的社会经历和生活史,每个人的思维方式和价值观不尽相同,且常能从自己的个性中发现价值。老年人有丰富的社会经验,为社会、为家庭做出了很大的贡献,他们有很强烈的自我意识,如果自我意识受到侵害,将损伤其尊严。因此,护理人员要尊重老年人的个性,关怀其人格和尊严。

2. 私人空间的关怀

日常生活中部分生活行为需要在私人空间中开展,如排泄、沐浴、性生活等。为保护老年人的隐私,让其快乐舒适地生活,要为其提供一个相对独立的空间。但在现实生活中,由于老年人身体状况、生活方式、价值观、经济状况等差别,很难做出统一的规定。理想状况下,老年人最好有自己单独的房间,且要与家人的卧室、厕所相连,以方便联系;如果在多人房间内每个床周围应用布拉帘或屏风遮挡。老人的房间的窗帘最好为双层,薄的窗纱透光性好又可遮挡屋内情况,厚的窗帘则可遮光有利于睡眠。

三、老年护理的内容与要求

(一)基础护理

1. 生命体征监测与照护

(1) 能掌握生命体征的正常值及测量的方法。

(2) 能准确测量老年人的生命体征并判断其是否正常;能对生命体征异常的老年人进行照护。

2. 用药护理

(1) 掌握用药基本知识及用药后反应的观察要点;掌握药物保管知识及注意事项。

(2) 掌握口服给药的方法及注意事项;能查对并帮助老年人服药。

(3) 掌握眼、耳、鼻用药知识,掌握雾化吸入法知识、压疮清洁和换药知识;能为老年人进行雾化吸入操作,能为老年人正确使用眼、耳、鼻等外用药,能为患有Ⅰ度压疮的老年人提供压疮处理措施。

3. 冷热应用护理

(1) 掌握老年人使用热水袋的常识及注意事项;掌握老年人湿热法常识及注意事项;掌握老年人皮肤观察的专业知识。

(2) 能使用热水袋为老年人保暖;能为老年人进行湿热敷;能观察老年人冷热疗法后皮肤的异常变化。

(3) 掌握冰袋使用及温水擦浴基本知识;能使用冰袋为高热老年人进行物理降温,观察并记录体温变化;能使用温水擦浴为高热老年人物理降温,观察并记录体温变化。

4. 消毒隔离

(1) 掌握消毒隔离技术及知识;掌握消毒液配制的注意事项;掌握试纸使用及监测技术。

(2) 能对老年人居室进行紫外线消毒;能配制消毒液,对老年人房间进行消毒;能监测老年人居室的消毒效果。

5. 急救护理

(1) 掌握吸痰护理知识及技术;掌握止血、包扎与固定技术;掌握心肺复苏基本知识;掌握吸氧方法及相关知识;掌握危重老年人观察方法。

(2) 能对老年人外伤出血、烫伤、摔伤等意外及时报告,并做出初步的应急处理;能配合医务人员对有跌倒骨折的老年人进行初步固定和搬移;能对心搏骤停的老年人采取必要的应对措施;能遵医嘱为老年人进行氧气吸入操作。

（二）疾病护理

1. 脑出血

（1）指导患者避免血压骤升、导致脑出血的各种诱因，积极治疗原发性高血压、糖尿病、动脉硬化和颅内动脉瘤等原发病。

（2）指导患者饮食低盐、低脂、富含维生素和纤维素，以保持大便通畅，避免用力排便。

（3）帮助患者坚持功能康复锻炼，做到循序渐进，不可急于求成，避免患者过度劳累。

（4）指导患者控制高血压，督促其按医嘱正确服用降压药，不可骤停和自行换药，减少血压波动对血管的影响。嘱咐其定期复诊，如有异常及时就诊。

2. 高血压

（1）告知患者有关高血压的危险因素、临床表现及高血压对人体的危害。高血压是终身性疾病，虽然不能治愈，但只要防治得好，患者完全可以和健康人一样有好的生活质量，一样可以长寿。

（2）指导患者加强血压的自我监测。教会患者和照顾者测量血压的方法，协助其制作家庭血压测量的记录表，注明测量时间及血压值，有助前后比较。

（3）督促患者按医嘱正确服药，不能擅自停药或减量；嘱咐其定期复查血压、血糖、血脂等项目。

3. 冠心病

（1）告知患者冠心病发生的诱发因素和危险因素，避免过度劳累、情绪激动、饱餐、寒冷刺激等，以免病情复发。

（2）指导患者饮食低盐、低脂、低热量、高纤维素，控制体重，戒烟酒，以保持大便通畅。

（3）指导患者保持乐观、平和的心态，正确对待自己的病情。

（4）督促患者按医嘱服药，告知患者药物的作用和不良反应。

（5）教会患者自测脉搏及心肌梗死发作时的自救方法，外出时随身携带硝酸甘油等急救药品以备急用。

4. 骨质疏松症

（1）告知老人有关骨质疏松症的基本知识，包括发病原因、危害及预防护理对策等。让其了解合理的生活方式和饮食习惯可以在一定程度上降低骨量丢失的速率和程度，延缓和减轻骨质疏松的发生。

（2）指导患者坚持规律的户外活动，如步行、骑自行车、慢跑等，这些活动有助于锻炼全身肌肉和关节运动的协调性和平衡性，能预防跌倒，减少骨折的发生。同时，加强防跌倒措施，避免运动时跌倒。

（3）督促患者按医嘱服药，并学会自我监测药物不良反应。

（4）加强对骨质疏松症高危人群的监测，通过定期测量骨密度和骨量，早期筛选出骨量降低者，以便及时进行治疗，防止骨折等并发症。

5. 退行性骨关节病

（1）向患者介绍退行性骨关节病的病因、临床表现、主要治疗与预防措施。

(2)告知患者应积极治疗原发病或创伤,对各种畸形应尽早治疗,以免关节面受力不均,使其过早老化。

(3)指导老年人加强关节保护,防止关节受凉受寒。指导他们正确的关节活动姿势,动作幅度不宜过大,不加重关节的负担和劳损,应用大关节而少用小关节,如用屈膝屈髋下蹲代替弯腰和弓背;用双脚移动带动身体转动代替突然扭转腰部;选用有靠背和扶手的高脚椅就座,且膝髋关节成直角;枕头高度不超过15厘米,保证肩、颈和头部同时枕于枕头上。多给老年人做关节部位的热敷、热水泡洗、桑拿。督促其避免进行可诱发疼痛的活动,如长期站立等,减少爬山、骑车等剧烈活动,少做下蹲动作。

(4)指导老年人使用手把、手杖、助行器以减轻受累关节的负重。指导并督促他们坚持各关节的功能锻炼,防止关节粘连和功能活动障碍。

(5)提醒老年人补充维生素C和动物软骨,以预防或延缓软骨衰老。

6. 老年糖尿病

(1)帮助患者及照顾者增加对糖尿病的认识,让他们了解糖尿病发病的病因、临床表现、诊断与治疗方法,提高老年人对治疗的依从性。避免病情加重的各种诱因,积极预防低血糖。

(2)告知患者坚持饮食控制和体育锻炼的重要性。掌握饮食治疗的具体要求和措施,督促患者长期坚持。体育锻炼时,要为患者选择合适的鞋袜,以防足损伤,运动中患者如感到头晕、无力、出汗等应立即停止运动,外出时随时携带甜食和病情卡以应急需。

(3)教会患者及照顾者正确注射胰岛素,让他们熟悉药物的作用、副作用和注意事项;督促患者按医嘱正确用药,不可随意加减药量、换药、停药。

(4)教会患者尿糖定性测定、便携式血糖仪和胰岛素泵的使用方法。自我监测血糖是近十年来糖尿病患者管理方法的主要进展之一,应用便携式血糖仪可观察和记录患者血糖水平,协助患者设计表格,记录测量的时间和血糖值,为调整药物剂量提供依据。指导患者定期复诊,了解糖尿病病情控制程度,如有异常及时就诊。

7. 老年期痴呆

(1)及早发现。

加强对全社会的健康指导,提高人们对老年期痴呆的认识,及早发现记忆障碍,做到"三早"——早发现,早诊断,早干预。

(2)早期预防。

注意早期预防,积极用脑,劳逸结合,保护大脑,注意脑力活动多样化,保证睡眠充足,培养广泛的兴趣爱好,养成良好的卫生、饮食习惯,戒除烟酒。积极有效地防治高血压、脑血管病、糖尿病等慢性病。

(3)预防脑血管疾病。

必须预防和治疗脑血管病,积极预防高血压病、糖尿病、肥胖症、高脂血症。及早发现脑血管疾病患者在记忆、智力方面的改变。

(三) 康复护理

1. 家庭环境改造

居室环境房间的墙面以中色调为主,保证房间光线充足且通风情况良好。地面要求采用防滑地板(不允许打蜡)或塑胶地。地表面无物品摆放,不应设门槛,以便轮椅通过。墙面距地面 1 米高处安装水平扶手杆。门廊至户外阶梯约 3～4 阶为宜,或修成无阶斜坡。盥洗室安装长把水龙头开关、坐便器、坐式淋浴,铺设防滑地面。总之,一切生活设施以安全、自由空间大、功能齐全为准则。

2. 功能训练治疗

针对老年人不同性质、不同程度的功能障碍,可采用不同的功能训练治疗方法。例如:用作业疗法对老年患者进行日常生活的训练,教会其使用辅助器械和适应性技巧,以代偿和弥补运动、视听等功能的缺陷;对记忆力、辨向力衰退的患者进行认知训练,并使用消遣疗法促进其心理精神卫生,改善社会生活能力。

3. 辅助器具和矫形器的使用指导

训练老年人穿脱假肢、矫形鞋、背心,安全驱动轮椅,使用餐具、自助具等。瘫痪的老年人要借助拐杖或步行器等辅助器具进行训练。一般说来,手杖适用于偏瘫或单侧下肢瘫痪患者,前臂杖和腋杖适用于截瘫患者。步行器的支撑面积较大,较腋杖的稳定性高,多在室内使用。辅助器具选择的原则是:上肢肌力差、不能充分支撑体重者,应选用腋窝支持型步行器;上肢肌力较差、提起步行器有困难者,可选用前方有轮型步行器;上肢肌力正常、平衡能力差的截瘫患者可选用交互型步行器。

4. 日常生活能力训练

日常生活动作主要分为基本生活动作、移动动作和生活关联动作 3 个部分。基本生活动作主要包括饮食、更衣、排泄、梳洗、语言交流等;移动动作主要包括步行、装支具步行、轮椅操纵、床上移动等;生活关联动作主要包括家务、看管孩子、购物等。

(1) 基本生活动作训练:吃饭、穿衣、洗浴、整理仪容、大小便等。

(2) 移动动作训练:步行、轮椅操作、床上移动、上下楼梯等。

(3) 生活关联动作训练:烹调、清洁、洗衣、育婴、裁剪、修缮、购物等。

5. 预防并发症

老年人在伤病过程中常伴随一些并发症,如直立性低血压、压疮、呼吸系统感染、骨折、尿路感染、皮肤感染、关节韧带僵直、挛缩、抑郁症等。并发症会加重病痛,造成新的功能障碍,导致生活质量下降。因此,需要采取相应的措施预防并发症的发生。

(四) 临终护理

临终老年人由于疾病和衰老同时存在,机体的感觉、反应和防御功能均降低,治愈的希望已变得十分渺茫。临终老年人最需要的是身体舒适和控制症状,无痛苦地度过人生的最后时刻。

1. 提供舒适的临终环境

尽力为临终老人提供良好的居住生活环境。居室应明亮、宽敞、安静、温暖、舒适。注意室内的色调,最好以浅绿色为主,室内摆放鲜花或者绿色植物,使周围充满勃勃生机,临终老人在舒适的环境中更容易保持心平气静,减少对死亡的恐惧。居室内配有彩色电视机等,以适应老人和家属日常生活习惯的需要。室内配有空调,以便调节室内的温度和湿度,保证空气的新鲜流通。配有卫生间,以方便老人。

临终环境的选择还要考虑老年人家庭的经济状况、老人临终症状的轻重程度和家属的观念等。随着社区医疗的发展,如果老人临终处所选在家中,社区的医生和护士或是临终关怀团队也可以为其提供良好的护理和支持。

2. 做好个人卫生护理

每天帮助老人做必要的梳理,保持仪表整洁,定时洗浴或擦浴。帮助不能自理的老人洗脸、梳头、洗脚、剪指甲,及时清除老人的呕吐物和排泄物,注意口腔、皮肤的护理。应定时给瘫痪的老人翻身、变换肢体位置,预防压疮的发生。对平日喜欢美容化妆的女士或者淡妆可遮盖病容的人,只要允许,鼓励他们化妆。保持老人的清洁、舒适,维护临终老人的尊严。

3. 给予良好的饮食护理

提供营养丰富、易于消化的食物,提高临终老人的食欲,保持少量多餐。对吞咽困难的临终老人鼓励其小口啜饮饮料,或用棉棒蘸水湿润口唇和舌。必要时,进行鼻饲或静脉营养。注意饮食卫生。

4. 做好日常生活护理

保证老人有足够的睡眠,睡眠可以使老人摆脱疾病的痛苦和面临死亡的焦虑。保持环境安静、温湿度适宜、被褥柔软舒适。各项治疗处置相对集中,避免在老人熟睡时量体温、测血压及打针服药等。睡前帮助老人热水擦身,按摩,对于恐惧及孤独者,照顾者可紧握老人的手,必要时给予适量的安眠药或镇静剂。

对有活动能力的临终老人,应扶助老人下床做一些床边活动,或者到室外散散步。对不能下床活动的老人,照顾者要定时给老人翻身、按摩,帮助老人进行被动性的肢体锻炼。

任务六　老年保健

情境导入

程某,女,72岁,身高140 cm,体重52 kg,生命体征平稳。老伴去世已5年,现在和儿子、儿媳妇一起居住,婆媳关系尚可。10年前,老人双膝关节病变导致行走不便,特别是上下楼梯尤其困难;基本生活能自理,性格开朗,喜欢与别人拉家常,不过由于行动不便,老人平日很少外出,与外界交流较少。

【任务描述】
1. 该老年人存在哪些保健的需求？
2. 为该老年人制订一份老年保健计划。

【任务实施】
1. 按每 7 人为一组，对全班同学进行分组。
2. 以小组为单位根据任务展开讨论，分析和解决提出的问题；
3. 各小组选派代表汇报、分享讨论结果。

【任务思考】
1. 老年人应该养成哪些良好的生活方式？
2. 老年保健包括哪些内容？

【知识链接】

一、老年保健概述

（一）老年保健的概念

老年保健是指在平等享用卫生资源的基础上，充分利用现有的人力、物力，以维护和促进老年人的健康为目的，发展老年保健事业，使老年人得到基本的医疗、护理、康复、保健等服务。

老年保健事业是以维持和促进老年人健康为目的，为老年人提供疾病的预防、治疗、功能锻炼等综合性服务，同时促进老年保健和老年福利发展的事业。如建立健康手册、健康教育、健康咨询、健康体检、功能训练等保健活动都属于老年保健范畴。

老年保健的目标并非单纯延长老年人的预期寿命，而是最大限度地延长老年人能生活自理的时间，缩短功能丧失及在生活上依赖他人的时间，达到延长健康预期寿命、提高老年人生命质量的目的，进而实现健康老龄化。

（二）老年保健的对象

1. 高龄老年人

高龄老年人是体质脆弱的人群。随着年龄的增长，老年人的健康状况不断下降，因而他们对保健和护理的需求加大。首先，退行性疾病容易导致高龄老年人生活不能自理，有此类疾病的老年人需要较多的生活照顾。其次，从年龄结构看，老年人年龄越大自理能力越差（见表 4-3），高龄老年人相较低龄、中龄老年人，更需要保健和护理。最后，高龄引起精神疾患增加，如老年期痴呆发病率增高，对老年人健康危害较大，使保健和护理的难度增加。

表 4-3 不同年龄结构老年人的自理能力情况

年龄结构	完全自理	部分自理	完全不能自理
低龄老年人（60～69 岁）	93.2%	5.0%	1.8%
中龄老年人（70～79 岁）	81.5%	12.2%	6.3%
高龄老年人（80～89 岁）	54.3%	26.8%	18.9%

情境四 老年生理健康维护

2. 独居老年人

随着社会的发展、人口老龄化加剧及我国推行计划生育政策所带来的家庭结构变化,家庭已趋于小型化,只有老年人组成的家庭的比例在逐渐增高。许多独居老年人,特别是那些病危、残疾、高龄的独居老年人,对社区保健和护理服务的需求量增加。因此,帮助他们购置生活必需品,定期巡诊,送医送药上门,为其提供健康咨询或开展社区保健服务具有重要意义。

3. 丧偶老年人

丧偶老年人的数量随人口老龄化的发展而增加,丧偶对老年人的生活影响很大,也可能给他们带来严重的心理问题。丧偶使多年的夫妻生活形成的互相关爱、互相支持的平衡状态突然被打破,使夫妻中的一方失去了关爱和照顾,这常会使丧偶老年人感到生活无望、乏味,甚至积郁成疾。据世界卫生组织报告,丧偶老人的孤独感和心理问题发生率均高于有配偶者,尤其是丧偶初期,常导致原有疾病的复发。

4. 患病老年人

老年人患病后,身体状况变差,生活自理能力下降,需要经过全面系统的治疗,患病加重了老年人的经济负担。部分老年人为缓解经济压力而自行购药、服药或不遵医嘱服药,最终导致延误诊断和治疗。应对患慢性病的老年人进行定期的健康检查、健康教育、保健咨询,从而维护和促进老年人的健康。

5. 刚出院的老年人

刚出院的老年人因疾病未完全康复,身体状况较差,常需要继续治疗,并需要及时调整治疗、护理及康复方案。如果遇到经济困难等不利因素,延误了治疗,疾病极易复发甚至导致死亡。因此,社区医疗保健工作者应根据老年患者的情况,定期随访。

6. 精神障碍的老年人

老年人中的精神障碍者主要是老年期痴呆患者,患有老年期痴呆的老年人的生活失去规律,并且不能自理,常伴有营养障碍,导致原有的躯体疾病加重。因此,患有老年期痴呆的老年人需要保健和护理服务的需求明显高于其他人群,该群体的需求应引起全社会的重视。

二、老年保健的原则

(一) 全面性原则

老年人的健康包括躯体、心理和社会多方面的健康,所以老年保健也应该是全方位和多层面的。全面性原则包括对老年人的躯体、心理及社会适应能力和生活质量等方面的关注,对疾病和功能障碍的治疗、预防、康复及健康促进。因此,制订统一、全面的老年保健计划是非常有益的。

(二) 区域化原则

区域化原则就是以社区为中心组织实施老年保健服务,主要体现在通过家庭、邻里与社区建立医疗保健和护理服务,便于帮助老年人更好地生活。区域化原则的重点是针对老年人独特的需求,确保在要求的时间、地点,为真正需要服务的老年人提供社会援助。

(三)费用分担原则

费用分担原则是指老年保健的费用应由政府承担一部分、保险公司的保险金补偿一部分、老年人自付一部分。这种"风险共担"的原则有利于解决日益增长的老年保健需求和紧缺的财政支持之间的矛盾,也越来越为大多数人所接受。

(四)功能分化原则

功能分化原则是指在对老年保健的全面性有充分认识的基础上,对老年保健的各个层面有足够的重视,具体体现在老年保健的计划、组织、实施和评价等方面。例如,老年人可能存在特殊的生理、心理和社会问题,不仅需要从事老年医学研究的医护人员,还应该有精神病学家和社会工作者参与老年保健,这就要在老年保健的人力配备上体现明确的功能分化。

(五)防止过分依赖原则

由于传统文化的影响,社会中大多数人包括老年人本身,认为老年人即弱者,生活中理应得到家人周到、细致的照顾,而忽视了老年人的主观能动性。因而,老年人容易对医护人员或照顾者产生过分依赖。生活中过分的照顾和保护,会影响老年人机体正常功能和能力的开发,最终导致功能废用。因此,在老年人的保健和护理服务中,必须防止其过分依赖,要充分调动老年人自身的主观能动性,依靠其自身力量,维护健康,促进康复。

三、老年保健内容

(一)运动

1. 生理意义

运动是延缓衰老、防病抗病、延年益寿的重要手段。具体而言:① 运动能改善心功能。体育锻炼可以加强心肌收缩,改善心肌供氧,减少患冠心病的可能;运动还有助于心脏病患者身体康复,通过有计划地进行锻炼,循序渐进,就有可能慢慢恢复原先健全而活跃的生活。② 运动可预防血管硬化。有病理学家通过相关尸体解剖研究发现,脑力劳动者的各种动脉硬化发生率是14.5%,而体力劳动者只有1.3%。运动可防止胆固醇在血管中沉淀,扩张动脉,减少血块完全堵塞动脉的可能性。③ 运动能提高大脑功能。大脑支配肢体,肢体活动可兴奋大脑,经常运动可提高动脑的效力,提高回忆的效率,从而增强记忆力。此外,运动还是消除焦虑、缓和紧张情绪的灵丹妙药。

2. 运动方式和劳动方式选择原则

(1)选择运动速度和运动量易于控制的运动,如散步、慢跑、做操、游泳、练气功、打太极拳或八段锦、自我按摩操等。不宜选择速度快、强度大的运动,如短跑、跳跃、滚翻、举重、篮球、足球等对抗性和技巧性强的运动。

(2)不要选择引体向上、俯卧撑、举杠铃等有憋气动作的运动。要避免手倒立、头倒立等运动。

(3) 要选择好的运动环境。宜选择在公园、绿化地带或林间。一般情况下不要在马路上、石板地上跑步或进行其他运动。

(4) 要选择适宜的运动时间。在温暖的季节,以清晨为好,这时环境中尘埃较少。在寒冷的季节,则在太阳出来后,空气较为暖和时运动较好,一般以上午9:00～10:00点钟为宜。这一方面可避免太冷的空气对呼吸道的刺激,另一方面空气稍稍暖和后凝滞在地面的有害气体就升腾散去,使空气较为洁净。

3. 适合老年人的运动项目

(1) 散步。这是一种简单且适合老年人的活动方式,运动量适中。通过散步,可以对下肢肌肉、关节进行锻炼、防止肌肉萎缩、保持关节灵活;散步时下肢肌肉一舒一缩,有助血液循环,脉络畅通。散步宜在公园、道路、田野间进行,一般速度的散步每小时消耗能量200千卡,如快步走每小时可消耗300～360千卡,而每消耗能量3500千卡,可使人体内的脂肪减少1磅。散步适合体质较弱、有高血压、心脏病及肥胖症,又不宜进行大运动量锻炼的老人。

(2) 慢跑。慢跑较散步活动量更大,运动效果更好。坚持长跑的老人,肺活量比一般人大10%～20%。慢跑消耗的能量多于散步,因此也是防止身体超重和治疗肥胖的有效方法。慢跑速度开始要慢,最大负荷不超过最大心率的60%～80%。

(3) 倒行步。倒行步又称"逆步术",能减轻腰酸背痛,降低血压,使平时不动的肌肉得到锻炼。

(4) 保健按摩。用双手在身体不同的部位按摩,能促进血液循环,对神经和穴位起良好刺激作用,较适合体弱的老人。但有恶性肿瘤、毒血症、肺结核、精神病等疾病及有出血倾向的患者不适宜做按摩。

(5) 运动和日常生活结合。每天应规定一定的运动量。如最大限度的活动全身关节;每天站立两小时,使骨骼承受纵向的压力,防止骨质疏松;每天爬2层楼梯或提几下重物。活动时,心率应增至120次/分,表示有一定的运动负荷,持续时间至少3分钟。

(6) 其他适合老年人的运动项目,如各种拳操——八段锦、太极拳、练功十八法、木兰拳、气功拳等。

4. 老年人运动的自我监控

运动虽对身体好,但进行运动时要考虑老年人的特点。运动量太少达不到锻炼身体的目的,而运动量太大或太剧烈,也对身体健康有害。所以,老年人进行运动要讲究科学性,要学会判断运动量对自己是否适宜,防止发生危险。

(1) 讲究运动的科学性。运动前要做全面的体检,了解健康状况,以便合理选择运动项目,确定适宜的运动量。运动要循序渐进,运动量要由小到大,每增加一级负荷,都要有适应阶段,但也不能无限制的增加,应根据自己的体质和原来的基础量力而行。开始运动时,宁慢勿快,宁小勿大,宁缓勿急。经过一定时期的适应后,再适当加大运动量。选择的运动项目不宜过多。运动前要做准备活动,运动时要认真、全神贯注,运动后要进行整理活动,切忌过急、过猛、过劳。

以防关节损伤、腰扭伤或骨折。运动要持之以恒,不能"一曝十寒""三天打鱼,两天晒网",要有毅力和决心。

(2) 判断运动量是否合适。老年人自我判断运动量是否适宜的方法有:① 以自我感觉判断。运动量合适的反应,如运动后心胸舒畅,精神愉快,略有疲劳感而无气喘、心跳难受等感觉,饮食有所增加,睡眠有所改善。运动过量的反应,如运动后头痛、恶心、胸部不适,或有勉强参加的感觉,食欲下降,睡眠变差,第二天清晨脉搏加快,疲劳感长期不消除,体重下降等。② 用测定心率的方法判断。

运动强度适宜的心率:170－年龄＝运动时心率数(次/分)。

运动量适宜的心率:运动后最高心率数(次/分)－安静时心率数(次/分)<60(次/分)。

例:一位60岁男性,运动前心率为75(次/分),运动时最高心率为150(次/分)。170－60＝110(次/分),150>110,表示运动强度过度。150－75>60(次/分),表示运动量过大。

(3) 饮食营养。见情境四　任务三

(4) 精神和心理调养。见情境五

(二) 生活方式

1. 饮酒与健康

酒的主要成分是乙醇。饮少量低度酒可兴奋精神,消除疲劳,扩张血管,促进血液循环和消化液的分泌,增进食欲,对人体有益;饮中等量的烈性酒会刺激血循环系统,皮肤发红,心跳加快,增加心脏对氧的消耗,对原有冠心病者容易引起心绞痛、心肌梗死、心律失常和血压波动等,诱发脑血管意外;过量饮酒会引起急性酒精中毒,甚至导致循环功能衰竭、呼吸受抑;长期饮酒会引起慢性胃炎,加重溃疡病,诱发胰腺炎,损伤肝细胞,引起肝硬化;长期酗酒还可干扰营养物质的吸收,造成营养不良,还会增加口腔癌、食道癌、肝癌及其他癌症的危险性。老年人原则上应不饮酒或少饮酒,饮酒宜选低浓度酒,少喝白酒。有心脑血管病、高血压、肝肾病者不宜饮酒。

2. 吸烟与健康

(1) 烟草中含有许多有毒物质,吸烟害己又害人。烟草的烟雾中可分离出3000多种有毒物质。一支香烟燃烧时散发的烟雾中,92%为气体,其中一氧化碳量比工业的最大允许浓度高几百倍;8%为颗粒物,统称为烟焦油,含有尼古丁、醛类、亚硝基类、氯乙烯等致畸致癌物质,从而造成空气污染。被动吸烟所造成的危害有时并不低于吸烟者本人。

(2) 吸烟是导致心血管病、慢性支气管炎、多种癌症(肺、喉、咽、口腔等)和溃疡病等多种疾病的主要危险因素。烟雾中含有多种致癌物质,如环芳烃、亚硝胺、酚等。吸烟者肺癌发病率是不吸烟者的10~15倍,喉癌发病率是不吸烟者的3~15倍,口腔癌发病率是不吸烟者的3~10倍,膀胱癌发病率是不吸烟者的7~10倍。烟中的尼古丁刺激循环系统,可导致血压升高,心率加快,心肌耗氧增加,诱发心绞痛与心肌梗死。吸烟者冠心病的发病率是不吸烟者的 3.5 倍,其死亡率为不吸烟者的 6 倍。世界卫生组织的一项报告指出,全世界有 11 亿吸烟者,因吸烟引起肺癌、慢性阻塞性肺疾病、肺气肿、心脏病和卒中等疾病,每年至少使 250 万人早逝。

(3) 戒烟的方法有以下几种:① 回避法。尽量避开刺激抽烟的场合,不备烟,不收烟。② 转移法。遇到"烟瘾"来时,分散精力,如听音乐、做操等。③ 拖延法。实在想抽烟时,先拖延几分钟,然后再决定是否要抽。④ 饮茶戒烟。需要用烟来"提神"时,以茶代烟。戒烟茶以乌龙茶较好,一般绿茶也可以,还可服一种含鱼腥草的戒烟茶。戒烟初期,茶可喝得浓一些。

3. 生活节律

有规律有节奏的生活对维护健康非常重要。

(1) 睡眠问题。

睡眠是一种生理现象,是大脑主动进入休息的一种功能。

人需要睡眠的时间随年龄和工作情况的不同而异。一般说,睡眠时间随年龄的增长而逐渐减少,老年人的睡眠时间为 6～8 小时。睡眠时间分配一般夜间为 5～6 小时,早睡早起,中午为 1～1.5 小时最佳。现在许多老年人离退休后仍受聘工作,就更要注意保持充足的睡眠。不妨每逢周日比平时多睡 2 个小时,做适当的调整。但是贪睡,放弃运动,对老年人健康也是不利的。过多的睡眠会加速身体各器官的功能退化,降低适应能力,使抵抗力下降,易发各种疾病。

老年人还要讲究睡眠姿势。不要俯睡,俯睡时胸部心脏受压迫,会使呼吸困难,吸氧相对减少。向左侧睡也不可取,向左侧睡时会压迫心脏和胃部,使胃内食物不易进入小肠,不利于食物消化和吸收,特别是在饱餐后。睡时身子稍微弯曲并向右侧较为适宜。这样既能使全身肌肉得到放松,又不压迫心脏,使心、肺、肝、胃、肠都处于自然状态。睡眠时枕头要高低适中。因老年人常有颈椎肥大症,枕头过高,会使颈部过分向前,压迫输往大脑的血管血流,引起头晕、头胀不适。枕头过低会使颈后屈过大,同样也会引起不适。

老年人晚饭后不要多喝水。夜间喝多了水,会导致夜尿增多,加之老年人肾功能减退,尿浓缩功能差,老年男性还常伴有前列腺肥大,会增加夜尿次数。这样不但影响睡眠,而且夜间下床时睡眼惺忪、精神恍惚、光线暗淡,容易跌倒,造成意外伤害。此外,睡前更不宜喝会使人兴奋的浓茶、咖啡之类的饮料。

老年人晚饭不要吃得太饱。常言道:"早吃好,午吃饱,晚吃少。"因为晚餐过饱容易使人发胖,诱发糖尿病和引起动脉硬化。充盈饱满的胃及十二指肠使横膈抬高,会影响心肺功能,影响睡眠质量。

老年人临睡前要用温水泡脚 10～20 分钟,这样既可以清洁皮肤、预防皮肤感染,又可使双脚浸泡在温热水里使足部血管慢慢扩张,促使末梢血液循环,有助于大脑的抑制扩散,起到催眠作用。在寒冷的冬天,冰凉的床褥最好先用热水袋暖和一下,使全身感到暖和、舒服,可睡得安稳。老年人夜生活要适度。另

外,老年人要慎用镇静剂、安眠药,此类药物有依赖性而不易解脱,长期服用对肝、脑均有不良作用。

(2) 服饰问题。

老年人服装造型要符合身份。要显出老年人的端庄大方、谦逊含蓄,有助发挥老年人长者的气质和风度,体现一种成熟美。服装要宽松、合体,线形简练,不紧不松,即上下左右比例对称,以直线结构为主,不附加装饰物,以充分体现老年人的庄重、稳健。衣领设计宜宽松,衬料宜柔软。为适应老年人腹大等特征,老年人的裤子裤腰不宜过小,后裆不宜过宽。

老年人服装宜丰富多彩而又不过分艳丽,既庄重素雅又带些活泼。颜色以单色偏深为宜,下装色彩可深一些,除了常用的黑、灰、白单色调外,淡紫、淡红、淡墨绿、奶黄等颜色都可以选择。凡是选料较为高档的,还是以基本色为好,中国人穿着深藏青、绛红、深中灰、黑色等色调服装,显得较为神气,构成了中国服装的基本色。

老年人衣服色彩要适当变换,不要老穿一种颜色,面料要柔软,以棉为佳。化纤类的布料易产生静电且易脏,不宜作直接接触皮肤的内衣使用。内衣、内裤一般应选择纯棉布料,使穿着感到柔软、舒适,行动也方便。

老年人选择鞋、帽不仅要注意美观,更要注意是否有助健康。较适合老年人穿的是我国传统的布底、布帮的布鞋,其具有保温、透气、防滑、舒适等特点。

(3) 居室问题。

对于老年人来说居室环境尤为重要,老年人的居室环境要强调方便、安全、简洁,同时可以对老年人的居室加以改造,使之更有利于老年人生活。

老年人的居室的朝向,以朝南的房间为佳,冬暖夏凉。而朝北房间"冬冷夏热",老年人周身循环和体温调节机制又较差,因此对健康不利。

老年人的居室要防寒防暑。老年人特别是高龄老年人血液循环差,新陈代谢慢,既不耐热又不挡寒,因此居室的温度不能太冷,也不能太热。一般说21℃是人体最适宜的温度。冬天最好在15℃以上,夏天在30℃以下。

老年人居室要选择合宜的色彩。鲜明色彩的墙壁、地面和明快色彩的家具环境,使人心情愉快。反之处在色调沉闷的居室环境中,可能使人心情抑郁。在居室的色彩中,墙壁颜色是一个主要的方面,对老年人来说,宜以中性色调为主,稍偏暖色,不使用大红大绿等对比强烈的颜色,以营造一个恬静、淡泊、柔和的环境。也可选择一些花卉进行装饰。

老年人的居室要避免或减轻噪声、空气污染。噪声对健康不利,使人烦躁。

(4) 老年人的晚恋问题。

老年人对爱的感受也并未因年龄增长而发生变化,他们跟年轻人一样有着强烈、激昂而温柔的爱。

老年人有正常的性功能,也要有正常的性生活。有人认为老人性腺功能减退了,不会有性需求。其实,男女性激素的分泌量与实际性行为之间没有必然的联系,而大脑的功能、彼此爱恋的感情在性活动中起着重要的作用。众多研究表明,性生活的满足在任何年龄阶段都是可能的。虽然男性在60岁后性唤

起较慢,勃起要较长时间,射精出现较慢,但甚至到80岁后其仍可进行充分的性活动。同样,女性在60岁后对性刺激反应降低,但女性达到性高潮的能力却并无下降。生理学家也指出,人到百岁仍有性功能。

人类学家、人口学家的研究都发现,长寿者往往家庭美满,夫妇健在。相反,未婚、鳏寡者,各种疾病的发病率及自杀的发生率都高于夫妇相伴的老年人。由此可见,老年人过好晚恋生活十分重要。

(三)慢性病

老年人是慢性病的高发人群。目前我国慢性病发病率呈上升趋势,以高血压、卒中、冠心病、肿瘤为甚。60岁以上的老年人中,3/4的老人都有一种或几种慢性病。不少老年人因高血压、冠心病、卒中而丧失生活自理能力。慢性病对老年人的生命造成了严重危害,影响了老年人的生活质量,慢性病的防治是减少发病、降低病死率、提高老年人健康质量的有效途径。

老年慢性病的自我保健要注意以下几点:

(1) 未病防治。积极消除各种对人体有害的因素,提高人体对外界环境的适应能力,掌握一些常见病的预防方法。例如,老年女性要学会如何检查自己的乳房,以早期发现肿块;不要接受来路不正、无正规医师指导或尚有争议的药物;要保留好自己的健康记录;懂得一些重要生命体征的正常值,如血压、体温、脉搏等。

(2) 有病即治。有了病要及时诊治,慢性病要坚持治疗,防止发展和恶化。

(3) 减轻疾病带来的致残程度。例如,卒中后偏瘫,要早期进行康复治疗。

(4) 加强自我健康监测和评估。学习和了解一些基本的医学常识,掌握一些家用医疗仪器的用法,比如血压仪、血糖仪。对于患有高血压、糖尿病等常见慢性疾病的老年人,尽量做到在家也能够随时监控自己的血压和血糖情况,指标出现异常能够早发现早就医。

思考题

1. 如何帮助老年人提高自理能力?
2. 老年人常见疾病的预防方法有哪些?
3. 怎样保证老年人的安全?
4. 适宜老年人的运动方式有哪些?老年人在运动时要注意些什么?

内容小结

1. 在制订老年人日常生活照料和护理计划时,需全面了解老年人的身体状况。我们可以通过健康史采集、体格检查、功能状态评估及实验室检查等方法全面了解和评估老年人身体健康状况。

2. 在对老年人进行日常生活照料时需满足老年人的生理、安全、爱与归属、受尊重及自我价值实现的需求;老年人生活照料的内容包括:环境照料、饮食照料、排泄照料、睡眠照料、清洁照料、压疮预防与照料。

3. 在老年人的营养与膳食照料中,需特别注意老年人在六大营养素方面的特殊需求,针对不同的需要量,编制适合老年人的营养食谱,养成良好的饮食习惯。

4. 老年病存在起病隐匿、发展缓慢、症状体征不典型,多种疾病同时存在、病情复杂,病情发展迅速,容易出现危象,病程长、康复慢和并发症多等特点,因此非常需要重视老年常见的疾病预防方法。

5. 老年人由于疾病及衰老等原因无法独立完成日常生活活动时,需要他人提供帮助和护理。在对老年人进行护理时,需要注意关注老年人的主动性、保护老年人的安全、关怀老年人的个别性。护理的内容包括:基础护理、疾病护理、康复护理和临终护理。

6. 为最大限度地延长老年人独立生活自理的时间,提高老年人生命质量,我们可以让老年人在日常生活中注意自我保健,如:保持运动、注意饮食营养、进行精神和心理的调养、采取科学合理的生活方式、加强自我健康监测预防慢性病等。

情境五
老年心理健康维护

能力目标

本部分知识内容可采用案例讨论、小组讨论、角色扮演、情景模拟、社会调查等多种形式组织学习,旨在培养:

1. 与人沟通的能力,特别是与老年人沟通的能力;
2. 自我学习的能力、对专业知识灵活运用的能力;
3. 全面看待问题与解决问题的能力。

知识目标

通过学习本部分内容,应能够:

1. 了解老年心理健康的概念与标准;
2. 了解老年心理健康评估的原则、方法和技巧,以及老年心理健康评估的内容;
3. 了解影响老年人心理健康的因素,初步判断老年心理疾病引发的原因,了解老年心理疾病预防的方法;
4. 认识和了解老年心理疾病的类型、主要症状,了解老年心理疾病干预及治疗的方法。

- 任务一　老年心理健康评估
- 任务二　老年心理疾病预防
- 任务三　老年心理疾病干预

情境五 老年心理健康维护

任务一 老年心理健康评估

【情境导入】

李大妈今年63岁,往日精神头不错、爱锻炼、爱串门聊家常的她近几个月变得不爱运动,而且动作缓慢,平常做熟的家务劳动也要很长时间才能完成,还不爱主动讲话,每次都以简短的话答复家人的问话。她还总是说身体不舒服,面部表情变化少,有时双眼呆滞,对身边的事常常无动于衷,只有在提及她故去的老伴时,她才眼含泪花,讲起许多事情自己都做不了,想不起怎么做,头脑一片空白。家人带她到医院检查了几次也未诊断出问题,最后家人在朋友的建议下来到某医院精神科就诊,经医生诊断,李大妈患上了老年抑郁症。

（参考资料：作者根据网络资料改编）

【任务描述】

1. 上述情境中李大妈经医生诊断患上的是老年抑郁症,请问你对"老年抑郁症"的了解有多少？

2. 小组讨论：在你生活的周围,有没有遇到过老年抑郁症患者？他们有哪些症状表现？

3. 思考并讨论：我们如何界定"老年抑郁症"？老年抑郁症对老年人的心理健康会造成怎样的影响？老年心理疾病除了抑郁症外,还有其他哪些病症？其表现如何？

【任务实施】

1. 分小组讨论,并汇报讨论结果。

2. 学习知识链接的内容,并解答上述"思考并讨论"中所提出的问题。

【任务思考】

通过本节的学习,你对老年抑郁症有了怎样的认识和理解？是否与你以前的认识有所不同？

【知识链接】

人进入老年后机体衰老加快、疾病增多、面临死亡的威胁。这些变化对老年人的感觉、知觉、注意力、记忆力、思维、情绪、性格等不同层次的心理都会产生影响。现在老年人衣食住行等低层次的需求基本都能得到保障,而高层次需求的满足如精神和心理需求变得更为迫切。我国当代老年群体文化水平总体较低,对当前快速发展和不断变革的社会适应能力较差,加上老年人生理机能衰退、社会参与能力下降、经济来源不足等现实情况,使老年人的心理健康受到很多的影响与威胁。特别是近年来随着我国工业化的发展,社会和家庭结构发生了明显的变化,我国老年群体中增加了新的特殊群体如留守老人和空巢老人。这些老年人独自在家，如果长期不跟外界接触，容易出现孤独、焦躁不安、与外人交流困难等症状。长此以往，老年人容易出现老年期痴呆、抑郁症、精神分裂症，或其他如情绪障碍、滥用药物及酗酒等心理问题，不仅影响身心健康甚至威胁生命。

随着患心理疾病的老年人日益增多，老年人心理健康问题也得到了社会的广泛关注，特别在医疗卫生方面从以前主要强调生理健康，转变到现在提倡从生理、心理和社会三方面维护和促进人类健康。由此，人们对心理健康问题的认识，也从过去的一无所知，发展到今日有所认识并越来越重视。

上述案例中张大妈经医生诊断患上了心理疾病，那对于从事老年服务与管理工作的我们，在日常工作中，如何通过对老年人行为的观察、语言的交流及其他方式去判断老年人心理健康状况，这就需要我们了解老年心理健康的概念与标准，老年心理健康的评估原则、方法与技巧，老年心理健康评估的内容等相关知识。

一、老年心理健康的概念与标准

（一）心理健康的概念

心理健康，也称心理卫生，目前包括三层含义。一是指一门学科，即心理卫生学；二是指心理健康状态，如一个人具有积极稳定的情绪、健全的个性和良好的社会适应能力；三是指专业或实践，即心理卫生工作，如采取积极有益的教育和措施，维护和改进人们的心理状态以适应当前和发展的社会环境。

心理健康的工作目标有狭义与广义之分。狭义地讲，心理健康的工作目标是指预防和矫治各种心理障碍与心理疾病。广义地讲，心理健康的工作目标是指维护和促进心理健康，提高人类对社会生活的适应与改造能力。

随着心理健康运动的推广和深入，心理健康的"三级预防"功能被提出。初级预防是向人们提供心理健康知识，以防止和减少心理疾病的发生；二级预防是尽早发现心理疾病并提供心理与医学的干预；三级预防是设法减轻慢性精神病人的残疾程度，提高其社会适应能力。因此，心理健康工作也具有三级功能：初级功能——防治心理疾病；中级功能——完善心理调节；高级功能——发展健康的个体与社会。

心理健康运动已在全世界范围开展，具有十分重大的意义。首先，心理健康运动有助于心理疾病的防治。随着社会的变革，心理疾病的发病率呈上升趋势，心理健康运动的开展，将有助于人们更好地适应社会，从而减少心理疾病的发生。其次，它有助于人的心理健康的发展。一般说来，心理健康者的工作效率高于心理不健康者，更为重要的是，心理健康者更能承受挫折和逆境。最后，它有助于推动精神文明的建设。心理健康事业是精神文明建设的重要组成部分，是建设精神文明的基石。

（二）心理健康的标准

关于心理健康的标准，许多学者提出了不同的看法，其中影响比较大的有马斯洛与米特尔曼提出的心理健康的十条标准。

(1) 有充分的适应力；
(2) 充分了解自己，并对自己的能力做恰当的估计；
(3) 生活目标能切合实际；
(4) 与现实环境保持接触；
(5) 能保持人格的完整与和谐；
(6) 具有从经验中学习的能力；
(7) 能保持良好的人际关系；
(8) 适度的情绪发泄与控制；
(9) 在不违背集体意志的前提下，能做有限度的个性发挥；
(10) 在不违背社会规范的情况下，对个人的基本需求能恰当满足。

我国一些学者提出的心理健康的标准包括以下五个方面。

(1) 智力正常：包括分布在智力正态分布曲线之内者以及能对日常生活作出正常反应的智力超常者。

(2) 情绪良好：包括能够经常保持愉快、开朗、自信的心情，善于从生活中寻求乐趣，对生活充满希望。一旦有了负面情绪，能够并善于调整过来，具有情绪的稳定性。

(3) 人际和谐：包括乐于与人交结，既有稳定而广泛的人际关系，又有知己的朋友；在交往中保持独立而完整的人格，有自知之明，不卑不亢；能客观评价别人，宽以待人，乐于助人。

(4) 适应环境：包括有积极的处世态度，与社会广泛接触，对社会现状有比较清晰正确的认识，其心理行为能适应社会改革变化的进步趋势，勇于改造现实环境，达到自我实现与社会奉献的协调统一。

(5) 人格完整：心理健康的最终目标是培养健全的人格和保持人格的完整，包括人格的各个结构要素不存在明显的缺陷与偏差；具有清醒的自我意识，不产生自我同一性混乱；以积极进取的人生观作为人格的核心，有相对完整的心理特征等。

(三) 老年心理健康的标准

人到老年，随着生理老化和社会角色变化，心理也将产生一系列变化。综合国内外心理学专家对老年人心理健康标准的研究，结合我国老年人的实际情况，老年人心理健康的标准基本可以从五个方面评定：

1. 有正常的感觉和知觉，有正常的思维，有良好的记忆

在判断事物时，基本准确，不发生错觉；在回忆往事时，记忆清晰，不发生大的遗忘；在分析问题时，条理清晰，不出现逻辑混乱；在回答问题时，能对答自如，不答非所问；在平时生活中，有比较丰富的想象力，并善于用想象力为自己设计一个愉快的奋斗目标。

2. 有健全的人格，情绪稳定，意志坚强

积极的情绪多于消极的情绪，能够正确评价自己和外界的事物，能够控制自己的行为，办事较少出现盲目和冲动的情况。意志力非常坚强，能经得

起外界事物的强烈刺激。在悲痛时能找到发泄的方法,而不至于被悲痛压倒。在欢乐时能有节制地欢欣鼓舞,而不是得意忘形和过分激动。遇到困难时,能沉着地运用自己的意志和经验去克服,而不是一味地唉声叹气或怨天尤人。

3. 有良好的人际关系

乐于帮助他人,也乐于接受他人的帮助。在家中能与家人保持情感上的融洽,能得到家人发自内心的理解和尊重。在外面,与过去的朋友和现在结识的朋友都能保持良好的关系。对人不求全责备,不过分要求他人,对别人不是敌视态度,而是以与人为善的态度与他人交往。无论在正式群体内,还是在非正式群体内,都有集体荣誉感和社会责任感。

4. 能正确地认知社会,与大多数人的心理活动相一致

对社会的看法、对改革的态度、对国内外形势的分析、对社会道德伦理的认识等,都能与社会上大多数人的态度基本上保持一致。

5. 能保持正常的行为

能坚持正常的生活、工作、学习、娱乐等活动。一切行为符合自己在各种场合的身份和角色。

二、老年心理健康评估的原则、方法与技巧

心理评估是运用心理学的方法和技术,对评估对象的心理特质(认知、情绪、个性、能力、行为方式等)及存在的心理障碍进行检查和评定,从而确定其正常或异常,以及找出出现异常的原因、性质和程度,以帮助临床做出判断的一种综合诊断的方法,它是开启心理咨询、心理治疗的必要前提和重要基础。

心理评估在心理学、医学、教育、人力资源、军事司法等部门有多种用途。其中为临床医学目的所用时,称为临床心理评估。我国临床心理评估在心理或医学诊断、心理障碍的防治措施的制定、疗效判断等方面广泛应用,也是心理学和医学研究的常用方法。

由于心理现象相对复杂,受主观因素影响较大,要做好心理评估对心理评估人员的技术和心理素质要求都比较高。在技术方面,要求其对心理学、病理心理学及其他与健康和疾病关系的知识有系统的了解,对心理评估理论和操作有较好的掌握,要有与各种年龄、教育水平、职业性质、社会地位及各种疾病的人交往的经验。在心理素质方面,要求其具备健康的人格,乐于并善于与人交往,愿意助人,尊重人。心理评估人员如果不具备这些素质,便很难与评估对象建立良好的关系,会影响心理评估的进行,或者得到错误的评估结果。

(一) 老年心理健康评估的原则

在进行老年心理健康评估过程中,评估人员应遵循以下几条原则。

(1) 认真客观的态度。

心理评估工作既涉及老年人切身利益(健康问题和法律规定的某些权利),又涉及执法问题如司法鉴定等,要持严肃认真、客观慎重的态度。

(2) 保护老年人利益。

心理评估工作会接触老年人的个人隐私，评估人员要尊重他们的人格，保守他们的秘密。但对他人或自身有危害的，要用适当方式引起他们注意并让他们知道其行为的后果，以免增加他们的痛苦和损失。

(3) 管理好心理评估工具。

标准化心理测验如智商测验是受管制的测量工具，只有具有测验资格者才能独立使用和保存，不允许向无关人员泄露测验内容。

(二) 老年心理健康评估的方法

临床上常用的评估方法有观察法、会谈法、个案法、心理测验与评定量表法。

1. 观察法

观察法是在自然条件下，借助感官对病人的言语、表情、动作、姿态等心理行为表现进行有目的、有计划、有系统的观察，并在所得资料基础上分析、研究病人的心理活动及其规律性的方法。其优点是使用方便，所得资料来自日常生活，比较真实可靠；缺点是观察者比较被动，要消极等待所观察的心理活动自然出现。同时由于被观察者的心理行为易出现随意性、偶然性，不能做精确的重复观察及定量分析，如果观察时间较短，易造成主观臆断。为此，观察者必须结合其他方法以弥补其不足。

2. 会谈法

会谈法是基本的心理诊断方法之一，在临床上兼有诊断与治疗两种功能。通过会谈，了解和掌握病人的心理问题或心理异常表现的性质及产生的原因、病前的生活经历和遭遇、病人的性格特点和行为习惯等，达到诊断目的。

会谈有两种方式——结构式会谈和非结构式会谈，前者编制出提纲，依次提出问题，让病人按序回答；后者则以自由的方式，不按固定的提纲进行提问和回答。可根据病人的心理特点，灵活运用两种方式。

3. 个案法

个案法是依靠广泛收集与病人有关的个案资料，通过系统的分析，查清病人心理障碍的表现及其产生的原因和机制，从而对疾病作出判断的方法。它也是心理学研究的基本方法之一。其优点是能对病人的心理行为特征做出全面、深入、系统的观察与分析。

4. 心理测验与评定量表法

心理测验与评定量表法都是用来量化个体的心理行为特征的工具，是心理诊断中常用且科学的检查评估方法。心理测验与评定量表法在性质上接近，二者之间无绝对界限。有些评定表（如人格测验中的自陈量表、心理发展量表等）既可作为测验量表，又可作为评定量表。

但从狭义上来理解，心理测验与评定量表又是有区别的。心理测验更接近实验室方法，是用标准的测验手段，在严格控制条件的情况下，从横断面对受测者的行为进行取样，其标准化程度更高，信度、效度高；而评定量表偏向临床观察、会谈的方法,是纵向地对受测者的行为进行取样。量表各项目描述精细,内容全面,信息量大,操作简便而且可以团体实施。但有些评定量表标准化程度相对较差,其信度、效度也不像心理测验那样经过了严格的检验,故临床应用中应注意量表的选择,以保证测量结果的科学性。

(三) 老年心理健康评估的技巧——量表的使用

在心理学理论研究和临床实践中,需要对社会中的群体或个体的心理行为进行观察,使用一定的工具将这些心理行为进行量化,并对其进行评价和解释,这一过程中所使用的工具就是评估量表。评估量表从心理计量学中衍生出来,是进行心理评估和研究的常用工具,具有数量化、客观、可比较和简便易用等特点。它主要以实用为目的,没有严格的理论背景,可直接使用原始分进行评定,无须转换成标准分数。因此大多时候它是作为筛查工具使用,而不是诊断工具。量表可以分为他评量表和自评量表。

1. 他评量表

他评量表填表人为评定者,评定者一般由专业人员担任,如心理评估工作者、医师或者护士等。评定者既可根据自己的观察,也可询问知情者的意见,或者综合这两方面情况对受评者加以评定。评定者必须具有与所使用量表内容有关的专业知识,并需要接受严格的训练。

2. 自评量表

自评量表填表人为受评者自己,受评者对照量表的各项目陈述选择符合自己情况的答案,并做出程度判断。自评量表可用于团体测量,但要求受评者有一定的阅读理解能力。

下面将介绍一个自评量表的案例——90项症状自评量表(SCL-90)(参见附表3)。90项症状自评量表(SCL-90)包含较广泛的精神症状学内容,涉及感觉、思维、意识、情绪、行为及生活习惯、人际关系、饮食睡眠等多个方面。该表能较准确地评估患者的自觉症状,较准确地反映患者的病情及其严重程度,所以可以作为评估心理问题的一种手段,以了解患者的精神症状。它具有容量大、反映症状丰富、更能准确刻画受评者的自觉症状等特点。其适用对象包括从初中生至成人,不适合于躁狂症和精神分裂症患者。

它的每一个项目均采取1~5级评分,具体说明如下:

无:自觉并无该项问题(症状);

轻度:自觉有该问题,但发生得并不频繁、严重;

中度:自觉有该项症状,其严重程度为轻到中度;

相当重:自觉常有该项症状,其程度为中到严重;

严重:自觉该症状的频度和强度都十分严重。

这里的"轻、中、重"的具体含义应该由受评者自己去体会,不必做硬性规定。

该量表包括90个条目,共9个因子,即躯体化、强迫症状、人际关系敏感、抑郁、焦虑、敌对、恐怖、偏执和精神病性。

(1) 躯体化：包括(1)(4)(12)(27)(40)(42)(48)(49)(52)(53)(56)和(58)，共12项，主要反映主观的身体不适感。

(2) 强迫症状：包括(3)(9)(10)(28)(38)(45)(46)(51)(55)和(65)，共10项，主要反映临床上的强迫症状群。

(3) 人际关系敏感：包括(6)(21)(34)(36)(37)(41)(61)(69)和(73)，共9项，主要反映某些个人不自在感和自卑感，尤其是在与其他人相比较时更突出。

(4) 抑郁：包括(5)(14)(15)(20)(22)(26)(29)(30)(31)(32)(54)(71)和(79)，共13项，主要反映与临床上抑郁症状群相联系的广泛的概念。

(5) 焦虑：包括(2)(17)(23)(33)(39)(57)(72)(78)(80)和(86)，共10项，主要反映临床上明显与焦虑症状群相联系的精神症状及体验。

(6) 敌对：包括(11)(24)(63)(67)(74)和(81)，共6项，主要从思维，情感及行为三方面来反映病人的敌对表现。

(7) 恐怖：包括(13)(25)(47)(50)(70)(75)和(82)，共7项，与传统的恐怖状态或广场恐怖所反映的内容基本一致。

(8) 偏执：包括(8)(18)(43)(68)(76)和(83)，共6项，主要反映猜疑和关系妄想等。

(9) 精神病性：包括(7)(16)(35)(62)(77)(84)(85)(87)(88)和(90)，共10项，其中幻听，思维播散，被洞悉感等反映精神分裂样症状。

还有(19)(44)(59)(60)(64)(66)及(89)共7个项目，未能归入上述因子，它们主要反映睡眠及饮食情况。在有些资料分析中，将之归为因子10"其他"。

三、老年心理健康评估的内容

随着年龄增长，老年人自身的生理状况会发生变化，所处的社会环境也会发生变化，从而影响老年人的心理状况。如何维护老年人的心理健康，需要综合考虑各方面因素，全面分析影响老年人心理健康的因素，从而掌握老年人心理变化状况，有效提出维护老年人心理健康的措施和方法。因此，从事老年服务的工作者可以参考和借鉴临床心理评估的方法，对老年人进行初步的心理诊断，从而了解老年人的心理健康状况，以便更好地开展工作。以下简单介绍临床心理评估的方法。

(一) 智力与智商的评估

智力主要是指获得知识的能力，保持知识的能力，理解和推理能力，应付新情境和解决问题的能力。

在智力测验中，根据被测者正确回答项目的多少，可以得到被测者得分多少，但这个原始分仍不能表示被测者智力水平的高低，只能把原始分数转换成智力分数才能说明被测者的智力水平，以下是几个用来表示智力水平的参数：

(1) 项目数：指根据被测者通过智力测验项目的多少来表示智力水平。

(2) 智力年龄：简称智龄，指智力达到某一年龄水平。比奈认为智力随年龄而系统地增长。每一年龄的智力可用该年龄大部分儿童能够完成的智力作业题来表示。如一个人的智龄是10岁,即表示他的智力与10岁儿童的平均智力相等。

(3) 智商(Intelligence Quotient,IQ):1916年,美国斯坦福大学特曼教授首次提出以"智商"为智力单位,智商即指智力年龄(Mental Age,MA)与实足年龄(Chronological Age,CA)两者的比率,以此表示智力的相对水平。其计算公式为:

$$IQ=MA/CA\times 100$$

常用的智力测验量表有比奈量表系列、韦氏量表。

(二) 人格(个性)

人格(个性)是指一个人的精神面貌,即一个人在一定社会条件下形成的、具有一定倾向性的、稳定的心理特征的总和。这一定义认为人的许多心理特征不是孤立存在的,而是在需要、动机、兴趣、信念和世界观等心理倾向性制约下构成一个稳定的有机整体。

常用的人格测验方法有:问卷法和投射法,问卷法也称自测量表,常用的自测量表有明尼苏达多相人格量表、艾森克人格问卷、加利福尼亚心理调查表、卡特尔人格测验等;常用的投射法有罗夏墨迹测验和主题统觉测验等。

1. 明尼苏达多相人格量表

由美国明尼苏达大学教授哈萨威和麦克金里编制,内容包括健康状态、情绪反应、社会态度、心身性症状、家庭婚姻问题等26类问题,可鉴别强迫症、偏执狂、精神分裂症、抑郁性精神病等,常用的临床量表如下:

(1) 疑病量表。

测量被试者疑病倾向及对身体健康的不正常关心。高分表示被试者有许多身体上的不适、不愉快、自我为中心、敌意、寻求注意等。

条目举例:我常会恶心呕吐。

(2) 抑郁量表。

测量被试者情绪低落、焦虑问题。高分表示被试者情绪低落,缺乏自信,有自杀倾向,有轻度焦虑和激动。

条目举例:我常有很多心事。

(3) 癔症量表。

测量被试者对心身症状的关注和敏感,自我为中心等问题。高分反映被试者自我为中心、自大、自私,期待别人给予更多的注意和爱抚,对人的关系是肤浅、幼稚的。

条目举例:每星期至少有一两次,我觉得周身会无缘无故地发热。

(4) 精神病态性偏倚量表。

测量被试者的社会行为偏离特点。高分反映被试者脱离一般社会道德规范,无视社会习俗,社会适应性差,冲动,有敌意,具有攻击性倾向。

条目举例:我童年时期中,有一段时间偷过人家的东西。

(5) 男子气或女子气量表。

测量男子女性化、女子男性化倾向。男性高分反映其有敏感、爱美、被动等女性化倾向,女性高分反映其有粗鲁、好攻击、自信、缺乏情感、不敏感等男性化倾向。

条目举例:和我性别相同的人最容易喜欢我。

(6) 妄想量表。

测量被试者是否具有病理性思维。高分提示被试者常表现多疑、过分敏感,甚至存在妄想等心理疾病,平时常指责别人而很少内疚,有时可表现强词夺理、有敌意、愤怒,甚至侵犯他人。

条目举例:有人想害我。

(7) 精神衰弱量表。

测量被试者是否存在精神衰弱、强迫、恐惧或焦虑等神经症症状。高分提示被试者有强迫观念、严重焦虑、高度紧张、恐惧等反应。

条目举例:我似乎比别人更难集中注意力。

(8) 精神分裂症量表。

测量被试者是否存在思维异常和古怪行为等精神分裂症的一些临床表现。高分提示被试者行为退缩、思维古怪,可能存在幻觉妄想、情感不稳。

条目举例:有时我会哭一阵笑一阵,自己一点也不能控制。

(9) 躁狂量表。

测量被试者是否存在情绪紧张、过度兴奋、易激惹等轻躁狂症的症状。高分反映被试者联想过多过快,喜欢夸大而情绪高昂,易激惹,活动过多,精力过分充沛,过分乐观,不受拘束等特点。

条目举例:我是个重要人物。

(10) 社会内向量表。

测量被试者的社会化倾向。高分提示被试者性格内向,胆小,不善社交活动,过分自我控制等;低分反映被试者性格外向。

条目举例:但愿我不要太害羞。

2. 艾森克人格问卷

艾森克人格问卷是英国学者艾森克根据其人格 3 个维度的理论,于 1975 年在其 1952 年和 1964 年两个版本基础上增加而成,在国际上被广为应用。艾森克人格问卷成人版适用于测查 16 岁以上的人群,儿童版适用于 7~15 岁儿童。国外艾森克人格问卷成人版 101 项,儿童版有 97 项。我国龚耀先的修订后的成人版和儿童版均为 88 项,陈仲庚修订后的成人版有 85 项。

艾森克人格问卷由 3 个人格维度和 1 个效度量表组成。

(1) 神经质(N)维度。

测量被试者的情绪稳定性。高分反映被试者易焦虑,有抑郁和较强烈的情绪反应倾向。

条目举例:你容易激动吗?

(2) 内外向(E)维度。

测量被试者的内向和外向人格特征。高分反映被试者个性外向,具有好交际、热情、冲动等特征;低分反映被试者个性内向,具有好静、稳重、不善言谈等特征。

条目举例：你是否健谈？

(3) 精神质(P)维度。

测量被试者是否有与精神病理有关的人格特征。高分反映被试者可能具有孤独、缺乏同情心、不关心他人、难以适应外部环境、好攻击、与别人不友好等特征，也可能具有与众不同的人格特征。

条目举例：你是否在晚上小心翼翼地关好门窗？

(4) 掩饰(L)量表。

测量被试者是否遵从社会习俗及道德规范等。在国外，高分表明被试者掩饰、隐瞒，但在我国，高分的意义仍未明了。

条目举例：你曾拿过别人的东西(哪怕一针一线)吗？

艾森克人格问卷结果采用标准 T 分表示，根据各维度 T 分高低判断人格倾向和特征。还将 N 维度和 E 维度组合，进一步分出外向稳定(多血质)、外向不稳定(胆汁质)、内向稳定(黏液质)、内向不稳定(抑郁质)4 种人格特征，各型之间还有移行型。

艾森克人格问卷为自评量表，实施方便，有时也可作团体测验，是我国临床应用最为广泛的人格测验。但其条目较少，反映的信息量也相对较少，故反映的人格特征类型有限。

除此以外，还有卡特尔 16 项人格因素问卷可以测量人格特征。罗夏墨迹测验(投射测验的一种)主要是用于鉴别精神分裂症与其他精神病，通过观察个体对一些模糊的或者无结构的材料所做出的反应，来测验被试者的想象而将其心理活动从内心深处暴露或投射出来，从而使评定者得以了解被试者的人格特征和心理冲突。罗夏墨迹测验在临床上很有价值，但其记分和解释方法复杂，经验性成分多，评定者需要长期的训练和经验才能逐渐正确掌握。

四、老年心理学相关知识介绍

(一) 老年心理学的定义

老年心理学是研究老年期个体心理活动的特点、变化及其变化规律的一个发展心理学分支。它也是新兴的老年学，是老年医学的重要组成部分之一。

老年心理学研究的是"老年"这一特定时期的医学与心理学相交叉的问题，因此，是心理学的分支，也是医学的分支。从医学的研究范围来看，老年心理学仅研究医学中的心理行为问题，包括各种老年病人的心理行为特点、老年病人的心理行为变化等；从心理学的研究范围来看，老年心理学研究的重点是如何把心理学的系统知识和技术应用于老年医学领域，包括临床应用。实际上，老年心理学偏重于对正常老年人的行为的研究，而对于严重变态行为的研究，则主要属于老年精神病学的研究范围。

(二) 老年心理学的学科性质

老年心理学是涉及多学科知识的一门交叉学科，它既是医学基础学科，又是临床应用学科。

情境五　老年心理健康维护

医学心理学是医学与心理行为科学的交叉学科。就医学来说,医学心理学涉及基础医学(如神经生物学、病理生理学)、临床医学(含内、外、妇、儿、耳鼻喉、眼、皮肤、神经精神等各科)、预防医学和康复医学等许多医学课程中的有关基础知识。就心理行为科学来说,医学心理学涉及普通心理学、实验心理学、发展心理学、教育心理学、社会心理学、人类学、社会学等领域的相关知识。

老年心理学中,有关行为神经学基础的内容涉及生物学和神经科学等基础学科的知识;而语言、交际、婚姻、家庭、社区等方面的心理行为问题,则与人类学、社会学、生态学等社会科学知识有关。因此,老年心理学的许多基本概念来自普通心理学,甚至来自医学心理学。

由于老年心理学具有多学科的性质,所以在学习过程中必须特别强调老年心理学与相关知识之间的联系。老年心理学只有与这些学科密切联系才会得到深入的发展。近几年来,心理学与临床医学的结合已取得了一些成绩,一些临床医生已经成功地转型为侧重于心理方面的临床心理专家。

老年心理学揭示老年行为的生物学和社会学本质,探究心理活动和生物活动的相互作用,以及它们对健康和疾病的发生、发展、转归的作用规律,并寻求战胜疾病、延年益寿的基本心理途径,为整个医学事业提出心身相关的辩证观点和科学方法。

老年心理学属于应用学科。其应用范围是老年心理学的知识、理论与技术,可以结合应用于医学的各个工作领域。例如,心身相关的知识和技术有助于拓宽传统生理学的研究领域,也能够为临床提供更符合现代医疗模式的诊疗思路和方法。实际上,老年心理学可以在包括医院、疗养院、康复中心、防疫机构、健康服务中心、企事业单位和学校的保健部门等各个部门的工作中得到应用。同时,老年心理学的知识与技术,可以独立应用于社会群体,以帮助人们解决与健康有关的心理问题。

从事老年服务与管理方面工作的人员,需要学习老年心理学相关知识,多方位地了解老年人的心理特点、行为方式和思维特点,才能更好地与老年人进行沟通与交流。如果我们能够及时了解老年人的心理变化过程,一旦其心理活动出现衰退、偏差、异常、障碍,便可采取相关措施来指导他们进行自我调节,并通过提供各种相关服务,增强老年人心理健康的因素和信心,使其正确处理家庭生活关系,增进生活情趣,防止心身疾病,从而让更多的老年人度过更加愉快的晚年生活。

思考题

1. 请结合老年心理健康标准,简单分析张大妈的心理健康状况。
2. 在本节知识的学习中,你认为还需要补充哪些相关知识?

任务二　老年心理疾病预防

情境导入

张开国,70岁,城中村改造后跟着儿子"进了城",他经常一个人感到无聊,因为儿子和儿媳妇每天下班后不是看电视就是玩电脑,没有时间陪伴他,每天跟他说话最多的是菜场卖菜的师傅。

有记者曾调查发现约四分之一的老年人精神生活欠缺。通过随机采访,很多年轻人表示大概清楚父母的健康状况,但对平时吃药和饮食禁忌知晓不多,至于对父母喜欢的运动、最向往的旅游胜地、喜欢看什么类型的电视剧这类问题,一无所知的不在少数。尤其在部分中年市民中,可能由于家庭负担较大,既要兼顾工作又要照顾家庭和孩子,容易忽略关爱父母。

(参考资料:荆楚网.武汉一老人抱怨跟我说话最多的是卖菜的师傅.http://hb.qq.com/a/20121018/001034.htm.引用日期:2020-11-05.有删改)

【任务描述】

1. 查找相关资料了解目前我国老年人心理健康状况。

2. 小组讨论:随着我国人口老龄化速度的加快,如果老年人问题日益增多,特别是老年心理健康问题,这对我国经济和社会的发展会带来哪些影响?

3. 思考:为什么现代社会中,越来越多的老年人患上心理疾病?

【任务实施】

1. 把搜集到的相关资料整理成调研分析报告。

2. 分小组汇报讨论结果。

【任务思考】

社会是一个复杂的系统,我们该如何全面、系统地认识很多社会问题的存在?

【知识链接】

人到老年,生理、心理、生活环境和人际关系等都会发生许多变化,会带来许多新的问题,这些问题容易使老年人心理状态失去平衡,影响身心健康。老年人维护心理健康的首要任务就是预防心理疾病。老年心理疾病预防,具体而言就是:运用医学、心理学、社会学等相关知识,通过各种方式与手段,研究老年人心理健康影响因素、作用规律及其相互作用,从而制定相关预防策略和措施,达到预防心理疾病、增进心理健康、延长寿命、提高生命质量的目的。

所以老年心理疾病预防可分两个步骤,一是研究老年人心理健康影响因素;二是根据影响因素作用的规律,制定预防的策略和措施。

一、影响老年人心理健康的因素

老年人的心理健康会受到个人、家庭、社区、社会等多方面因素影响,主要包括以下四个方面。

(一) 个人因素

个人因素方面主要有以下三点。

1. 生理功能衰退

老年人随着年龄的增加,各种生理功能减退,并出现一些老化现象,如神经组织,尤其是脑细胞逐渐发生萎缩并减少,导致精神活动减弱、记忆力减退、感官系统功能退化、视力及听力下降、反应迟钝;同时,由于骨骼和肌肉系统功能减退,运动能力也随之降低,由此可导致老年人产生焦虑、抑郁等各种心理问题。

2. 疾病引发的消极心理

老年人的生理功能逐渐减退,一处功能异常往往引起其他器官发生障碍,因此,老年人身上常有多种疾病并存。据调查,60岁以上老年人中有75%以上至少患有一种慢性疾病,因慢性疾病而影响活动能力的比例随年龄增长而增加。疾病的痛苦及活动能力的受限,使许多老年人有消极情绪,心理健康水平降低。

3. 离退休综合征

离退休综合征是指老年人离退休后,不能适应社会角色的转换,在心理或躯体方面出现异常和障碍的现象。很多老年人离退休后不适应,出现孤独、寂寞、失落、焦虑、抑郁和烦躁等负性情绪。

(二) 家庭因素

家庭环境包括伴侣与子女。有研究指出伴侣的支持是影响老年人心理健康的重要因素。家庭完整的老年人有较高的生活满意度,在心理方面也没有严重的问题,总体生活充满乐趣,感觉比较幸福。无偶老年人心理不健康的可能性比有偶老年人大,尤其是大多数丧偶老年人从配偶那里得到的支持、安慰、体贴和照料突然消失,这容易造成严重的心理创伤。如果无偶老人有子女的照顾还能缓解痛苦,若无子女照顾的孤寡老人,则通常都存在明显的心理问题。

(三) 社区因素

社区支持对老年人的心理健康也会产生很大影响。绝大多数老年人觉得社会对老年人的关心程度很高,但社区对老年人的支持程度却有待提升。大多数社区活动无法主动贴近老年人,自然对老年人的状况无从了解,也谈不到支持。很大一部分老年人反映,社区没有专门的活动设备,有些活动室也是有名无实。

而社区所谓的卫生服务站,没有配备相应素质的医生,给老年人带来极大的不便。长此以往,缺乏社区的支持,老年人与社会的接触将越来越少,人际交往也越来越少,孤独、寂寞、失落、焦虑、抑郁和烦躁等负面情绪将充斥老年人的内心,从而导致心理疾病的产生。

(四) 社会因素

一方面,老年人因离退休后由紧张、忙碌转变为自由散漫的生活状态,人际交往大大减少,与外界接触也越来越少,随之对外界社会的了解也逐渐减少,从而渐渐地脱离社会。另一方面,一些老年人因身体和疾病原因长期待在家中而与社会脱离。与社会脱离将引起老年人一系列的心理变化,如变得孤独、自卑、消极等。若此时老年人的生活缺乏有效医疗保障,生活条件又差,这会进一步给老年人的心理健康带来负面影响,让老年人缺乏社会安全感,从而引发严重的心理问题。

二、老年心理疾病预防的原则、方法和措施

针对老年人心理健康的各种影响因素,可以采取以下应对措施。

(一)加强老年人自身心理保健

1. 树立正确的健康观

指导老年人树立正确的健康观,正确认识衰老和对待疾病,学会采取正确的求医行为。同时保持乐观、豁达的心态,养成良好的生活方式,从而达到健康老龄化的目的。

2. 坚持勤用脑

指导老年人进行适量的脑力劳动,勤用脑使脑细胞不断接受信息刺激,对于延缓脑衰老和脑功能退化非常重要。同时老年人在学习过程中可以了解信息,获得新知识,也可以得到心理上的满足。

3. 培养兴趣爱好

老年人要根据自己的特点和特长,培养自己的兴趣爱好,如书法、绘画、阅读、运动等,以便离退休后仍能在社会生活中发挥积极的作用,使自己的生活过得更加愉快而充实。

4. 亲近大自然

老年人常去公园晨练,或去郊游、爬山、旅游等,不仅能锻炼身体,还能放松精神、结交朋友,对老年人的健康十分有利。

5. 生活规律有序

建立良好的生活习惯,生活起居有规律,坚持适量的运动,增强体质,预防过早老化。同时,鼓励老年人在产生各种心理问题时进行自我心理调节,保持一个良好的心态。

(二)营造和睦欢乐的家庭氛围

1. 妥善处理家庭关系

家庭是老年人晚年生活的主要场所,处理好与家人的关系,尤其是处理好与两代或几代人的关系对老年人的健康十分重要。家庭关系和睦,家庭成员互敬互爱,有利于老年人的健康;相反,家庭不和,家庭成员之间关系恶劣,则对老年人的身心健康极其有害。因此,要帮助老年人处理好家庭关系,如面对"代沟",求同存异,相互包容,促进老年人与家庭成员的情感沟通。

2. 为老年人的衣、食、住、行、学、乐等创造一定的条件

子女在完成应尽的养老义务的同时,还应积极为老年人创造良好的环境,鼓励他们参与社会活动,使他们的生活更加丰富多彩。

3. 支持丧偶老年人再婚

老年人丧偶对其身心健康是很大的摧残。老年人丧偶以后,如有合适的对象,一方面老年人自身要冲破习俗观念,大胆追求;另一方面子女要体谅、支持老年人再婚,使老年人晚年不再孤寂。

(三) 提升社区对老年人的服务能力

1. 建立良好的社区支持机构

提供较丰富的社区支持,如老年人活动中心、健身中心、交流中心等,让老年人能够根据自己的时间参与社区活动,同时辅以定期的开放时间,社区应当宣传鼓励老年人自觉参加活动。

2. 社区心理支持

现在社区基本上都有卫生服务中心,但在心理健康服务方面做得不够,社区可以定期邀请专家,主动联系需要关注的老年人。例如,许多老年人在睡眠方面有障碍,或是早年的习惯,或是心理影响,社区可针对此状况开展专家讲座、专题访谈等活动。

3. 社区支持小组

针对丧偶或者子女不在身边的老年人,社区要主动上门给予关怀。孤寡老年人平时忧虑很多,无从释放,社区组织小组定期上门关怀,能够逐渐将老年人从孤独的环境中带出来,从而减少心理疾病的发生率。

(四) 加大社会对老年人的关怀力度

(1) 构建良好的社会支持系统。对于老年人的心理健康,社会应给予更多关注,积极采取有效措施,如加强宣传教育、倡导养老敬老。同时进一步完善与老年人权益相关的法律法规,增强老年人安全感,解除其后顾之忧,为其安度晚年提供社会保障。

(2) 宣传心理健康保健知识,使老年人、家属、社会共同关注老年人的心理健康问题,引导老年人及家属正视老年心理障碍问题,及时求助心理咨询师,解决和疏导心理问题,使老年人保持良好的心态。

(3) 建设各种老年福利机构,如养老院、老年活动中心、老年大学等,解决老年人的生活问题,丰富其生活内容,让老年人度过一个愉快而充实的晚年。

(4) 积极组织各种老年活动,如书法绘画比赛、老年健身操比赛、老年歌唱比赛等,丰富老年人的娱乐生活。

思考题

作为子女,我们该如何对待自己的父母?

任务三 老年心理疾病干预

情境导入

刘先生,68岁,在别人看来,他是一位非常健康的老人,出门时总是干净利落,精神状态也非常好。他也确实非常重视自己的身体,每天按照从杂志、电视上学到的养生知识做营养粥,按时服用保健品,早晚进行适当运动……可是,最近他却发现,自己越是注意身体越是爱出毛病。有时候会突然头晕,量血压却不高;有时候会觉得自己肚子胀痛,什么也吃不下去,去检查又没有什么问题;有时候突然间腰像扭了一样,就动不了了;有时候心脏跳得特别厉害,觉得自己喘不上气……刘先生不舒服的时候就特别希望儿女们陪着自己去医院,两个孩子总会被"急召"回家,可在孩子们看来,老爸身体没什么问题。但刘先生每天都要给自己"找药吃",吃一点药,就认为自己的身体好一些了。而且,只要有一点儿不舒服,他就害怕得要命,比如有一点便血,就浑身发冷,觉也睡不好了。他买了很多医学的书,可是越学习,他越觉得自己的身体出了问题,身体不适的感觉越明显。

(参考资料:邓晶龙,周白石.各种心理问题困扰老人 天津三成老年患者闹心病. http://elder.enorth.com.cn/system/2012/06/19/009472884.shtml.引用日期:2020-10-20.有删改)

【任务描述】

1. 根据任务一学习到的知识,评估刘先生的心理健康状况。
2. 根据任务二学习到的知识,分析刘先生患病的原因。
3. 学习知识链接内容,寻找治疗刘先生心理疾病的方法。

【任务实施】

1. 分小组完成任务并制作简报。
2. 在老师的指导下完成知识链接的学习。

【任务思考】

1. 在任务完成的过程中,你遇到了哪些问题?你是如何解决的?
2. 在任务完成的过程中,你认为你还欠缺哪方面的知识?你将如何完善?

【知识链接】

老年人不仅易发生各种躯体疾病,而且容易发生心理疾病。老年人的心理疾病常比其他系统的疾病早出现,而且比较普遍,有时是某些躯体疾病的前驱症状。此外,许多躯体疾病与心理疾病之间的关系错综复杂,有时可以互为因果,有时又相互制约。

以下主要探讨当老年人患上心理疾病后,该采取怎样的方法对其进行干预。

一、心理干预的基本概念

心理干预是指在心理学理论指导下有计划、按步骤地对一定对象的心理活动、个性特征或心理问题施加影响,使之发生指向预期目标变化的过程。

心理治疗是心理干预中最常用的方法。它是以医学心理学的各种理论体系为指导,以良好的医患关系为桥梁,应用各种心理学技术,包括通过医护人员的言语、表情、行动或通过某些仪器以及一定的训练程序,改善病人的心理状况,增强抗病能力,从而消除心身症状,重新保持个体与环境之间的平衡,达到治疗的目的。

但是在开展心理治疗工作时一定要切记五个基本要素:

（1）治疗者必须具备一定的心理学知识和技能;

（2）治疗要按一定的程序进行;

（3）使用各种相关的心理学的理论和技术;

（4）治疗的对象是具有一定精神、躯体或行为问题的人;

（5）治疗的目的是通过改善病人的心理机能,最终消除或缓解其可能存在的各种心身症状,恢复健全的心理、生理和社会功能。

非专业人员通过其良好的态度对病人进行安慰和劝告,虽然也可使病人的症状有所减轻,但实际上这并不是心理治疗。

二、心理治疗的适用范围

提到"治疗",人们就很容易想到"疾病",实际上心理治疗的对象不仅仅是有心理疾病的人,心理治疗可以服务于所有人。心理治疗即采用心理学的方法和技术,协助人们解决心理上的困扰,通过与来访者建立良好的关系,治疗者可以帮助他们认识和改善心理状况,调整人际关系,适应环境,疏泄情感的困扰,解除症状与痛苦,促进人格的完善。

因此,心理治疗的适用范围很广。很多职业的工作人员了解和掌握有关心理治疗的理论和技术,将有助于他们工作的开展。除专业的心理卫生工作者、医护工作者、老年服务与管理工作者、教育工作者、组织管理人员以及一般大众也都需要结合心理治疗技术,以帮助自己更好地开展工作或调整自身心理状况。

然而,目前公众对心理治疗的认识尚有许多欠缺和偏差。在遇到心理问题时,许多人没有想到寻求心理治疗,或不愿、不敢寻求心理治疗。有人认为,寻求心理治疗,意味着自己的问题非常严重,自己缺乏能力去解决。实际上,能够勇敢地面对问题并积极寻找各种帮助,本身就是勇气和能力的体现。有的人抱着试试看的心理去看心理门诊,谈了一次之后,觉得治疗者没有为他提供解决问题的办法,就感到心理治疗没用或这个治疗者不行。实际上,心理治疗常常不是一次就结束的,需要来访者与治疗者建立一个稳定的治疗关系,来访者与治疗者应约定固定的时间,每周一次或几次按计划进行治疗。治疗时间的长短根据不同疗法及来访者存在问题的不同而不同,如认知疗法一般在 10 次以内,

精神分析法则可能长达数年。

心理治疗者很少简单地为来访者指出该选择何种治疗方法。因为每一个人都是特殊的,对甲适用的方法,对乙可能无用。因此,治疗者常常在具体了解每一个来访者后,再帮助他们自己选择最适合的方法。

现代心理治疗的范围越来越广。从医学心理学角度考虑,心理治疗在医学临床实践中目前主要应用于以下几个方面。

(一) 治疗综合性医院有关病人

(1) 急性病病人。

此类病起病较急,病情较重,患者往往存在严重焦虑、抑郁等心理反应,在给予临床医疗紧急处置的同时,需要进行一定的心理治疗,例如给予精神支持疗法、松弛疗法等,以帮助患者认识疾病的性质,降低心理应激反应水平,增强治疗疾病的信心。

(2) 慢性病病人。

此类病病程一般较长,患者由于疾病长期无法全面康复,往往存在较多的心理问题,这可能导致疾病症状复杂化,进一步影响康复。心理支持治疗和行为治疗等手段对他们往往有很大的帮助,例如慢性疼痛病人的行为矫正治疗、康复疗养病人的集体支持治疗等。

(3) 有心身疾病的病人。

此类病由于发病过程中有明显的心理因素参与,因此这类患者要治疗疾病,心理治疗是必不可少的。

(二) 治疗精神科及相关的病人

精神科及相关的疾病包括各类神经症、焦虑症、抑郁症、强迫症、恐惧症、癔症、疑病性神经症等,以及其他精神科疾病,如恢复期精神分裂症等。

(三) 治疗各类行为问题的病人

各种不良行为的矫正,包括性行为障碍、人格障碍、过食、烟瘾、酒瘾、口吃、遗尿等,可选择使用认知行为矫正疗法、正强化法等各种行为疗法。

(四) 治疗社会适应不良的病人

正常人在生活中有时也会遇到难以承受的心理压力,从而导致适应困难,出现自卑、自责、自伤、攻击、退缩、失眠。此时可使用支持疗法、应对技巧训练、环境控制、松弛训练、认知改变及危机干预等方法。

三、心理治疗的基本原则

在进行心理治疗时我们应遵循以下原则:

(1) 关系的和谐性。

(2) 适当的治疗环境。

(3) 选择合适的治疗对象。

(4) 确定现实的治疗目标。

(5) 治疗的计划性。

(6) 综合治疗的原则。
(7) 考虑患者现实的社会文化背景。
(8) 严格保密。
(9) 立场中立性。
(10) 亲友的回避性。

四、心理治疗的基本过程

心理治疗过程主要包括以下几个步骤,可以作为我们日常工作的参考。

(一) 问题探索阶段

探索心理行为问题的成因,是心理治疗的开始阶段,但心理行为往往涉及生理、心理、社会各方面的多种因素。

1. 问题行为的表现

问题行为表现包括问题行为出现的频率、程度和持续时间。例如,慢性疼痛是否对日常行为有影响,是否存在服用止痛药的依赖,是否一出现疼痛就上床休息,等等。有些行为反应可能因发生频繁,病人难以准确表达,需要深入细致地进行分析和判别。

2. 问题行为的病因

认真询问问题行为的过去史、发展过程和变化,收集相关的资料,找到问题行为发生、发展的某些重要影响因素,如是否发生亲人亡故、离婚等重大的生活事件。

3. 问题行为的相关因素

许多环境刺激有增强或减轻行为症状的作用,了解这些因素对行为治疗具有重要的意义。

此外,还要了解患者对行为治疗的愿望,巩固其求助动机,树立对心理治疗的信心。通过对心理治疗的目的、意义、方法及效果等进行适当的解释和劝告,促使其积极参与治疗。

(二) 分析认识阶段

对有关问题行为进行详细治疗前的测量和分析。

1. 测量和记录

患者在医生的指导下,采用行为日记的方式,对问题行为进行自我观察或自我监督,如要求吸烟者坚持每天将自己吸烟的数量记录到自制的图表上,或要求因过分进食而肥胖者推算并记录每天所摄入的热量等。必要时,患者还可记录每天的生理状态,如定时测量并记录血压值。

2. 功能分析

与此同时,医生对记录结果进行分析,寻找问题行为与环境刺激之间的联系。

(1) 是否有引起行为反应的特定的环境刺激因素,如病人的焦虑反应是否总是出现在某一特定的场合;

（2）是否存在行为结果对问题行为本身的强化作用。如慢性疼痛的行为反应是否因家庭成员的关注而被增强。

通过测量和分析，医生不但可以掌握患者治疗前的行为水平，为疗效的评价提供参照性指标，还可以对患者问题行为的各种影响因素进行较深入的了解，为选择具体的治疗方案提供客观的依据。

（三）治疗行动阶段

1. 选择治疗方法

问题行为及其影响因素的个体差异很大，使用的方法应与患者的问题相匹配。选择治疗方案时，要考虑以下几个方面。

（1）该治疗方法已被证明对这一类问题行为是有效的；
（2）已考虑测量中发现的各种相关因素；
（3）患者有要求治疗的动机；
（4）患者具备配合治疗的能力和条件。

2. 指导和实施治疗

在治疗开始前，医生应对患者进行有关治疗原理和目的等方面的指导。在治疗过程中，医患之间要不断进行交流，注意收集患者对治疗的反馈，允许他们提出问题并及时做进一步解释，提高患者对问题的认识和参与感。

（四）疗效评价阶段

在治疗期间，医生要随时对病人的情况进行分析，了解问题行为改变的情况，判断治疗的进展。经过一段时间的治疗后，对治疗的效果进行总的分析和评价，确定是否达到了预期的目标。如果患者情况无明显的改善，首先应分析患者是否认真执行了治疗指令，其次还要考虑患者是否正确地执行了指令。如果排除了上述两种因素，确信某一行为疗法对其无效，通常可另选一种疗法。

（五）结束巩固阶段

心理行为问题容易复发，取得疗效后应继续巩固。医生要确定继续训练的目标，保持定期复诊可以实施维持期的治疗；指导患者今后的生活，鼓励其将所学的方法不断付诸实践。对于巩固疗效的治疗计划，医生必须事先与病人共同制订，耐心解释其必要性，并要求病人严格按计划实施。

五、老年心理疾病的判定标准和分类

通常老年心理疾病也称为老年心理异常，因为对心理疾病的判断存在较大的主观因素，对于正常心理与异常心理的判定标准，至今学术界都没有一个绝对的说法。目前，只能借助统计的方法，对正常心理和异常心理进行划分，所以正常心理和异常心理是一个相对的概念。

（一）异常心理的判定标准

目前，通常按以下几种标准对异常心理从原则上和方法上进行判断，分别介绍如下。

1. 经验标准

经验标准是以经验为基准的判断标准。以经验作为判别标准时主要根据两个方面：一是个体的主观体验，即自我评价；二是观察者根据自己的经验对被观察者的心理与行为状态的判断。显然，这种判断标准具有很大的主观性和局限性。其经验标准也因观察者的不同而不同。但是目前精神科医生仍广泛使用这种标准，这是因为经过专业训练可以形成基本相近的判定标准，因此，一般来讲，根据这个经验标准得出的评定结果基本一致。

值得注意的是，在个别情况下依据这种标准得到的结果可能会产生很大的分歧，甚至完全相反。

2. 统计学标准

统计学标准来源于对正常心理特征的心理测量。对普通人群的心理特征进行测量的结果常常呈正态分布，也就是说，位居中间的大多数人属于心理正常范围，而远离中间的两端则被看作异常心理。因此，判断一个人的心理正常与否，就以其偏离平均值的程度而定，偏离平均值的程度越大，不正常的可能性就越大。

3. 医学标准

医学标准又称症状学和病因学标准。从医学角度出发，用判断躯体疾病的方法来判断心理是否处于异常状态，即根据是否有症状和病因来判断其心理是否异常，比如某种心理现象或行为可以找到病理解剖或病理生理的异常指标，则心理异常成立，其心理和行为表现即为症状，而其病因就是相应的异常化验结果。

因为心理异常者往往也有病理改变，所以，生物医学模式的临床医生广泛采用医学标准。如患者对感知觉、思维联想、情感、意志行为、人格、智力等的障碍，通过躯体检查，特别是中枢神经系统的物理诊断或实验室诊断，如果找到了相应的病理改变，就可以确定为心理异常。

4. 社会适应标准

社会适应标准是以社会常模为标准来衡量的。社会常模是指正常人符合社会准则的心理与行为。如果个体的心理与行为表现与社会不相适应，就被认为心理异常。

用社会适应作标准判断心理是否异常，要注意考虑国家、地区、民族、时间、风俗和文化等方面的影响，不能一概而论。因为，同一种心理与行为，所处环境不同，其评价结论也有所不同。

(二) 老年心理疾病的分类

从现象学角度分类，老年心理疾病主要分为以下类型。

1. 认知过程障碍

(1) 感觉障碍：如感觉过敏、减退、倒错或异常等；

(2) 知觉障碍：如错觉、幻觉、感知综合障碍等；

(3) 思维障碍：如思维过程障碍的联想障碍、思维内容障碍的妄想、思维活

动障碍的强迫症等；

（4）注意障碍：如注意增强、减弱、涣散、狭窄、固定等；

（5）记忆障碍：如记忆增强、减退、遗忘症、错构症、虚构症、潜隐记忆、似曾相识、旧事如新等；

（6）智能障碍：如智能低下、痴呆；

（7）自知力障碍：如对自己的精神症状丧失了判断力，否认它们是不正常的，甚至拒绝治疗；

（8）定向力障碍：如周围定向障碍、自我定向障碍。

2. 情感过程障碍

情感过程障碍如情感高涨、欢快、情感低落、焦虑、情感脆弱、情感爆发、易激惹、情感迟钝、情感淡漠、情感倒错、表情倒错、恐惧、病理性激情、矛盾性情感、病理性心境恶劣等。

3. 意志行为障碍

（1）意志障碍：如意志增强、意志减退、意志缺乏、意向倒错、矛盾意向等；

（2）行为障碍：如兴奋状态、木僵状态、违拗症、被动性服从、刻板动作、模仿症、矫饰症、离奇行为、持续动作、强制性动作、强迫性动作。

4. 意识障碍

意识障碍包括意识的内容改变和意识障碍的程度改变。

（1）周围环境的意识障碍：

① 以意识清晰度降低为主的意识障碍——嗜睡状态、昏睡状态、昏迷状态；

② 以意识范围改变为主的意识障碍——意识朦胧、神游症；

③ 以意识内容改变为主的意识障碍——妄想、精神错乱状态、梦幻状态。

（2）自我意识障碍，如人格解体、交替人格、双重人格、人格转换等。

六、老年心理疾病的主要症状及干预

（一）老年期心理异常的主要症状

1. 脑功能区趋向衰退表现

大脑的抑制过程减退，灵活性下降，惰性增大。智力逐步下降，近事记忆明显减退，远事记忆相对保持较好。思维缺乏创造性，但是综合分析能力不太受影响。心理灵活性差，偏向保守，迷恋往事，过分重视传统。

2. 性格变化

人格弹性明显减退，变得固执己见，自信已往的经验，不易接受新鲜事物。以自我为中心，难以正确认识生活现状。沉溺往事回忆之中，常悔恨无法挽回过去的美好情景，特别是对取得过的成就喋喋不休，少数有成就者变得傲慢，不愿意倾听他人的声音。

3. 情绪变化

一方面对外界事物、对他人情感日渐淡漠，缺乏兴趣，不易被环境激发热情；另一方面情绪变得不稳定，易激怒，难自制，负面情绪占优势，经常产生孤独

感、空虚感和对死亡的恐惧心理。"日薄黄昏"是他们心理的写照。面临种种心理矛盾及精神刺激,常有消极言行,并且自杀率较高。

4. 其他心理变化

猜疑和偏执心理亦较常见,遇事爱归咎于别人,对他人不信任、嫉妒、猜疑、偏见和激情发作,由于行动不便,因此不爱活动、兴趣索然,易离群索居。

5. 躯体衰老对心理影响

人到老年各器官机能衰退是必然的生物学规律,这些生理变化会加重老年人的情绪不稳定,心理烦恼,从而导致忧郁、偏执心理问题。肌力减退,疲乏无耐力,体质下降使老年人对任何事情都缺乏兴趣和活力,不爱活动;同时躯体功能下降,伴随多种病症,这些容易使老年人产生继发性情绪障碍和心理疾病。

(二)对一般性老年心理疾病的干预

1. 老年期焦虑障碍

焦虑是老年期的一种常见心理障碍,是指因受不能达到目的或不能克服障碍的威胁,使个体的自尊心与自信心受挫或失败感增加,预感到不祥,形成一种紧张不安及带有恐惧和不愉快的情绪。

(1)具体表现。

① 主观感受:患者感到恐惧,害怕危险或灾难的降临,甚至出现怕失去控制或濒临死亡的威胁,有失去支持和帮助感。

② 认知障碍:在急性焦虑发作即惊恐时,患者可出现模糊感,担心即将晕倒,思考较为简单。

③ 行为方面问题:患者因注意力涣散而出现小动作增多,东张西望,坐立不安,甚至搓手顿足,惶惶不可终日,容易激惹,对外界缺乏兴趣,易造成工作和社交中断。

④ 躯体症状:躯体不适常是有焦虑障碍的老年人最初出现的症状,可涉及任何内脏器官和自主神经系统。常有心悸、脉快、胸闷、口干、腹痛、便稀、尿频和大汗淋漓等症状。

(2)干预及治疗。

焦虑障碍的心理干预,可体现在预防和治疗的各个环节。应在社会的各个方面大力开展心理健康工作,使每个人从小就培养健全的人格,具有健康的心理。另外,在综合性医院和精神卫生专科医院都应当设立心理咨询门诊,并积极开展心理健康教育和心理健康促进工作,大力宣传和普及心理健康知识,最好能在心理障碍或心理疾病的萌芽时期,就进行有效的心理干预,防止其发展。

情绪与动机的自我控制是焦虑障碍心理健康教育的主要内容。学会抵抗紧张,提高挫折的耐受性和把握焦虑的能力。由于个体焦虑的原因不同和焦虑水平有差异,医学心理工作者必须结合实际情况,具体问题具体分析。

焦虑障碍的心理治疗应当遵循依病情的轻重按阶段实施治疗的原则。对有严重的焦虑、恐慌或恐惧的患者,应适当地使用抗焦虑剂等药物治疗,待症状

减轻后再进行心理治疗。

焦虑障碍的心理治疗应根据焦虑产生的原因不同而采取不同的方法。对那些因在现实生活中遭遇挫折或碰到困难而发生焦虑的老年人,治疗者应根据实际情况提出适宜的解决方案后再行心理治疗。现实中认知行为治疗是很有实际意义的疗法。对那些与现实无直接关系,源于内心的幻想或知觉而产生焦虑的老年人,应当依内心状况,用精神分析与分析性心理治疗较为合适。以"精神分析"的理论及基本治疗技术要领为取向的"分析性心理治疗"是现代心理治疗最广泛运用的疗法之一,在焦虑障碍的治疗中颇为有效。

目前比较有效的治疗老年期焦虑障碍的方法是药物治疗和非药物治疗,即心理治疗与环境治疗相结合原则。由于老年人代谢能力差,对药物的清除能力降低,应注意药物的剂量应当酌减。

2. 老年期抑郁障碍

抑郁障碍是一种持久的心境低落状态,多伴有焦虑、躯体不适感和睡眠障碍,属情感性障碍的一个方面。通常具有较强的隐蔽性,如有的患者虽然面露笑容,其实却有严重的抑郁障碍。因此,这是最常见,但也是不易察觉的心理障碍。

抑郁障碍在精神与躯体方面有多种形式和不同深度的表现,可由轻度的忧愁到严重的痛苦乃至自杀。抑郁障碍除了突出表现为持久性情绪低落,还表现出心境不好、思维迟缓、行为减少、睡眠障碍、身体不适感、焦虑、紧张、悲伤和爱哭;对生活失去兴趣,认为前途悲观、活着没有意义;患者通常什么也做不下去,不能工作,连家务也不爱做。典型的抑郁障碍其核心征象是心境低落,愉快感丧失,从而导致活动效能受损。

老年期抑郁障碍是指首次发病在老年期,以持久的抑郁心境为基础。其高发年龄大都在 50～65 岁,多数人发病前有社会心理诱因,比如退休后与同事间的交往中断、子女婚后分家单过等。同时,老年是特殊的年龄阶段,老年人生活中难免出现负面事件,如丧偶、亲友死亡、家庭矛盾、意外事件等,这些都容易使老年人产生悲观情绪。

(1) 具体表现。

① 患者长期存在抑郁心境,无精打采,郁郁寡欢,兴趣下降,自觉孤独、悲观、绝望,还有 70% 以上的患者有突出的焦虑、烦躁症状。

② 患者感到思维迟钝,注意力下降,思考问题困难,主动性言语减少,常回忆不愉快的往事,无端丑化和否定自己,甚至有厌世观念。80% 左右的患者有记忆力减退。

③ 许多患者在早期有明显的躯体不适症状,以食欲减退、腹胀、便秘或上腹不适感等消化道症状最多见,另外乏力、头部不适、心悸和胸闷等也较为常见。有些患者表现为焦虑、恐惧,终日担心自己和家庭将遭遇不幸。而有些患者则表现为闷闷不乐,对提问常不立即答复。患者大部分时间处于缄默状态,轻则行为迟缓,重则对外界动向无动于衷。此外,与贫穷和躯体疾病有关的抑郁障碍患者,妄想也十分常见。少数患者可表现出假性痴呆的症状,即注意力集中

和回忆方面存在困难,但临床测验不存在记忆能力丧失。抑郁障碍患者最危险的病理意向活动是有自杀企图和行为,老年患者一旦决心自杀,常比青壮年患者更为坚决,行动更隐蔽。

(2)干预及治疗。

对抑郁障碍的心理干预应依患者反应的程度而定,切忌不分症状轻重,不做具体分析一概而论。一般来说,患者抑郁情况严重,尤其是有自杀意念或企图时,应当积极对其采取预防自杀措施,立即住院治疗。对由于现实生活中的应激事件引起自杀倾向者,可采用疏泄法、支持治疗等心理干预方法,帮助其度过危机。总之,对有自杀倾向者,应耐心倾听,努力找到其绝望的原因,在理解其孤独无助、愤怒的情感基础上,创造一个安全、接纳的环境,帮助其解决心理问题。同时也要采取有效的监督防范措施,防止意外的发生。对中等程度抑郁障碍者,可进行心理治疗,一般是首先采用支持性心理治疗,并提供给其基本的安全感,最大限度地弥补他受过创伤的自尊心,耐心地帮助其建立信心、激发生活的动机,以便有充沛的精力去面对困难。有些抑郁障碍比较单纯,只需要进行支持性心理治疗,就能取得满意的治疗效果。

当心理干预使患者抑郁反应减轻和心情稳定后,心理治疗的范围和内容应及时深入并推进到较高的层次。如帮助患者分析心理状态和造成抑郁的心理因素,培养对"现实我"与"理想我"的协调能力,消除自卑等。

老年期抑郁障碍的药物治疗原则与其他各年龄组成人相同。目前临床上一般采用三环类抗抑郁药,如阿米替林、丙咪嗪、氯丙咪嗪和马普替林。选择性 5-羟色胺重摄取抑制剂(Selective Serotonin Reuptake Inhibitor,SSRI)以及抗抑郁的草药提取物。选择性 5-羟色胺重摄取抑制剂能有效治疗老年抑郁障碍,其中的氟伏沙明副作用少,耐受性好,对认知和心血管功能无影响,故对伴有其他躯体疾病的老年人可能易耐受,相对而言,其安全性更高。

3. 老年期性心理障碍

性心理障碍又称性变态或性欲倒错,是指在两性行为方面的心理和行为明显偏离正常,并以这类偏离为性兴奋、性满足的主要或唯一方式的心理障碍,从而不同程度地影响、干扰和破坏了正常的性活动。

(1)判定准则。

对性心理和性行为正常与否的判别,只能使用相对的标准,以生物学属性和社会文化特征为基础,结合变态心理的一般规律和性变态的特殊性进行评价。具体内容包括以下几个方面:

① 以现实的社会性道德规范为准则;
② 以生物学特点为准则;
③ 以对他人或社会的影响为准则;
④ 以对本人的影响为准则。

值得注意的是,对有心理生理障碍时的性功能障碍、由境遇造成的暂时的性生活替代行为、继发于某些精神病和神经系统疾病的性变态行为统称为继发性性变态,不应诊断为性心理障碍。

（2）具体表现。

性心理障碍包括性身份障碍、性偏好障碍及与性发育和性取向有关的心理与行为障碍。

（3）干预及治疗。

因为性心理障碍者多不主动就医，很少有强烈和持久的矫治愿望，所以对其进行心理干预比较困难，心理治疗只能对部分性心理障碍者有所帮助。近年来，应用行为疗法中的厌恶疗法对很多性变态患者的治疗取得了一定成功，一般来说，性心理障碍很难改变，但是随着年龄的增长，强迫性的变态性冲动可望得到缓和。此外，性心理咨询也是对性心理障碍进行心理干预的重要手段。但性心理咨询范围相当广泛，除一般的性问题外，还有病理的性问题，如性功能障碍、性心理障碍、性疾病等。

4. 贪食症和厌食症

贪食症是食欲过于旺盛或超量进食的行为。厌食症是食欲缺乏或进食量显著减少的行为。神经性厌食症是由心理因素引起的厌食，以自愿的饥饿和明显的体重下降为特征。

贪食症可引起肥胖，这不仅对身体健康有很大影响，而且给生活和工作带来很多不便。临床证明，肥胖除增加机体的额外负担外，还可引起一系列疾病，特别是对于老年人。

厌食症是儿童青少年特别是在少女当中常见的心理障碍，老年人中也有因为种种原因而出现厌食症状的。引起厌食症的原因主要有自己认为过胖或为了身材苗条和漂亮、离开亲人对新环境适应不良、限制自由引起食欲减低和过分关注或强迫进食等。厌食症可引起消瘦，与贪食症一样，也可导致机体的不适和疾病。

（1）贪食症的矫治。

对贪食症的矫治主要采用饮食行为疗法、体力劳动和体育锻炼、药物等疗法。有研究认为采用行为矫正疗法，配合小剂量的氟哌啶醇治疗贪食症的效果更好。

（2）厌食症的矫治与心理干预。

对住院者首先要建立良好的医患关系，共同确定目标体重。对重症患者可强制进行支持疗法，以维持水与电解质的平衡。

对主要依靠家人进行矫治的厌食症患者，家人不应逼迫患者多吃，强迫进食更容易导致厌食。当患者食欲欠佳，短时期少吃或不吃时，家人不要看得过分严重，而应顺其自然，逐渐引导，让患者从生理与心理上自然调节，使其逐步恢复食欲，达到正常进食的目的。

综上所述，对贪食症与厌食症皆可采用饮食行为疗法、劳动与体育疗法，并可配合药物进行治疗。

其他老年心理疾病还包括有：人格障碍、酒精依赖、烟草依赖、药物依赖等，都可以通过心理干预的方式进行改善，如采用精神分析治疗法、阿德勒学派治疗法、存在主义治疗法、个人中心治疗法、完形治疗法、现实治疗法、行为治疗

情境五 老年心理健康维护

法、认知行为治疗法、沟通分析治疗法等,各种心理治疗方法的理论基础、治疗原则、治疗过程、适应证及评价我们在此就不一一介绍。

思考题

将要从事老年服务与管理工作的我们,该如何通过专业知识的学习来解决日益增多的老年人心理健康问题?

内容小结

1. 老年心理健康维护的可以从以下几个方面进行:首先,对老年人进行心理评估,了解老年人心理健康状况;其次,针对心理健康老人,综合分析影响老年心理健康的因素,可以采取预防的方法来维护老年人心理健康;最后,对于心理状况出现问题的老年人,可以通过心理干预的方式来进行治疗,从而达到维护心理健康的目的。

2. 老年心理健康的标准包括有正常的感觉和知觉,有正常的思维,有良好的记忆;有健全的人格,情绪稳定,意志坚强;有良好的人际关系;能正确地认知社会,与大多数人的心理活动相一致;能保持正常的行为。

3. 在为老年人服务的过程中可以通过各种方法评估老年人心理状况,最常用的方法就是使用各种临床量表。通过心理评估的方式,及时、准确、全面地掌握老年人心理健康状况,做到早预防、早治疗,从而有效维护老年人心理健康。

4. 老年心理疾病预防是通过运用医学、心理学、社会学等相关知识,加以各种方式与手段,研究老年人心理健康影响因素、作用规律及其相互作用,从而制定相关预防策略和措施,达到预防心理疾病增进心理健康延长寿命提高生命质量的目的。

5. 当老年人患上心理疾病后,我们应该在心理学理论指导下有计划、按步骤地对其心理活动、个性特征或心理问题施加影响,使之发生指向预期目标变化的过程。

6. 老年心理学是研究老年期个体的心理活动变化、特点及其变化规律的一个发展心理学分支,它是新兴的老年学,并涉及多学科知识,是一门交叉学科。

情境六

老年幸福生活营造

能力目标

本部分知识内容可以根据实际情况采用阅读、自学或讨论的形式组织学习，旨在培养：

1. 团队合作的能力；
2. 自我表达的能力。

知识目标

通过学习本部分内容，应能够了解和掌握以下知识：

1. 老年幸福生活指数的内容及老年生活质量的评估方法；
2. 老年婚姻关系的重要性；
3. 老年人的精神文化需求及适合老年人的文化娱乐项目；
4. 老年活动策划的原则及方法；
5. 老年旅游服务的具体要求；
6. 老年旅游产业的发展改革方向及措施。

- ◆ 任务一　老年人生活质量评估
- ◆ 任务二　老年婚姻与家庭
- ◆ 任务三　老年文化娱乐
- ◆ 任务四　老年活动策划和组织
- ◆ 任务五　老年旅游

任务一　老年人生活质量评估

什么是生活质量？生活质量是一个复杂而多层面的概念，不同学科对于生活质量的定义提出了不同的解释。生活质量这一概念最早由美国经济学家加尔布雷思于1958年提出。但截至目前，对于生活质量的概念，仍然未能形成统一的共识。国内外有关生活质量的定义有一百多个，表达生活质量的指标体系和指标也是各不相同，但基本上都认为，生活质量是全面评价生活优劣并从社会发展的结果来考察人口的生活状况，都认为生活质量比生活水平更全面，具有多方面、多层次和多学科的特点。它是经济发展、社会全面进步和社会民主和法制建设的结果，是可持续发展中"以人为本"的具体体现。

从我国的实际情况出发，生活质量在我国至少应当包含物质生活、精神文化生活、生命质量（身心健康和社会功能）、自身素质、享有的权益和权利（人权、自由、机会等）、生活环境（包括社会、自然环境）等共六个方面的内容。以上六个方面对于评价一个人的生活质量的好坏是必不可少的。物质生活是生存和发展的物质基础，精神文化生活是生存和发展的精神支柱、思想境界和需求层次，生命质量是生存和发展的自然基础。前三个方面是生活质量的前提或必要条件，后三个方面是生活质量的充分条件。

老年人的生活质量是在一定社会条件下，老年人在物质生活、精神生活、身体状况、社会环境中所处的状态及老年人自我感受的总和。首先，老年人的生活质量是一个动态的不断变化的过程，它随着社会经济的发展而提高，随着社会经济的衰退而降低，但一般滞后于社会经济的发展。其次，老年人生活质量是一个系统工程，涉及人们社会、经济、生活的各个方面，而且人们对生活质量的心理要求会不断提高，这是由人类生活需求的多样性和不断增长的心理预期所决定的。再次，老年人生活质量的提高既有主观因素，又有客观因素；既有内因，又有外因；是主观和客观、内因和外因共同作用的结果。最后，老年人生活质量的高低，有一个科学、客观、公正的社会评价标准，同时也有一个自我评价标准，有时候自我评价结果和社会评价结果会有一定的差异。

1991年，联合国在《联合国老年人原则》中，把"独立、参与、照顾、自我实现、尊严"作为处理老年人问题的原则。这是世界公认的原则，它涵盖了老年人生活的全部，也包含了老年人生活质量的本质。

情境导入

近年来，贵州省铜仁市万山区认真落实推动养老事业多元化、多样化发展的要求，为老年人提供交流活动场所提升居家养老服务覆盖率和服务水平，让日间照料中心成为老人们的"第二个家"。

今年 64 岁的王大爷是贵州省某单位退休职工,自打社区里建起老年人日间照料中心后,喜欢热闹的他,就成了这里的常客。"我每天都在这里做一些体育锻炼,跳点舞,写一些书画,总之这里环境不错,大家都过得很开心。"每天运动、娱乐,王大爷觉得日子过得很充实。在照料中心,还有很多像王大爷一样的老人,他们都会趁着闲暇来到中心开展文娱活动。

老人们白天在照料中心里享受生活,晚上回家休息。老年人日间照料中心不仅减轻了儿女的负担,也尽了为社会分忧的职责。万山区老年人日间照料中心工作人员陈某表示:"我们每天会带老人做活动,早上做早操,下午做剪纸,有时候他们还会打打牌。我们的目的就是让老人们在这里能够感觉像在家一样的温暖。"

(参考资料:王美,麻州,罗娇.万山日间照料中心:老人们的"第二个家".http://www.wsxw.gov.cn/2020/0110/yaowen55368.html.引用日期:2020-10-29.有删改)

【任务描述】

1. 根据上述情境,讨论分析下述问题:

(1) 你认为对于老年人而言,幸福生活应该包含哪些方面?

(2) 老年人幸福生活所包含的各个方面当中哪一部分是他们最看重的?

2. 调查并评估你所在地区的老年人的生活质量情况。

【任务实施】

1. 分小组就各个主题展开讨论,并分享讨论结果。

2. 分小组编制调查问卷,并开展社会调查,形成调查报告,课堂分享调查结果。

【任务思考】

1. 通过讨论,你对老年人的幸福生活有什么新的认识?

2. 在社会调查过程中,你遇到了哪些问题?有怎样的收获?

【知识链接】

一、老年幸福生活指数

随着我国老年人口数量的不断增加,老龄化的状况不断加剧,老年人这个日益庞大的群体也越来越值得关注。我们都希望老年人能安享晚年,有一个幸福的老年生活。然而幸福的老年生活应当如何界定?现实中哪些潜在因素会影响老年人的生活品质?要解答这些问题,首先我们要清楚:什么是幸福?什么是幸福指数?

关于幸福的理解,马克思认为,幸福就是指人之所以为人的真理与自己同在时的心理状态,包括一切真实的事物、人性的道理、他人的生命甚至动物的生命与自己同在等,是一种心理欲望得到满足时的状态,是一种持续时间较长的对生活的满足和感到生活有巨大乐趣并自然而然地希望持续久远的愉快心情。因此,老年人追求的幸福,实际上就是拥有感受外部事物带给内心的愉悦、安

详、平和、满足的心理状态。

关于幸福指数,学者们指出,幸福指数应是一个包括政治自由、经济机会、社会机会、安全保障、文化价值观、环境保护六类构成要素在内的国民幸福核算指标体系,其测量的是人们的幸福观,反映了民众主观生活质量的核心指标。因此,对于老年人而言,老年的幸福指数,应当是测量老年人的幸福观,反映老年人主观生活质量的核心指标。

一般人认为,人生最美好的时光是青春时期,少年不知愁滋味。一过不惑之年便光景已逝,年华不再。其实,大部分人在十几、二十几岁只是感觉到一般幸福。年少时学业的压力,成家后来自家庭的压力和社会的压力,随着年龄的逐步增加,其幸福感也会一直下滑,直至中年前期。一般只有人到中老年后,才会越来越知足常乐、乐天知命,让早年的岁月相形见绌。步入老年,如果身体健康,收入稳定,家庭和睦,幸福感就会逐渐上升。

那么究竟什么才是老年人安享晚年,提升幸福生活指数的重要指标呢?具体有如下几点。

(一)健康的体魄是老年人晚年幸福生活的基本前提

身体健康是晚年幸福生活的基本前提。身体健康、病痛较少、生活能够自理,生活质量就较高,幸福度也较高。反之病痛多,甚至生活不能自理,生活质量就低,幸福度也低。

健康的老年生活包含了老年人的生理和心理都应当处于健康状态,只有保持一个健康的身体和平衡的心理,才能提高生活质量,才能老有所乐,老有所为。

(二)持续稳定的生活来源是老年人晚年幸福生活的基础

老年人想要安度晚年,拥有稳定的生活来源是其重要的保障。如果没有经济上的独立,生活上的独立和精神上的独立就无从谈起,那么,幸福感也会大打折扣。

老年人的生活来源可大体分为五类。一是离退休金收入,主要取决于离退休前的职务、职称和所在单位的经济效益。单位内部的差异较小,单位之间的差异较大;二是劳务和经营收入,有这部分收入的主要是低龄老年人,尚有体力、精力从事劳务或经营;三是资产收入,主要是炒股、购买证券、购买理财产品及银行存款利息等收入,此类收入的多少主要取决于其家底;四是子女和亲友资助收入,这部分收入常不稳定,取决于子女的经济状况及亲子关系;五是抚恤、低保收入,这部分老年人主要是没有工作的职工遗属、破产企业的退休职工和城市居民。

很多老年人赞同家有老底,这样就有经济自主权,不必看子女的脸色过日子。在当今人们的自主意识日益增强,家庭日益小型化的情况下,家庭养老要从中年抓起,变养儿防老为储蓄养老、投资养老,增强老年人自我养老的机制。

(三)基本的居住条件是老年人晚年幸福生活的重要保障

居住条件是老年人幸福生活的重要保障,是老年人赖以生存的基础。随着改革开放与城市住宅建设的发展,老年人的居住条件得到了很大改善。特别是城镇老年人有房户逐年增多,因无房而与子女同住的逐年减少。

一般与子女同住的老年人,一是因无房而与子女同住,这部分老年人常常感到多有不便,幸福度不高;二是因体弱多病、生活不能自理而与子女住在一起,这部分老年人需要人照顾,无法独立生活;三是与子女同住一个城市,经常走动,相互小住一段,既能生活上相互照顾,又有一定的独立性,老年人和子女各有各的生活。普遍认为第三种情况较好。

(四)儿女孝顺是老年人晚年幸福生活的重要支柱

子女是老年人晚年生活的重要支柱,子女年幼时父母对其倾注心血、悉心培养,希望子女有出息、有作为,也希望当自己在年迈之时能够儿女在前,子孙绕膝,得到他们的供养照料,安享天伦之乐。子女孝敬老年人,老年人晚年生活便充满了阳光,幸福度就高;反之子女不孝敬老年人,老年人幸福度就低,甚至谈不上幸福。

居家养老目前仍然是我国养老的基本方式。子女照顾老人,孝敬老人既是中华民族传统的美德,又是法律规定子女应尽的义务。

子女的供养责任,一是经济上供养,分为了三种情况。第一种情况是完全靠子女供养,每个子女每年出资;每二种情况是部分靠子女供养,子女出资,但资金量上较第一种情况更少;第三种情况是象征性供养,逢年过节为老年人购买食品和衣物,子女出资的数量,一般不超过其年收入的10%,是完全可以承受的。二是生活上照料,包括为老年人做家务、身体健康的照料等。三是精神上慰藉,包括与老年人谈心、拉家常、打电话问候等。

老年人与子女的资助、照料其实是双向的。有半数以上的老年人资助过成年子女,资助的项目包括上学读书、购房购车、治病求医,绝大多数的老年人带过孙子女。因此当老年人需要关心、照料和供养的时候,做子女的应当义不容辞地承担起自己的义务。

(五)和睦的家庭关系是老年人晚年幸福生活的重要条件

家庭是老年人生活的主要场所,也是老年人晚年生活的主要精神寄托,良好的家庭环境与和睦的家庭关系是老年人晚年幸福生活的重要条件。

在一个大家庭中,人口多,关系也复杂。但是在各种关系中,对于老年人而言,最重要的是夫妻关系。夫妻是家庭的核心基础,夫妻关系的好坏,在很大程度上决定家庭中的其他关系。夫妻关系好,生活质量就高,幸福度也高;相反,夫妻关系不好,生活质量就低,幸福度也不高。

老年人的婚姻关系受很多因素的制约,既有社会的、经济的、环境的因素影响,也有进入老年期后,老年人生理、心理变化的原因,处理不当,将会使老年人的感情产生危机,甚至导致老年婚姻破裂。因此老年人应当充分认识这些生理和心理的变化,主动调整自己,调整夫妻关系,培养共同的兴趣爱好,给夫妻关系注入新的内容。此外,对老年人离婚,社会应予以宽容和理解,离婚也是老年人的合法权利。

（六）良好的生活习惯和健康的生活态度是老年人晚年幸福生活的重要保证

良好的生活习惯，健康的生活态度是老年人幸福生活的重要保证。老年人从工作岗位上退下来，没了工作压力，少了约束，多了自由，以前有规律的生活节奏突然被打乱，生活节奏放缓，此时，自我约束就很重要，如果思想上不加以重视，也容易养成不良的生活习惯。比如，某些老年人在退休后，养成晚上熬夜看电视、打麻将，日晒三竿才起床的习惯，生物钟被打乱，对于自身的健康造成不良影响，同时还影响到家人特别是老伴的生活与休息，甚至诱发家庭矛盾。

此外，培养老年人健康向上的生活态度也至关重要。一是老年人应当正确对待生活中的困难。人老了，往往心理会变得敏感、脆弱。随着年龄的增长，病痛越来越多，遇到的困难也会不少，有的老年人便会产生悲观情绪。只有学会用乐观的精神和积极的态度去克服生活中的病痛和困难，才能感受生活的幸福与美好。二是老年人要更新观念，紧跟时代的步伐。个别老年人思想跟不上形势，喜欢用老眼光看新问题，拒绝接受新观点、新事物，这也看不惯，那也看不惯，必然影响自己的晚年生活，自己不幸福，与他人也格格不入。

通过以上分析，我们认为（一）～（三）项是老年人生活质量的硬环境、硬指标，属于物质生活条件，（四）～（六）项是软环境、软指标，属于精神生活条件。硬环境是老年人生活的基础，硬环境不达标，老年人的生活质量肯定不高，幸福度也就不高。但当硬指标达到一定水平时，再增加硬指标，老年人的生活质量和幸福度并不与增加值成正比。这个转折点或叫临界点，临界点以上，提高老年人的生活质量和幸福度，就有赖于优化软环境、提高软指标。

硬环境与软环境相互依赖，相互促进，共同决定了老年人的生活质量和幸福度。提高老年人生活质量的软环境、软指标，重在对老年人的关怀、照料和精神慰藉。这既有赖于家庭成员的帮助、子女的孝敬，更有赖于提高老年人的自身素质，培养健康向上的生活态度，良好的生活习惯，和谐的为人处世方式，丰富多彩的兴趣爱好。在老有所养，老有所医的基础上，实现老有所为，老有所学，老有所乐和老有所教。

二、老年生活质量评估

生活质量又被称为生存质量或生命质量，是全面评价生活优劣的概念。世界卫生组织将生活质量定义为：不同的文化、价值体系中的个体对与他们的目标、期望、标准及与关心事情有关的生活状态的综合满意程度及对个人健康的一般感觉。

老年人生活质量是指60岁及以上的老年人群对自己的身体、精神、家庭和社会生活美满的程度和对老年生活的全面评价。

一般认为，生活质量是对个人或群体所感受到躯体、心理、社会各方面良好适应状态的一个综合测量。生活质量须以生活水平为基础，但其内涵具有更大的复杂性和广泛性，它更侧重于对人的精神文化等高级需求的满足程度和环境状况的评价。

老年生活质量的评估,可以采用生活满意度量表、幸福度量表以及生活质量综合问卷,通过调查分析进行。

(一)生活满意度的评估

生活满意度是指个人对生活总的观点以及现在实际情况与希望之间、与他人之间的差距。生活满意度指数是老年研究中的一个重要指标,用来测量老年人心情、兴趣、心理、生理主观完美状态评估的一致性。常用的量表是生活满意度指数A(Life Satisfaction Index A,LSI A),它从对生活的兴趣、决心和毅力、知足感、自我概念、情绪等方面进行评估,通过20个问题反映生活的满意程度(参见附表1)。

(二)主观幸福感的评估

主观幸福感是反映某一社会中个体生活质量的重要心理学参数,包括认知和情感两个基本成分。纽芬兰纪念大学幸福度量表(Memorial University of Newfoundland Scale of Happiness,MUNSH),作为评价老年人精神卫生状况的恒定的间接指标,已经成为老年人精神卫生测定和研究的有效工具之一(参见附表2)。

主观幸福感是反映某一社会中个体生活质量的重要心理学参数,包括认知和情感两个方面。

(三)生活质量的综合评估

生活质量是一个带有个性的和易变的概念,老年人的生活质量不能单纯从躯体、心理、社会功能等方面获得,评估时最好以老年人的体验为基础进行评价,即不仅要评定受试者生活的客观状态,同时还要注意其主观评价。常用的适合老年人群生活质量评估的量表有生活质量综合评定问卷和老年人生活质量评定表。

任务二 老年婚姻与家庭

爱情、婚姻、家庭,永远是人类生活的主题。在一般人看来,爱情与婚姻是年轻人的专利,跟老年人的生活似乎没有关系,其实,这是很片面的认识。老年人同样有自己的情感世界,除了与子女和亲友的亲情,他们也有自己的爱情与婚姻,而且爱情与婚姻在老年人的生活中占有很重要的地位。大部分人在进入老年期后,婚姻继续存在,但是这个时候的婚姻和年轻时相比有很大的不同。年轻时,人们更注重婚姻对事业的支持作用,以及它对子女教育产生的种种影响。老年人退出了劳动领域,子女们也陆续长大成人,独立成家,这时候,婚姻的重要性更多地体现在对老两口晚年生活的支撑。老年夫妻恩爱,家庭和谐,和睦相处,无疑是安享晚年,健康长寿的重要因素。

情境六　老年幸福生活营造

【情境导入】

近年来,"退休之后就离婚"成了一股风潮,国内老年人离婚率较以前有了大幅提高,中国居然迎来了一波老年离婚潮。

吴阿姨,今年正式退休,在女儿结婚的第二天,就向法院起诉离婚。年轻时,因为快速闪婚,女儿出生后才发现两人不合适,但为了女儿,凑合过了这么多年。吴阿姨说:"我经常跟我自己说,退休后的日子都是赚来的!孤独也会有,但就像你们年轻人说的,过好当下的每一天。我现在的日子才是真正为自己活!"

像吴阿姨一样,老年人离婚,很多并不是因为对方出轨这些不可容忍的行为,而是因为退休后,老人的生活重心突然改变,两人相处时间变长,积累多年的矛盾一旦没有工作和子女等目标转移,很容易被激发出来。在老龄化社会的大环境下,他们也开始重新审视自己的人生,并对自己的婚姻质量提出了新的要求。

有网友评论说,要珍视相伴的可贵。一份几十年风雨同舟的陪伴和默契,这是其他人无法替代的。也有网友评论说,有的婚姻确实是为了家庭、孩子才维系着,等时机到了选择离婚,其实也是一种解绑,能舒心地为自己活几年,也是一件好事。

(参考资料:退休之后就离婚成风潮　老年离婚率30年翻一番. https://www.sohu.com/a/339926468_100238051.引用日期:2020-10-20.有删改)

【任务描述】

1. 结合上述内容,思考并讨论下述问题:

(1) 影响老年人婚姻质量的因素有哪些?

(2) 如何避免老年婚姻危机的出现?

2. 辩论:以"老年人再婚是否应当公证婚前财产"为题,以班级为单位,组织一场课堂辩论赛。

【任务实施】

1. 分小组就各个任务展开讨论,并派代表汇报分析讨论结果。

2. 选举辩论主持人;每小组推举一到两名代表参加辩论,组成两支辩论队,通过抽签决定两队各自立场;辩论主持人介绍辩论规则及要求;正反双方展开辩论;老师及同学提问并讨论;主持人宣布辩论结果。

【任务思考】

1. 通过任务实施,你是怎样理解婚姻对于老年人的重要性的?

2. 开展辩论赛对你的学习有何帮助?

3. 在辩论赛的准备过程中,你查阅了哪些资料?通过资料的查阅,你对老年人再婚有怎样的看法?

【知识链接】

一、老年婚姻与家庭的重要性

(一) 婚姻是老年人家庭关系的基础

对于老年夫妻而言,婚姻关系经历了结婚、生育和抚养后代的过程,已经进入家庭生命周期的最后阶段。这时由于老年家庭的社会功能变化较大,如人口再生产功能已经不复存在,教育功能相应减退,社会交往功能也随着年老退休而大为削弱,但家庭的感情功能却随着老年夫妻逐渐退出社会工作圈,子女也已另立家庭,而变得较为突出。婚姻关系作为老年夫妻感情的重要维系,必然成为老年家庭的基础。

(二) 婚姻是老年人生命过程中的重要支柱

就人的生命周期而言,老年是人的生命周期的最后阶段。从退休到死亡,一般约有20年的时间,在这一时期,人的社会角色变化较大,由此可能导致一系列的生理和心理问题。而良好的婚姻关系,是调整老年人心理问题的可靠良药。婚姻是夫妻俩历经人生的磨难和考验,互谅互信而获得的爱情硕果,对老年夫妇来说,是异常珍贵的,有了它,他们就得到了相濡以沫、共度老年期的伴侣;有了它,就可以帮助老年人缓减由于生理老化而出现的不良心理问题。所以说,美满的婚姻是老年人生命过程中极为重要的支柱。

(三) 婚姻有利于老年人身体健康和情感满足

据调查,许多长寿老人,除了生活上有良好的习惯以外,绝大多数都是夫妻和睦白头偕老。家庭和睦,夫妻互敬互爱,共享高龄,这在古今中外都是屡见不鲜的。现代医学认为,人在精神愉快时,可以分泌出对身体健康有益的激素,使血液的流量、神经细胞的兴奋调节到最佳状态。相反,当人孤独悲伤时,则会使各种有益的激素分泌紊乱,内脏器官失调,以致发生胃痉挛、血压升高、冠状动脉闭塞等病症。老年人丧偶后再婚,不仅在生活上可以互相关照,而且在心灵上也是一种安慰,有利于健康。子女、亲友及社会的爱护和帮助,都无法取代配偶的感情及照顾。可以说,正常的婚姻是保持老年人健康、愉快的一个基础。

总之,婚姻之于老年人而言,在某种意义上比中青年时期更为重要。老年夫妻几十年的相濡以沫会积淀一种巨大的力量,这种力量平时淹没在琐碎的生活中,只是在失去时才爆发出来,给人以致命的打击。对老年人来说,配偶是其重要的精神支柱,一旦失去配偶,老年人会产生极大的精神痛苦,进而导致各种生理疾病,从而影响老年人生活的质量和身体健康。因此,老年人的婚姻问题,不仅关系到老年人的生活质量与欢乐,也是影响老年人健康长寿的重要因素之一。

二、老年婚姻关系的处理

(一) 老年婚姻状况

老年人的婚姻关系状况包括未婚、有配偶、分居、离婚、丧偶等。老年人口的婚姻状况受多种因素的制约和影响,一方面老年婚姻受老年人口自身的年龄变动、性别差异、生命过程等影响;另一方面,社会的文化传统、风俗习惯、道德观念,甚至不同的文化程度和不同的经济收入水平也将影响老年人婚姻结构的变动方向和变动规模。我国老年人口婚姻状况呈现如下特点:

1. 老年人中未婚率低,离婚率低

根据第六次全国人口普查数据显示,我国 60 岁及 60 岁以上人口中,有配偶的老年人约为 1.25 亿,占老年人口总数的 70.55%,未婚者仅 313 万人,约占 1.78%;老年离婚者所占比例更低,只有 138 万人,占老年人口的 0.78%,婚姻关系相对稳定。

2. 高龄老年人中女性老年人丧偶率高

根据第六次全国人口普查数据显示,截止至 2010 年我国老年人的丧偶率超过了 1/4。从 2000 年到 2010 年十年中丧偶老人的规模增加了 862.34 万。女性老年人中丧偶者达到 36.96%,80 岁及以上高龄女性丧偶率高达 77.31%。丧偶对于一些老年女性来说不仅仅是失去了相濡以沫的生活伴侣,还失去了家庭的主要生活支柱和经济来源。政府在制定社会保障政策时应加强对这部分老年人的生活保障;还应积极推进健康老龄化战略,进一步提高老年人的健康水平和生命质量。此外强调性别平等观念、建立遗嘱、养老金制度等也是解决丧偶的女性老年人经济、生活困难问题值得考虑的政策措施。

3. 未婚是农村老年人婚姻状况中的主要问题,而城市老年人的离婚率相对较高

2010 年,我国 50 岁以上未婚男性达到 543 万人,未婚男性的比例在农村地区更高且逐渐上升。农村未婚老年人口增加将使得农村的社会化老年照料服务需求更加突出。离婚和未婚老年人数量比例增长是一些地区在人口老龄化和社会转型过程中出现的新问题。

(二) 老年婚姻关系的影响因素

不同的婚姻关系对于老年人口的生存质量的影响显然是不同的。探讨影响老年人婚姻关系的因素的主要目的是促进老年人良好婚姻关系的形成,以帮其度过温馨的晚年。

老年人口的婚姻关系受很多因素的制约,既有社会的、经济的、环境的因素,更有进入老年期后,老年人生理、心理变化的因素。处理不当,将会使老年人的感情产生危机,甚至导致婚姻破裂。一般认为,影响老年婚姻关系的因素包括如下几个方面。

1. 健康因素

俗话说"老来百病摧"。到了老年期,人的机体开始衰老,抵御疾病能力弱,容易生病。一般来说,老年夫妻共同经历了人生的风风雨雨,应当更加互相体

贴。但是许多久病在床的老年人会变得脆弱、敏感,容易发火,老伴也觉得非常委屈,认为自己好心没好报,于是发生争执,产生矛盾,从而影响夫妻感情。

2. 婚姻建立时留下的问题

"父母之命,媒妁之言"的婚姻在老年人中仍有不少,还有的因年龄大了等其他原因凑合着结婚,导致相互间没有多少感情,甚至彼此怨恨。年轻时为了孩子,各自都有自己的工作,也由于当时的社会道德要求,日子在得过且过中度过,退休后则各种矛盾和问题都显露出来。

3. 对性生活的不满意

性生活不仅是肉体的满足,也是爱情、感情的表现。老年人因生理机能的衰退,构成性活动能力的生理、心理因素也大为削弱,老年婚姻生活中性生活的地位可能较中青年人有所区别,但其对老年婚姻的重要性仍然是不容置疑的。可以肯定,性生活和谐程度与老年夫妻关系存在一定的相关性。性生活和谐的夫妻大多感情较好,而性生活不和谐的则夫妻关系很难好起来。

4. 老年期心理的变化

人到老年,由于更年期的干扰,心理上不可避免地要发生一系列的变化,如忧虑、多疑、情绪烦躁、容易发火等,特别是女性表现得更加异常,有的甚至产生精神性疾病,这是导致老年婚姻危机的重要因素之一。只要老年人懂得自身生理、心理的特点,学会自我调适,同时对配偶宽容大度、体贴关心,就会相安无事。如果不懂得上述特点,以为配偶有意"像换了个人似的",采取火上浇油的行动,对方的反应就会越来越大,双方的感情裂缝也会越来越深。

5. 老年夫妻兴趣爱好的差异

由于人到老年,生理上、心理上发生的变化,使得老年夫妻之间在兴趣爱好上产生差异,且这种差异感会比年轻时表现得更为突出。同时环境的变化也会使这种差异更加明显,反差太大必然影响到双方的关系。退休前,夫妻俩白天都在各自的工作岗位上忙于业务,晚上才回到家里来,相对来说,互相磕碰的机会少,互相交流的话题多。退休后,从庞杂的社会回到狭小的家庭,空余时间多了,接触频繁了,可能会发现配偶做事这也不顺心,那也不称意,于是引起争吵,使感情产生裂痕。一般感情好的老年夫妻往往兴趣爱好相同,有共同语言;而关系不好的老年夫妻,则很少有共同的兴趣爱好。对于老年夫妻来说,经过几十年的共同生活,感情大多已经融洽,只是人到老年,才又使这些差异凸现出来,因而加强沟通,相互理解,弥合差异,同样是处理老年婚姻关系的重要原则。

6. 经济矛盾

经济基础决定上层建筑,婚姻关系的牢固与否,很大程度上受家庭经济基础的制约。某种意义上,由于经济问题产生的矛盾,更能破坏夫妻关系。比如,夫妻双方消费不平衡问题,如果一方消费太多,必然会引起另一方的不满。经济支配的对象、方式与数量的意见不统一,往往也会使夫妻之间发生分歧。有的家庭还会因为储蓄与开支的安排问题而产生矛盾;或由于兴趣爱好不同,以致花钱方式的不同而闹意见。这些因素看似小事,但对老年夫妻关系有很大影响。

(三) 老年婚姻关系的处理原则

老夫老妻恩爱和睦,互敬互谅,不仅使家庭幸福生活有保证,也有利于老人健康长寿。老年夫妻关系的处理应当遵循以下基本原则。

1. 思想上相互尊重,相互理解,相互信任

在家庭中,夫妻关系是平等的,要尊重对方的人格,理解对方的生活习惯,不要强求对方。一方对另一方的爱好要重视,要多加支持,如果加以挑剔,甚至嘲讽,会损伤对方的感情。夫妻之间要有足够的信任,不要妄加猜疑,引起对方反感。

2. 生活上相互照顾,相互关心,相互体谅

人到老年,子女独立,远离家庭,分居他处,此时的老年人往往容易产生空虚感。朝夕相处的只有自己的老伴,因此,老年夫妻相互照顾、相互关心、相互体谅,不仅能增进夫妻间的感情,更是老年精神生活所必需的。人到老年,体弱多病,动作迟缓,记忆力衰退,因此,特别需要夫妻之间相互的扶持和帮助,健康一方应当为多生病一方鼓舞打气,提供医疗条件的支持和心理的安慰,使其安度晚年。对于配偶进入老年期由于心理的变化而发生的行为转变,比如讲话哆嗦、任性固执、喜欢责备别人等,要予以体谅,不要动辄就加以指责。

3. 经济上相互商量,相互公开

经济问题是家庭的基础,对于老年人尤为如此。若经济基础不解决好,就可能影响夫妻感情。要处理好家庭经济问题,一方面老年夫妻在经济上要多商量,合理安排,民主解决;另一方面,财务要公开,家庭收入的使用要合理、平等、透明,不要私设"小金库"造成误会,给夫妻生活蒙上阴影。

(四) 老年婚姻关系处理技巧

夫妻关系的协调在家庭生命周期的不同阶段有不同的要求。夫妻应当根据不同阶段的变化特点,对相互之间的关系进行协调。老年服务与管理的从业者可以教会老年夫妻掌握一些婚姻关系的处理方法,巧妙地化解夫妻之间的矛盾,改善老年生活状态。

1. 善于以情动人

感情是婚姻关系的基础,老年婚姻更需要感情的交流。如果老伴与自己产生隔阂,应以情动人,以真情去改变对方的态度。比如,送上一束玫瑰,给对方一些意外之喜,讲些对方喜欢听的话,打消对方的成见。如果认为老夫老妻,平淡生活不需要像年轻时那样用心,对老伴不理不睬,甚至在发生矛盾时一走了之,只会使矛盾越来越大。

2. 把矛盾冷处理

夫妻间的矛盾是不可避免的,关键是有了矛盾之后的处理方式。采取"冷处理"方法不失为一种有效的方式。一方发火,另一方应避其锋芒,做些让步,待到对方冷静后,再动之以情,晓之以理,问题就不难解决了。如果不是冷处理,以热对热,针尖对麦芒,谁也不肯让步,或得理不饶人,其结果只会激化矛盾。

3. 巧用幽默

幽默可以给人欢乐,可以消除人的烦恼,也可以产生良好的心理效果。在老年夫妻关系中,幽默可以使剑拔弩张的紧张空气化为轻松愉快的气氛,是夫妻关系的稳定剂和兴奋剂。家庭中有了矛盾,一个幽默的笑话,一个幽默的动作,往往能使矛盾化解。

4. 琐碎小事装糊涂

"难得糊涂"也可应用在老年夫妻关系中。老年夫妻朝夕相处,难免会有摩擦,对于那些日常小事,诸如一杯茶、一盘菜、穿什么衣服、抽什么烟等,尽可能糊涂些,不必斤斤计较。吃些小亏,受些小气,尽量装糊涂,夫妻间不需要睚眦必报。

5. 换位思考

老年夫妻之间出现矛盾,应学会换位思考,多从对方的角度想一想,多替对方考虑。常换位思考,彼此间就更容易相互理解。

(五)老年人再婚问题

老年人再婚是指,老年人丧偶或离异后,再择偶婚配,继续婚姻关系。在我国,绝大多数老年人都结过婚,终身未婚的很少,并且多数老年人都处在夫妻家庭构成之中,离婚和分居的也比较少。但作为自然规律,随着年龄的增长,死亡率不断升高,老年人尤其是老年女性丧偶率高,婚姻结构开始发生变化,这给老年人的生活带来一系列的影响。家庭空巢化,年龄高龄化,再加上丧偶,老年人的生活更加孤独无助。如何从丧偶的悲痛中走出来,重新找到生活的支点,是摆在部分老年人面前的现实问题。与中青年群体不同,再婚是老年人群相对敏感的现实话题,但也是决定老年人晚年生活幸福程度的重要话题。

1. 老年人再婚的原因

老年人再婚一般是出于以下需要。

(1) 心理需要。丧偶或离异以后,心理上会产生强烈的失落感、孤寂感,需要找一个人在生活上相互支持,感情上相互宽慰,以填补心理上的空白。

(2) 生理需要。老年人一般身体情况不佳,需要一个能相互照顾的伴侣。当然也有一些人再婚是要求过正常的性生活。

(3) 其他需要。如物质需要、精神需要等。

2. 老年人再婚的阻力

对于单身老年人结婚,往往会得到支持和帮助,而老年人再婚,常会产生阻力。

(1) 传统道德观念的禁锢。众多老年人受到"好女不嫁二夫""从一而终"等封建礼教的束缚,丧偶多年,晚景孤凄,虽渴望能有个老伴相扶走完人生旅程,但屈服于社会、家庭、邻居的非议,而打消再婚念头,甘受压抑煎熬。

(2) 子女的反对。老年人再婚往往易招到子女的干涉,原因可能有如下几个方面。一是感情隔膜。子女对失偶的父母不关心,缺乏心理交流,或者不了解再婚是老年丧偶者的内心需求。二是"难堪"心理。儿女觉得父母再婚"丢面子"。三是自私心理。当丧偶的父母手中有一定财产时,子女唯恐父母再婚后

会失去财产支配权和继承权。四是戒备心理。在没有了解继父母之前,子女往往对他们有戒备心理,因为"继父母总不如生父母"的传统观念,大多数子女对父母再婚有抵触情绪。

(3) 功利主义的绊索。现实中部分老年人择偶的条件颇为苛刻。有的男性老年人择偶的条件要求女方的年龄要比自己小,最好小七八岁,甚至更多,以便于对方照顾自己;而一些女性老年人对男方社会地位要求甚高。老年人的择偶条件在许多方面比青年人更现实、更具体。有些老年人的择偶条件不仅在年龄、相貌、胖瘦、高矮、文化、职业、收入、住房、风度、健康、情趣、嗜好等方面有明确要求,甚至还标明无车、无房、无上百万资产不见。这些带有功利性的要求,往往也会成为老年人再婚的绊脚石。

3. 老年人再婚问题的处理

人到老年后,无论是生活习惯还是身体状况,都很难再适应新的改变。而再婚将打乱原有的生活,两个习惯完全不同的人突然生活在一起,如果是年轻人,磨合一段时间可能就习惯了,但对于老年人或许就很难了。因而,对待老年人再婚,一定要慎而又慎,老年服务与管理的从业者可以帮助老年人重点注意以下几个方面。

(1) 正确对待再婚。老年人再婚是合情、合理、合法的,所以可以帮助老年人树立正确的再婚态度。老年人不仅自我观念要更新,而且要勇于向世俗挑战。

(2) 要端正再婚的动机。婚姻应以爱情为基础,不能功利性太强。如果把再婚当作寻找经济来源、寻找生活保姆、寻找性伙伴、寻找生活依靠、寻找住房的机会,那婚姻的基础肯定不牢固,一旦在生活中发生碰撞或相互之间难以融洽,此时婚姻就会土崩瓦解。因此,应帮助老年人端正再婚的动机,双方要抛弃功利性的目的,首先应以思想共鸣、感情融洽为前提,其次要慎重考虑对方的实际情况,最好能有相同的文化背景、相似的生活阅历、相同的兴趣爱好、相互弥补的性格,这样才能缩短相互了解的时间和距离,才能在婚后的心理、生活上更容易相互调适。

(3) 注重婚前的充分了解。对于再婚的老年人来说,婚姻同样是终身大事,关系到老年人晚年生活的幸福,因而应该采取慎重态度。双方在婚前要充分了解,获悉对方的性格、脾气、兴趣爱好、身体健康情况、子女及亲戚对婚姻的态度、经济条件、住房情况、文化水平、职业及过去的经历等情况。只有全面详尽地了解对方的情况,才能作出正确的选择与决策。要做到"日久见人心",避免"一见钟情"。否则,与合适的人失之交臂或结婚后又闹离婚,这些都会带来烦恼,在人生暮年留下无尽的遗憾。

(4) 做好子女的思想工作。子女对老年人再婚是否支持,是关系到老年人再婚是否幸福美满的重要因素。子女对父母有着天然的感情,父(母)亲的亡故给他们带来了巨大的痛苦。他们因觉得未尽到责任而愧对故去的亲人,产生一种罪责感。有一些子女期望父(母)亲对已故的配偶"守节"。再婚的老年人要理解子女,与子女分享自己再婚后的幸福的同时,也要向子女解释,寻求他们理解和支持。

(5) 处理好与家庭成员的关系。老年婚姻较之青年婚姻,关系更为复杂,它牵涉到几代人的关系,既有老年人自身的相互适应、协调,也有老年人儿女之间的关系协调,还有第三代人及各自原有亲友之间关系的协调,所以老年婚姻实际是两个家庭,甚至是两个家族之间的融合,再婚的老年人一定要注意协调好方方面面的关系,要做到以下几个方面:首先,要设身处地替对方着想,换位思考,尊重对方的感情和习惯;其次,要有宽阔的胸襟和器量对待晚辈,对己出和非己出的子女都要一视同仁,不可厚此薄彼;最后,对其他家庭成员应主动接触,热情招呼,要有高姿态,但不要有架子,通过渐渐熟悉和了解,慢慢融入新的亲情生活中,自然而然地成为令人尊敬的长辈。

(6) 要处理好财产关系。经济情况要公开,应把双方的收入视为家庭共同的收入。在支出上,夫妻之间要民主协商,取得一致意见。做到夫妻两人心中有数,可避免争吵。

老年人的再婚,意味着两个单身老年人作为夫妻一起生活,直到终老。美满的婚姻会给老年人带来幸福与快乐,不理想的婚姻则会使双方倍感痛苦和不安。所以,老年人再婚切不可轻率。

三、老年和谐家庭的营造

拥有一个幸福的家庭,安享晚年,是众多老年人的心愿。老年服务与管理的从业者也应帮助老年人营造和谐美满的家庭,具体可以教会老年人如下几点方法。

(一) 把生活建立在现实基础上

老年夫妻应把生活建立在现实基础之上,摒弃对家庭生活、配偶角色的不切实际的期望。有的老年人希望自己的配偶既是知己又是保姆,是不现实的。夫妻还应对家庭生活中可能产生的变化、对配偶可能出现的变化有充分的思想准备,如配偶突然生病等,此时,应该积极接受、主动适应这些变化。

(二) 互谅互让,相互体贴

老年人退休后,夫妻朝夕相处,繁杂的日常生活和事务,会使各自的优缺点都更清楚地呈现出来。特别是当身体不佳或心情不愉快的时候,生气、发脾气的情况就会增多。在这种情况下,就特别需要夫妻之间的谅解、帮助和体贴。经历人世沧桑、饱尝世事磨难的老年人是最能够体验和享受夫妻间的深切情意的。在日常生活中,要以关心体贴的方式传达爱恋,要揣摩对方的需要,主动给予关心和帮助,在互敬、互爱、互帮、互谅的情意交流中,使爱情长存。

(三) 夫妻之间应坦率、真诚、平等

夫妻,尤其是老年夫妻,他们共同经历了人生的风风雨雨,他们之间的关系应是一种最亲密的人际关系。如果彼此能够互相了解和信任,那么,即使发生小摩擦也会很快解决,否则,芝麻小事也可能导致感情破裂。夫妻间虽然存在角色行为上的差异,但夫妻在保持自己的个性、独立性等方面享有同等的权利。老年夫妻更应互相照顾,而不是一方伺候另一方。夫妻之间如果认识到这一点,努力建立平等的夫妻关系,就会使婚姻生活更加和谐、融洽。

(四)有一张共同的家庭生活日程表

老年人在退休之后,硬性规定的劳动、工作或学习时间没有了,那么就面临着如何安排和支配时间的问题。时间中第一类是"生命必需时间",它包括一日三餐、睡眠时间,这种时间在某种意义上带有一定的强制性,老年夫妻花费在这上面的时间也比较多;第二类是自由支配时间,这可以根据不同的兴趣爱好自由安排;第三类是修复时间,这是治疗、恢复疾病或应付生活中其他意外而支付的时间。老年夫妻间要调适好夫妻关系,就要使夫妻两人的生活日程表协同起来,增加共同活动时间。这是因为家庭是一个互助关系十分密切的团体。特别是退休后的老年夫妻关系就更加紧密,共同的家庭生活日程表,可以促进夫妻间的互动,使夫妻间更加和谐与融洽。

(五)珍视家庭特有的价值

家庭中特有的价值包括家庭共同创造的社会业绩,把孩子养大成人,经受了人生考验的爱情,等等。家庭中值得怀念、留恋、珍视的和有价值的事物很多,只要做个有心人,都会从中找到无限的情趣。共同生活了一生的夫妻,更能感受到家族特有价值的重要意义。因此,老年夫妻要珍视这种家庭特有的价值,并在日常生活中纪念它、发掘它、议论它,这不仅可以增加家庭日常生活的情趣,也会增强夫妻之爱。对互敬互爱地走过生命大半历程的夫妻来说,家庭特有的价值就像他们的生命一样宝贵。

任务三 老年文化娱乐

老年文化娱乐,是以老年人为主要对象,其内容包括适合老年人参与的各种娱乐项目和与体育锻炼相结合的健身项目等。根据老年人的生理和心理特点,组织和引导老年人开展各种各样的文化娱乐活动,能丰富老年人生活,使其老有所乐。

情境导入

2019年广州市第十五届体育节文体展演活动吸引了全市近600名老年人前来参与,身着多彩舞服的展演队员们个个精神抖擞,神采飞扬;各个队伍轮番上阵,广场舞、水兵舞、太极拳、旗袍秀、柔力球、长绸等表演精彩纷呈……

广州市老年人体育协会负责人欧阳丹表示,协会每年都会举办大型文体活动,并代表广州市参加省里的老年人体育大会,近几年的成绩一直名列前茅,"这些活动,将老年人热爱生活的精神表现得淋漓尽致,让大家强身健体,心情愉悦",据介绍,协会常年有超过一万名会员,最高峰时甚至有两三万人,"大家就像一个大家庭一样,相互帮助、支持,一起度过健康愉快的晚年。"

(参考资料:朱江伟.广州市第十五届体育节老年人文体展演圆满成功. https://baijiahao.baidu.com/s? id=16421052425769664863&wfr=spider&for=pc.引用日期:2020-10-20.有删减)

【任务描述】

1. 试分析：如果老年人精神生活贫乏，将对老年人产生哪些影响？

2. 辩论：以"老年人是否应该以麻将作为日常主要娱乐方式"为题，以班级为单位组织一场课堂辩论赛。

【任务实施】

1. 分小组就各个任务展开讨论，并派代表汇报分析讨论结果；

2. 选举辩论主持人；每小组推举一到两名代表参加辩论，组成两支辩论队，通过抽签决定两对各自立场；辩论主持人介绍辩论规则及要求；正反双方展开辩论；老师及同学提问并讨论；主持人宣布辩论结果。

【任务思考】

1. 辩论赛前你做了哪些赛前准备？

2. 通过实施任务，查阅资料，你认为哪些娱乐项目是适合老年人参加的，而哪些是不适合老年人的？

【知识链接】

一、老年精神文化需求

（一）人的需求层次理论

根据马斯洛理论，把人的需求分成五个层次，即生理需求、安全需求、爱与归属需求、尊重需求、自我实现需求。这五个层次的需求，依次由较低层次到较高层次排列。马斯洛指出了人的需要是由低级向高级不断发展的，任何一种需求的出现都以较低层次的需求的满足为前提。

（二）满足老年人精神文化需求的重要性

随着我国政府对老年群体的重视，社会保障资金投入力度的逐年增大，老年人的物质生活条件得到了有效的改善。当老年人的物质需求基本得到满足时，对于精神文化的需求就由隐性转向显性。

步入老年，人的体力和精力都会日渐衰退。告别几十年的工作岗位，子女成家离去、亲友、配偶亡故，社会交往的减少等诸多因素，都会使老年人或多或少地产生失落感，会对老年人的身心健康产生危害。因此，全社会不仅要重视和满足老年人的物质生活需求，更要重视老年人精神文化的需求。如果社会无法为老年人提供满足其精神文化需求的服务和条件，就无法实现"老有所养、老有所教、老有所学、老有所为、老有所乐"的目标。

（三）老年人精神文化需求的内涵

老年人的精神文化需求是指老年人在亲情伦理和情感生活方面的感情需求。精神文化需求是与个体本身的素质、教育程度、修养等密切相关，这些将直接影响人的精神消费能力和闲暇生活技能，进而影响闲暇生活内容。每个人不论年龄大小，都有自己的需求。就老年人而言，有的人退休不退志，坚持奉献终身、刻苦自学、不断进取，以丰富自己的晚年生活；有的人锻炼身体，休闲旅游；有的人上老年大学，补上年轻时因工作繁忙而耽误的文化知识；有的人探亲访

友,重新找回亲情,找回友谊。

老年人精神文化需求存在一定的个体差异,一般应从情感需求、文化娱乐需求、人际交往需求、教育需求、自我实现需求五个方面帮助老年人丰富精神文化。

1. 情感需求

情感需求是老年人心中普遍强烈的精神需求。当老年人遇到紧急危难情况时,他们得到的安慰和关心主要还是来自配偶、子女。老年人对于情感的需求程度远远大于对物质的需求。老年人如果长期得不到家人的关心、照顾,就会感到失落和孤独,产生消极情绪,甚至影响老年人的身心健康。子女日常的嘘寒问暖、沟通交流,配偶的不离不弃、相伴左右都能使老年人得到精神慰藉,从而使老年人心情舒畅、精神愉快,幸福度大大提升。

2. 文化娱乐需求

老年人退休之后有大量的闲暇时间,文化娱乐活动需求便成了老年人精神文化需求的一个重要内容。如果没有健康多样的文化娱乐活动来充实这些空闲时间,老年人生活将会变得单调乏味、空虚无聊。通过参加健康有益的活动,享受欢快活泼的文体生活,在活动中陶冶情操,享受人生乐趣。如秧歌、腰鼓、太极拳等都是老年人喜闻乐见的活动,简单易学,符合老年人的特点,使老年人的晚年生活充实丰富,老有所乐,有利于身心健康。

丰富的文化娱乐生活,对老年人增强体质、减少疾病、提高健康水平十分有益。参加文化娱乐活动使老年人心理上感觉自己还年轻,生命力旺盛,从而对生活充满信心。同时,多参加文化娱乐活动可以调剂和丰富老年人的生活,使老年人感受到生活的无穷乐趣,认识到自己对社会仍有价值,从而不断产生新的追求和寄托。在群体活动中,也可以增进老年人之间思想与感情的交流,改善老年人的精神状态,增加老年人与社会的接触,获取更多的社会信息,从而跟上时代发展的步伐。

3. 人际交往需求

除了亲情和爱情,老年人也需要友情,希望有朋友陪伴,渴望有自己的朋友圈子。大多数老年人乐于开展社会人际交往,会主动发生社会联系,进行社会互动。老年人通过与他人交往获取信息,通过与他人沟通排解心中的苦闷,感情得到宣泄释怀。通过社会人际交往,老年人得到了尊重、关注,并通过在人际交往过程中开展的多种活动中展示自身才能,继续完成自我实现和自我发展,排解了因退休等原因而产生的寂寞、空虚、失落等负面情绪。

4. 教育需求

俗话说"学无止境""活到老,学到老"。当今社会发展迅猛,新知识层出不穷,老年人虽已离退休,但仍然希望与时俱进,不被社会淘汰。他们渴望老有所学,获得继续学习的机会,包括老年大学系统学习、自学等形式。有的老年人喜欢读书看报,博览群书,谈古论今,增长知识;有的老年人学习服装裁剪、缝纫、编织、学习舞蹈、走T型台,甚至参加各类表演,展示自己的老年风采。

5. 自我实现需求

自我实现是老年人精神文化需求的最高层次,也就是美国著名心理学家马斯洛所说的"高峰体验"。老年人希望能够"老有所为"即是老年人对人生境界、自我价值的追求的体现。老年人通常拥有了娴熟的技术,积累了丰富的阅历和经验,对社会问题的理解更加有深度,退休后依然希望参与社会活动,为社会做些力所能及的事情,充分发挥自己的潜能和余热,实现自身价值或未竟的心愿。

以"传播知识、陶冶情操、活跃生活、延年益寿"为宗旨,积极开展老年精神文化活动,丰富老年精神文化娱乐项目,为广大老年人提供精神原动力和道德凝聚力,对提高老年人生活质量,增加老年人幸福生活指数具有十分重要的意义。

二、老年文化娱乐项目

(一)学习型文化娱乐项目

教育需求是老年人精神文化需求的重要部分,根据老年人学习目的的不同可将老年人的学习分为消遣型和学用结合型两种。一般,可以帮助老年人根据自己的切身需要和学习目标选择以下不同学习方式。

1. 上老年大学

老年大学的课程内容十分广泛,老年人可根据自己的兴趣爱好与需要来选修相关课程。老年人通过上老年大学,除了增长知识、获得心理满足之外,还可认识一批拥有相同兴趣爱好的老年同学,大家聚在一起交流沟通,缓解孤独。

2. 读书看报

读书看报无疑是老年人最简单易行的学习方式。读书可使老年人享受知识积累的乐趣,保持浓厚的生活情趣,涵养老年人的性情,使人心有所寄,志有所存。看报可以使老年人及时了解国内外新闻,与时俱进,和社会保持同步。

3. 学习书法绘画

书法和绘画是一门艺术,书法绘画使人宁心静气,有助于养心。学习和练习书法绘画,可以使老年人在艺术的境界中寄托情感,陶冶性情,养神健脑,在艺术的创作过程中产生愉快、舒适的心理。此外,书画创作时要求姿势端正、悬腕提肘、运力全身,其本身就是一种良好的运动方式。可见,书法和绘画是促进老年人脑力与体力的综合性活动。

4. 学习养生保健知识

通过阅读养生保健书籍,收听健康知识讲座,关注自身的健康保健,学习养生之道,学习医学知识和急救常识。老年人通过养生保健知识的学习,使其拥有更为健康的生活方式,有利于老年疾病的预防,调节身心,有助于老年人的健康长寿。

5. 学习使用智能电子设备

随着电子技术的发展,使用电脑、手机等智能电子设备上网查阅资料、阅读新闻、聊天交友、购物娱乐是现代人必备的技能。部分老年人通过微信、QQ与亲人朋友沟通交流;通过微博、朋友圈抒发情感;通过淘宝、天猫线上购物;通过支付宝、微信网上支付，紧跟时代步伐。但是应当杜绝老年人上网成瘾，影响健康和正常的生活。

总之，坚持学习可使老年人开阔心胸，有助于提高生活乐趣，并以学习所得的知识经验，参与社会活动，置身集体之中。坚持学习可锻炼脑力，增进老年人心理功能，有助于消除紧张心理，特别是可以提高记忆力。坚持学习可以延缓衰老，保持心智功能，有利于提高老年人精神生活的质量。但是老年人在学习生活中应注意避免两个误区。一是妄自菲薄，不愿学习。认为自己年老体衰，大脑退化，什么都学不来。二是学习目的不正确，过于追求功利。老年人的学习生活应以怡情养性、益寿延年为主要目的，不必追求什么名利或达到什么标准。老年人如果废寝忘食、不顾自身健康状况通宵达旦、不达目的誓不罢休，则与老年学习生活的目标相悖，使自己身心健康受到损害。

（二）趣味型文化娱乐项目

除了参加学习型娱乐项目，还可以帮助老年人根据自身兴趣和需要选择以下趣味型文化娱乐项目。

1. 种植花草

种植花草，既可以美化环境、净化空气，又可以陶冶情操、美化心灵，对老年人的身心健康具有良好的调节作用。鲜花美丽芬芳、色彩缤纷、赏心悦目，充满生机。侍弄花草能增添生活乐趣，引人积极向上，提升文化艺术修养，平和性情。同时，侍弄花草还需要付出一定的劳动，对于平素运动较少的老年人来说，这恰好是一种非常适宜的、经常性的锻炼方式。在花草的养护管理过程中，老年人能增加身体活动量，运动四肢、筋骨、关节，使人体各部位得到锻炼，从而增强体质，增加防病抗病能力。在与花草接触的过程中，由于空气中富含负氧离子，大脑和肌肉都会获得充足的氧气，对人体新陈代谢非常有益。另外，许多花草树木本身也有保健治病作用，如气虚体弱，患有慢性疾病的老年人，可种人参，能强壮身体，调理机能；患有肺结核的老年人，可种百合花；患有高血压、小便不利的老年人，可种植金银花、小菊花。养花可愉悦心境，达到忘忧、忘我的境地，心静则益康。

2. 饲养宠物

饲养宠物，可以给人带来好心情，老年人可以与宠物为伴，一起散步，一起坐在沙发上看电视，甚至对着宠物讲自己的心事。对于老年人来说，这种交流可缓解由于家人和朋友来访次数减少而造成的孤独感。饲养宠物能为老年人的日常生活增添关注的焦点。

老年人在宠物的选择上，应该根据其个人的经济情况、身体条件，尽量选择体型小巧、性格温顺、生活料理方便的宠物。在宠物的选择中，以养鸟为推荐。养鸟、赏鸟对老年人身心健康十分有益，既可锻炼身体，又可健脑养心，给老年生活带来无穷乐趣。养鸟需要学习相关知识，阅读、查询图书资料，有助于老年人积极用脑。养鸟还要每天遛鸟，有助于老年人更多的接触自然，同时达到锻炼身体、吐故纳新之效。鸟儿斑斓的色彩、婉转的啼鸣、优美的姿态、可人的性情，都会使老年人心情舒畅，乐趣无穷。但是，进入暮年的老年人，往往容易把全部精力和情感放在宠物的身上，减少正常人际交往，陷入"宠物依赖情结"。因此，老年人不宜溺爱宠物，应该正确处理好与宠物之间的关系。

3. 下棋对弈

下棋对于老年人而言是一种很好的益智休闲娱乐活动，寓脑力锻炼于娱乐之中，是一种很好的记忆训练。下棋可以锻炼思维，保持老年人的智力，提高思维能力和判断力，延缓脑细胞的衰老。棋盘之上，需凝神静思，全神贯注，心平气和；棋局瞬息万变，要经过反复谋略，方能投子。以棋会友，切磋技艺，还可增进友谊。通过对弈之乐，可消除孤独之感，保持乐观心态。但老年人下棋应注意勿时间过长，忌情绪的波动，应当劳逸结合。

4. 垂钓休闲

钓鱼也是一项非常适合老年人的活动，适合肢体活动功能受限、不能进行大运动量活动的老年人。外出垂钓，远离市区的喧闹和污染，青山绿水，环境宜人，给人心旷神怡的感受。郊外空气负氧离子浓度高，对于调节中枢神经系统，加快新陈代谢，提高免疫力都有非常好的效果，对老年人有很好的保健作用。垂钓可以养神，在垂钓过程中，全身心得到放松，对治疗失眠、神经衰弱、心情紧张、焦虑或抑郁等疾病都有良好的作用。垂钓时，又需要眼、脑、手相配合，动、静、意相协调，因此，经常垂钓能增强体力，提高肢体动作的灵活性、灵敏性和协调性。钓鱼还能磨炼意志，陶冶性情，使人安定、心绪平静，有助于克服焦虑、浮躁等不良心理，增加乐趣，活跃情绪，减少或避免某些不良情绪导致的身心疾病的发生及加重的可能。

5. 收藏集邮

老年人可利用自己充裕的闲暇时间进行收藏，不仅可以排解孤独与空虚之感，而且能大大丰富自己的文化生活，扩展知识，提高审美，并因收得新藏品而获得成就感，心理和精神生活都得到极大的满足。在收藏过程中，老年人应按照兴趣爱好、自身条件和环境，有计划、有系统地进行收藏、研究、整理和欣赏，其目的应是丰富精神生活，提高文化修养，促进身心健康。如果为渔利而收藏，或不顾自身条件而东奔西忙，或千方百计必欲收得某藏品，以满足强烈的占有欲，则与老年人进行收藏活动的正确目的相悖，反而会严重影响老年人的身心健康。

在众多的收藏活动中，集邮是比较适宜老年人的一项收藏活动。通过集邮，老年人可以在"方寸天地"中学习古今中外、社会自然诸多知识，获取丰富的精神食粮，更好地认识世界，了解社会。同时，邮票画面设计精巧，色彩美观，千姿百态，具有很高的艺术价值与品位。欣赏邮票，可使老年人获得审美享受，提高艺术修养，消除不良心境和精神压力。通过整理、鉴赏多年收集的邮品，还可活跃思维，增强记忆力，促使老年人更加热爱生活，从而达到延年益寿之目的。

6. 戏曲音乐

戏曲、音乐对于陶冶性情，促进身心健康都有着不可言喻的作用。优美的戏曲、音乐能使人精神焕发，心情舒畅。老年人欣赏适宜的戏曲、音乐，可以丰

富情感,享受美的乐趣,促进身心健康。美妙的音乐使人体产生和谐的共振,通过中枢神经系统,促进血液循环,增强心脑肝肾功能,增加胃肠蠕动和消化腺体分泌,有利于新陈代谢。此外,音乐的节奏、旋律、和声、配器可使欣赏者产生丰富的联想,调节老年人情绪,使之精神焕发,保持良好心境,忘却生活中的孤寂与烦恼。听戏曲、音乐来陶冶性情,治病健身已经日益被医学界所重视和应用。

7. 旅游出行

游历名山大川,尽享旅游之乐,已经成为当今老年人休闲活动的一种重要的选择。外出旅游已经成为老年人所追求的一种时尚,特别是发达地区更为明显。很多老年人年轻的时候忙于工作和家庭的事务,无暇外出,直至退休终于有了闲暇时间,为了弥补年轻时的遗憾,将出游作为了生活当中十分重要的休闲方式。旅游可以使老年人开阔心胸,增长知识,锻炼身体,给单调的退休生活增添一抹色彩,可以让老年人在优美的自然环境中得到愉悦,更可以增强老年人的体质。但是老年人在出行线路的选择上,应当根据自身的实际情况而定。

(三)保健型文化娱乐项目

适合老年人的保健型文化娱乐项目有跳舞、太极拳、散步、球类运动、保健操等,可根据老年人的喜好和身体状况帮助其选择适合的项目。

1. 跳舞

舞蹈是融音乐、运动和娱乐于一体的一项文体活动,老年人经常跳舞既可活跃老年生活,促进老年人际交往,又可锻炼身体,陶冶性情,有益于身心健康。在欢快、悠扬的音乐旋律中翩翩起舞,会使人精神愉快,心旷神怡。欢乐的气氛还可以消除大脑的疲劳和心理的紧张,使全身感到轻松。

当然,老年人不宜选择动作强烈的舞蹈,宜选择节奏缓慢、曲调优雅的群体性舞蹈,如交际舞、老年迪斯科、健身舞等。

2. 太极拳

太极拳是中华民族的传统体育项目之一,汇集了我国古代保健体操之精华,是我国宝贵的民族文化遗产,对防治慢性疾病有较好的效果,是非常适合老年人的锻炼项目。

练太极拳能改善神经系统的功能,因为它要求人们做动作时精神要高度集中,从而增强神经对各器官系统的影响和作用。经常练太极拳对心血管系统也有良好的作用,是改善血液循环,消除肝淤血,改善肝功能的有效方法。此外,它还有提高呼吸系统的功能,能够改善消化系统,增强肌肉、骨骼、关节、韧带的活动能力。

所以说,太极拳是特别适宜高龄老年人的一种健身运动。老年人可根据个人的体力来调节练拳时间、次数、动作的快慢等。最好是早晚各练一次,每次 10~15 分钟。

3. 散步

"饭后百步走,活到九十九"。散步是老年人最简便易行的健身运动,对老年人的身心健康十分有益。通过散步,可以锻炼下肢肌肉和关节,促进身体的新陈代谢和血液循环,活筋骨、助消化、减脂肪、强心肌及预防心脑血管疾病。

到户外散步,漫步在田野、公园、林间、水畔,沐浴阳光,呼吸新鲜空气,可使人身心放松,神情爽快,怡情养性,有利于老年人的心理健康。目前社会上还流行一种倒退步行,即倒退走,这种方式可以刺激平时不大用的肌肉,使血液循环得到改善,可有效减轻腰背酸痛。

4. 球类运动

适合老年人锻炼的球类运动包括健身球、乒乓球、羽毛球、门球、高尔夫球等。老年人可根据自己的兴趣和爱好进行选择。

5. 保健操

老年人长期坚持做保健操,如足部保健操、背部保健操等,可以消除疲劳、宣通经脉、锻炼内脏、调节六腑、保养精神。

适合老年人的文化娱乐项目还有许多,但应当指出,无论老年人选择哪一项活动,都必须是以颐养性情、充实生活、有益身心为主要目的。如果带有强烈的功利意识,反而身为心役,有损老年人的身心健康。除此之外,老年人在进行自己热爱的活动时,也应讲究"张弛有度",不可夜以继日、乐此不疲,使身心过于劳累。

任务四 老年活动策划和组织

老年活动是指针对老年人的心理、生理特点,在老年服务工作者的协助下,在社区、团体组织开展的语言交流活动、肢体活动、兴趣活动、文娱活动、公益活动等,以促进老年人的身心健康、满足其发展需要、提高晚年生活质量为目的。掌握老年活动策划的原则及方法,对老年活动的成功开展具有重要意义。以下内容将从老年活动策划的意义、原则、方法与技巧和老年活动组织四个方面展开介绍。

情境导入

五大连池市人民法院接待了一位当事人贺某,其要起诉自己的社区。因前几个月年近八旬的贺某在参加社区组织的拔河比赛中受伤。

事故发生后,贺某认为社区在此次活动组织中,未尽到安全保障义务,致使自己在比赛中受伤,故将其起诉至人民法院,要求赔偿医疗费、交通费、营养费、精神损失费、护理费共计 21 297 元。但被告社区负责人也有自己的意见,社区负责人对贺某所阐述的在该社区组织的比赛中受伤无异议,但贺某是主动参与该活动的,社区活动方案原定为 60 岁以下居民参与,但如果 60 岁以上居民有意向参加的也可被允许参赛。在贺某摔倒时社区医疗人员立即对其进行了处理,社区工作人员也在第一时间拨打了 120 急救电话。针对贺某赔偿的诉求,社区认为自己不应赔偿。

情境六 老年幸福生活营造

承办该案件的法官索远红在了解案情后做出综合性考量,该起案件如果处理不好就可能激化矛盾,索法官遂决定启动调解执行化解纠纷。在庭审开始前向双方当事人寓情于理的讲解释法解疑,告知活动地面的坑洼,是导致损害的原因,组织者需应承担一定的赔偿责任。但是,受伤居民贺某没有确认该活动的参与条件,本身也有一定责任。

(参考资料:黑龙江省五大连池市法院网.社区活动老人受伤双方愁 法院调解来解忧. http://hhwdlc.hljcourt.gov.cn/public/detail.php?id=810.引用日期:2020-10-25)

【任务描述】

思考并讨论:

1. 你认为在老年活动当中组织方应采取哪些措施,从而避免案例中贺某受伤事件的发生?

2. 老年人是比较特殊的群体,为了避免在老年活动中发生危险,我们应当在进行活动策划时,从哪些方面着手进行活动设计?

3. 假设时值重阳节,请为你所在社区的老年人拟订一份符合节日主题的老年活动策划方案。

【任务实施】

1. 分小组就各个任务展开讨论,各小组选派代表汇报并分享讨论结果。

2. 分小组对任务 3 进行讨论并查阅相关资料,拟订方案并修改,各小组提交方案并选派代表进行方案汇报。

【任务思考】

1. 通过任务实施,你认为老年活动的策划需要从哪些方面着手考虑?

2. 你的策划方案是否有不完善的地方?忽略了哪些内容?

3. 方案策划任务的实施过程中,你做了哪些工作?收获了什么?

【知识链接】

一、老年活动策划的意义

老年活动可分为体育、文娱、艺术、旅游、会议、展销、节庆、公益、社交等,如:养老机构经常开展的长寿老年人生日会、老照片回忆展览、老年棋牌活动、老年人健康教育等活动;结合重大节日开展的中秋赏月活动、重阳登高活动、春节包饺子比赛等;在社区举办老年人集体金婚仪式、老年人夕阳红之旅、老年歌舞比赛、老年模特比赛、老年趣味运动会、老年门球赛以及大型联欢歌舞会等主题老年活动。

安排好老年人活动,能使老年人获得乐趣,身心得以松弛,情绪得以舒张,通过参与各种活动,老年人得到许多与他人交流、与外界接触的机会,有助于缓解其寂寞、抑郁的情绪。

（一）老年活动的开展有利于调适老年人情绪

随着年龄增大，老年人情绪波动大，易变得敏感，自我封闭，容易出现失落感、忧郁感、遗弃感等，甚至变得性格怪异。这些不良的情绪，容易诱发老年疾病，对老年人身心产生负面影响。通过参与老年活动，老年人可以排除焦虑、宣泄不满情绪，促使其勇敢、乐观地面对现实的一切，并释放内在隐蔽感受，增强对社会的适应能力。

（二）老年活动的开展有利于改善老年人人际关系

老年人在退出主流社会后仍然需要社会交往，需要新的、良好的信息和情感交流渠道，需要形成一定的社交网络。老年人社交网络包括伴侣、家庭成员、邻居、同质人群和通过其他渠道认识的朋友等。参与老年活动能增加老年人之间的互动，促进他们之间的沟通与了解，培养合作精神，促进语言及非语言沟通能力，促进老年人人际关系的和谐发展，帮助老年人构建除伴侣、子女以外的新的社交网络。

（三）老年活动的开展有利于老年人身体健康

人到老年，生理特点表现为脏腑气血精神的自然衰退，生理功能和形态方面出现退行性变化，机体调控阴阳的稳定性降低。如动脉弹性减低、血压升高、消化道的蠕动和分泌功能减弱、尿道括约肌萎缩、免疫能力减弱等，容易导致冠心病、高血压、糖尿病、关节炎等疾病。适当的体力活动可以提高机体新陈代谢的能力，使机体器官功能和肌力增强；还可加大肺活量，促使心肌加强收缩，增加血液供应，促进血液循环；能改善神经系统功能，消除体力活动所造成的轻度疲劳；能解除神经紧张，促进睡眠；能增强肠胃道分泌和蠕动，增进消化，促进食欲。坚持适当体力活动的人，比久坐不动的人心脏肌肉发达，心脑血管功能健全，高血压、心脑血管、肥胖等发病率也更低。适当的体力活动是预防疾病的重要条件。同时，在参与脑力活动的过程中，老年人不断阅读，反复进行思考、想象、记忆等思维活动，能使大脑得到锻炼，延缓脑细胞的衰老。

（四）老年活动的开展有利于老年人自我实现

老年人参加团体活动，可从中感到自己的价值，有归属感，在活动中发挥自己的长处，受人尊重，消除老年人的自卑心理，在活动中有利于老年人实现价值。

生命在于运动。老年人更应保持身体的运动，即参加各种老年活动来延缓衰老，促进身心健康，更好地适应社会，获得归属感与责任感。老年人害怕孤独，害怕生病，而参加老年活动是此类问题得以解决的良好途径。因此，老年活动的组织和开展，能有效消除老年人的孤独感，增加老年人的成就感。老年活动的开展可以让老年人晚年生活更加丰富多彩。

二、老年活动策划的原则

根据老年人的身心特点，老年活动的策划要遵循下列基本原则。

（一）动静相宜

老年活动应以动中取静、修身养性为主，尽量避免剧烈的运动和激烈的竞技。例如，在进行文体型活动策划时，要考虑到老年人的平衡力、肌力、敏捷性、协调性、柔软度、心肺能力、爆发力、速度等特点，有针对性地开展活动。动静结合，既适合老年人，不会给老年人带来身体上的压力，又使老年人得到锻炼，从而改善老年人的身体状况。

（二）娱乐为主

老年活动应当以娱乐、消遣为目的，不要设竞技性很强的游戏，以免由于成败输赢而使老年人产生心理压力，造成精神刺激。

（三）注重传统

老年活动应偏重传统的内容和形式，应让老年人发挥自身优势，能让老年人运用他们积累多年的宝贵经验和技能，不要标新立异。

（四）精简易玩

老年活动应当简单、好玩，避免程序、命令太多，规则过于复杂，使老年人难以掌握。如果活动内容过难会令老年人产生"我记忆力不行"的感叹而伤其自信心。

（五）安全至上

在老年活动的策划上，应当考虑老年人的身体状况，在活动的选择上避免危险、刺激的活动。活动过程中的场地、着装、交通等安全问题，也应当做好充分考虑。

（六）量力而行

当我们掌握了老年人的基本生理及心理状况时，设计活动应衡量老年人的能力是否应付得来。把握现有的人力、物力、财力资源，视老年人的多寡而决定举行活动的规模大小与参与人数等。

三、老年活动的策划方法与技巧

（一）调查了解活动对象的实际情况，有针对性地设计活动

在设计活动前，策划者需对老年人的背景、性别、年龄、人数及兴趣有一定的了解，从而设计合适的活动，让老年人都能参与。老年活动策划具体应考虑以下几个方面。

1. 老年人的年龄

老年人年龄的不同，在体能及心智衰退程度上不同，因此在指导老年人开展活动时要注意老年人体能上的差异。老年人可分为高龄、中高龄和低龄3个不同的阶段，根据每个阶段老年人的特点，应针对性地开展适宜的活动项目。

（1）高龄老年人康乐活动：一般针对75周岁以上年老体迈的老年人，以活动量较少的游戏，交谈、静养、文化创作等形式为佳，也包括带领有障碍的老年人进行功能补偿的康复运动。

（2）中高龄老年人康乐活动：一般针对65～75周岁活动能力尚可、无肢体功能障碍的老年人。这类活动的活动量稍大，范围也更广，大多为户外或室内的安全系数高的综合性活动。

(3) 低龄老年人康乐活动：主要针对 65 周岁以下体力、精力仍然很充沛的老年人，除强体力活动之外的一般活动都可以开展。

2. 老年人的性格特点及兴趣爱好

老年人之中既有男性也有女性，他们来自不同的民族、省份，他们在乡村或城市度过他们的青年或中年期。他们不同的文化背景、教育背景和经历的不同年代，导致他们的经验不同，对事物的兴趣也会有很大的差异。对某些老年人有意义的娱乐活动，可能并不能引起另一些老年人的兴趣，甚至可能有不愉快的感觉。因此在活动设计之前，一定要做好参与群体的兴趣爱好调查，让活动对象能最大限度地参与进来。

3. 老年人的身体状况

老年活动的设计必须以参与者的身体状况为基础，在参加体育活动前，应通过身体检查对参与者进行筛选，同时，在活动过程中配备专业的医护团队全程跟随。针对身体或智能有障碍的老年人，应当组织一些只需要用上肢便能进行的娱乐活动，尽量通过活动维持其现存的生理机能，并争取恢复一些已丧失的功能。还可以借助器具开展活动，特别适用于有肢体残疾、功能障碍的老年人。

4. 不适宜参加活动的老年人

有些老年人的认知水平欠佳，如患终末期认知症或者有其他器质性疾病的老年人，因为思维混乱或者不能正常与人交流，有严重行为问题，如果参加活动，活动组织者可能无法掌控他们在活动过程中的行为举止，或者如果老人离开活动现场游荡到其他地方时，无法保证他们的安全。如果老人有严重的抑郁症，极度退缩，或者正处于精神疾病发作期，他们的行为举止对他人会形成干扰或威胁，也不适宜参加活动。如果老人正处于紧急的危机状况中，如被诊断出患致命的疾病或者经历了创伤性事件，则需要等创伤性事件带来的混乱情绪平复之后，才能参与集体活动。

（二）活动策划流程

(1) 商讨并确定主题。
(2) 拟写策划书，商讨并修改（确定活动时间、地点、活动项目等）。
(3) 活动经费预算。
(4) 落实活动经费或确定活动赞助。
(5) 活动的主要参与人员。
(6) 布置场地。
(7) 宣传推广。
(8) 活动进行。

四、老年活动的组织

（一）活动前的准备

活动前应做好各种准备工作，并就活动事项向老年人进行清楚简明的介绍，增强老年人参与活动的信心。

1. 场地准备

老年活动,尤其是大型活动,举办活动的地点选择至关重要。如果经费允许,可以选择饭店、会议室、老年活动中心、幼儿园、学校等地开展怀旧主题活动;可以租用私人会所,组织老年人体验现代生活;可以租用时髦的老年服饰用品店,举行一场老年人自己制作时装、秀时装的活动;可以选择历史遗址、当地风景名胜区,让老年人感受历史气息和自然之美。在经费不允许、条件有限等情况下,可选择相对开阔的、无障碍的室内外空间,但场所也不宜过于宽广,老年人不像青少年那样活跃,要避免产生空荡荡的感觉。当然,场所也不能太小,因为老年人可能坐着轮椅或者使用步行器、拐杖等,在足够大的空间内才能活动自如。

开展老年活动的地方一定要方便如厕,并备有残疾人卫生间,要有休息区域。开展室内活动时,一定要事先检查每个地方,如座椅是否牢固,光线是否明亮,设备、电线电缆等是否阻碍通行,尽量消除安全隐患。要确保消防出口、残疾人专用通道安全通畅。如果老人视力和听力方面有损伤,那么宣传材料要尽可能色彩鲜艳、饱和度高、文字突出,条件允许的话,可为有需要的老人配备视听辅助器材,安排讲解人员。

2. 时间准备

开展老年活动要尽量避开炎热和寒冷的天气,同时要考虑老年人的生活安排和日常作息时间,尽量不打乱老年人的常规生活。一般活动时间不宜过长,应控制在1小时以内,如果超过1小时,应安排中间休息,避免让老年人感觉劳累。

(二)活动过程控制

在活动的过程中,组织者要经常用鼓励的言语与行动来关心、支持每一位参与者,让老年人时刻有一种被尊重和被重视的感觉,从而以更高的热情投入到活动中。时刻注意调节气氛,让活动保持欢乐、愉快的气氛。对于内向的老年人,我们应主动、热心地与他们一起参与活动,让他们渐渐感受游戏带来的乐趣。

对于一些缅怀往事的活动,可在活动中展出一些与老年人过去生活有关的物品,比如一件衣服、一段音乐、一张旧报纸、一些与特定历史阶段联系在一起的收藏品、公共事件的照片等,通过这些物品激发老年人美好的回忆;也可以组织老年人写家庭成员的传记、整理照片送给家庭成员,以及建族谱或者汇编家庭烹饪手册;也可以组织老年人运用布衣拼贴、雕塑、绘画和其他的艺术形式来装扮老年人的房间;还可以组织老年人品尝花茶,养气解郁,舒畅心胸;或选用节奏鲜明、优美动听的背景音乐,可使人产生愉悦感,起到调节情绪的作用。

(三)活动结束及评估

1. 精心设计离别活动。

组织者可以拍一些活动现场的照片或与活动嘉宾的合影,把照片打印出来,放在镜框里,在活动结束时及时送给参与活动的老年人。如果时间不够,可

以在活动结束一周内制成活动纪念册,邮寄或亲自登门拜访送给老人,这样会给老人留下温馨的活动回忆。

2. 做好活动评估。

活动评估的具体内容包括:活动的内容是否依据老年人的兴趣及需要展开;活动的安排有否考虑老年人的年龄、性别、文化、背景及经济差异等因素;活动的意义是否具有一定的弹性范围以满足各种成员的兴趣与需要,是否容许最大量的参与机会。

开展老年活动,要时刻注意"老年人"这个角色的特点,活动过程要使老年人感到轻松、愉快。活动应遵循个别化、平等自愿、循序渐进的原则。要从每一次活动中吸取经验教训,为下一次活动做必要的指导。

任务五　老年旅游

情境导入

国庆长假过后,旅游市场进入淡季,这期间,有充足时间的老年人成为旅游市场的主力军,不少老年人把旅游当成新型社交方式。

前不久,60多岁的张阿姨报名参加了某旅行社华东五天游,旅途中,张阿姨结识了一群志同道合的团友。旅行结束后,她们也经常保持联络,时不时相约一起喝茶或到公园锻炼。

对于老年人,旅游可能是他们重新融入现代社会的一种方式。75岁的李大爷两年前丧偶,一直在悲痛中难以走出,尽管子女都很孝顺,但李大爷总觉得有代沟。前段时间,已经很久没有出过远门的李大爷与老年大学的同学一起到云南旅游,领略到如今出行的便利,感受祖国河山的美好,心情逐渐变得明朗起来。

(参考资料:作者根据网络资料改编)

【任务描述】

1. 拟订一份12月出行的夕阳红旅游计划方案,要求做好详细的行程安排。

2. 编排情景剧——《"如此"夕阳红》。

情境假设:一群重庆老年人参加了某旅行社组织的"夕阳红北京游",结果却让老人们失望而归。

要求:要充分体现导致老年游客"失望而归"的原因,即尽可能地表现老年人在旅游过程中与旅行组织方会出现的各种矛盾。

【任务实施】

1. 分小组对任务1进行讨论并查阅相关资料,拟订方案并修改,各小组提交方案并选派代表进行方案汇报;

2. 分配编排情景剧的任务,汇报演出。

【任务思考】
1. 你认为情境演练的任务方式对专业学习有何帮助？
2. 在情景剧编排过程中,你是否遇到了困难？怎么解决的？
3. 通过情景剧编排,你收获了什么？

【知识链接】

随着我国步入老龄化社会,旅游业也迎来一股"老年浪潮"。越来越多的老年人开始走出家门,走进自然,老年人开始成为旅游市场的重要力量。

一、老年旅游项目开展的意义

(一)促进老年人的身心健康

旅游可以促进老年人的身心健康,置身于名山胜水,能使人呼吸到大量空气中的负氧离子,调节其神经系统和增加血蛋白,加速其肌肉内代谢产物的输送,消除疲劳;同时,还能增强呼吸系统的功能,增加机体对氧气的吸入量和二氧化碳的排出量,促进机体的新陈代谢。此外,行走也是一种活动方式,行走实际上是进行了足底穴位按摩,加强了骨骼与肌肉的力量,改善关节的灵活性和柔软性,提高身体的抗病能力和对外界环境的适应能力。游览之时,精神振奋,烦恼、郁闷烟消云散。休息之时,肌肉由紧张转为松弛,睡眠好,吃饭香,这对身体健康有很好的促进作用。对于身体肥胖者,旅游还可帮助其减轻体重。在游览过程中,还能沐浴阳光,也有利于增强体质。

(二)丰富老年人的闲暇生活,提高老年生活质量

通过大力开发老年旅游,尤其老年人的保健游、养生游,组织老年人到气候宜人的地方休憩疗养,会让他们真切感受到人生的美好。有的老年人感慨置身于名山大川,鸟语花香的大自然中,常常忘记自己的年龄,旅游是花钱买来快乐和健康。旅游可以使老年人开阔心胸,增长知识,锻炼身体,给单调的退休生活增添一抹色彩,可以让老年人在优美的自然环境中得到愉悦,更可以增强老年人的体质。在愉悦身心的同时提高健康水平,有效地提高老年人的生活质量。

旅游可以弥补老年人晚年生活的失落感,充实精神生活。老年人因为角色转换,活动范围相对缩小,一般只局限于家庭。同时,随着生活水平的提高及空巢家庭的增多,越来越多的子女与老年人分居,这些就更增加了老年人晚年生活的孤寂和失落。而现在我国为老年人提供的娱乐场所如公园、社区、老年活动中心等产品和服务相对比较滞后,不能全面满足老年人融入社会的需求,老年旅游市场的开发能吸引老年人外出旅游,大大提高了老年人与外界接触交流的机会,能更多地参与到群体活动中,与其他社会成员一起分享社会发展成果,弥补心理上的失落,变"安度"晚年为"欢度"晚年,改善老年人的精神面貌,减轻老年人的心理压力,缓解衰老。

(三)发展异地养老,开辟养老新渠道

通过老年旅游项目的开展,在老年旅游消费者与全国旅游景区景点、宾馆饭店、老年院舍之间架起一座直接联系和沟通的桥梁,使更多的老年人更快捷、

更直接地了解适合自己的旅游产品和目的地,为他们的旅游出行带来实惠、便利,也为众多老年人的旅游式养老开辟了通道。

组织开展老年旅游,可以进一步催生或发展老年人异地养老。老年人通过旅游进行观察和比较,选择自己希望去和能够去,并最适合自己安度晚年的目的地,或在那里的住养机构短暂停留,愉快地享受养老服务,度过一段美好的时光。开展老年旅游包括:实施带有浓厚旅游性质的旅游式养老;有计划地选择中意的城市的养老机构短期停留的动态式养老;结合自身身体状况及患病、医疗和保健等方面的需求,到旅游时看中的异地老年医疗、康复机构接受医疗卫生服务的医疗康复式养老;根据气候变化和身体条件选择在南北方的中意城乡轮候修养身心的候鸟式养老;采纳儿女与亲朋的建议,安营扎寨移居地的长期移居式养老;等等。由此可见,旅游在其中的媒介作用和催化作用是不可低估的。

异地养老打破了传统养老的时空界限,为全社会的老年人安度晚年提供更大、更广泛的选择,也为更好地缓解和解决亿万老年人的养老问题开辟了新的途径。异地养老可以使养老资源的配置更加适合市场经济发展的客观要求,有利于缩小和消除地区间养老事业发展的不平衡性;异地养老有利于使现有的养老资源充分利用起来,最大限度地发挥出其应有的作用,可以更好地避免有限养老资源的闲置和浪费;异地养老可以通过养老对象的流动迁移和对照比较,通过各地养老机构的观摩、交流、学习、竞争和优化,大幅度提升全国老年服务机构软硬件设施的质量、提升老年服务人员的素质和服务技能;异地养老可以开辟和培育出一批新兴的养老产业发展基地,造就并形成规模宏大的养老产业链,催生专业化、规范化、标准化的新兴养老服务业,为整个国民经济发展注入新的生机和活力,为下岗再就业工程的实施做出更大贡献。

二、老年旅游服务与管理

(一)老年旅游服务人员的要求

由于老年旅游者与其他旅游者的差异,老年旅游的服务人员除了应当具备旅游业服务者的基本素质外,还应当具备更多专业素养,包括:

(1)尊敬老年人,对老年人满怀爱心;

(2)对老年人因年龄因素出现的某些思维欠敏、动作减缓有着深切的理解;

(3)从内心深处愿意关怀老年人,帮助老年人;

(4)办事周到,思维细密,既善于工作整体的安排,又善于具体实务的操作;

(5)有耐心,不怕麻烦;

(6)积极学习并熟悉老年旅游的诸多环节的服务,能够掌握本岗位的老年旅游服务技能;

(7)接受老年旅游服务技能的专业培训。

(二)老年旅游服务的具体要求

1. 为老年人打造有针对性的旅游景点,抓好旅游关键环节

(1)打造旅游线路和景点。根据老年人的特点,打造符合老年人特点的旅游线路和景点。要根据老年人的承受能力和爱好,设计旅游线路,规划行程及

时间,让老年人既玩得高兴又不致劳累过度。

(2) 做好咨询和解释工作。要耐心细致做好老年人的咨询和解释工作,给他们当好参谋,为他们推荐适合的旅游地点,并将旅游景点的游玩安排表发到每个人的手中,提前告知出发时间及集合位置,让老年人及家人提前知道行程安排,做到心中有数。

2. 维护老年人的合法权益,完善各项旅游协议

做好协议签约工作及意外伤害保险等工作。此外,还要做好协议以外的相关问题的协调工作。如有老年优待证的人员的处理,随团就餐,景点门票,自费旅游线路的安排,以及许诺景点没有去成等问题,旅行社应当签一份协议外的补充协议,以此来保证服务质量,避免旅途中出现协议以外的纠纷而导致不愉快,确保老年人的利益不受损害,出现问题也能有章可循。

3. 随团带队工作人员要做好老年人的各项服务工作

根据报名人数按比例安排随团工作人员人数,随团工作人员要自始至终和旅行社的工作人员一起为老年人做好服务工作。

(1) 做好出发前的查体工作,组织好安全知识教育。首先,要让参加旅游的老年人填写游客健康状况调查表,了解其既往病史(疾病情况、药物过敏情况等),以确定老年游客自身身体条件是否适合参加本次旅游;如果旅游行程线路中有特殊气候(如高温天气)或特殊地域(如高原地区),则需要对游客进行说明,并要求游客做游前身体检查,做到心中有数,确保旅行中老年人的身体健康。其次,要制作老年游客的个人信息卡,将游客的姓名、年龄、紧急联系人姓名和联系方式、病史、过敏药物等情况登记在卡上,要求游客旅游期间随身携带。最后,应当组织行前说明会,对老年游客进行安全知识和出现意外的自救和互救的基本常识教育,并注意提醒有慢性病的老年游客随身携带必备药品。

(2) 做好旅行前信息提示工作。出发前应当及时了解旅游途经区域、旅游目的地的天气变化、洪涝汛情、地质灾害、交通路况、治安形势、流行疫情等信息,并将这些信息和游览安全提示及时告知老年游客。

(3) 安排好旅游的交通工具,保证出行安全。无论选择哪种旅游交通方式,承运人及老年旅游的经营和组织单位都要按照有关法律法规的规定,选择状况良好的交通工具,保障老年游客的人身、财产安全。候机、候船、候车等必须有统一明确的位置,领队、导游或其他服务人员须先期到达等候。出发前应当清点人数,安排老年人有序地登机、登船、上车,并在必要时给以恰当的搀扶。无论车船,均须保证老年游客每人都有合适的座位,做好产生晕机、晕车、晕船时的相应预案。在乘坐旅游大巴、飞机时,要提醒或协助老年游客系好安全带;摆渡或乘船游览时,要提醒或协助老年游客穿好救生衣。注意老年游客(尤其是高龄老人)的座位安排;司机行车时不要开得过快,路况不好或急转弯时须小心慢行(必要时老年旅游的陪同人员应该对司机予以及时的提醒)。车船的驾驶人员应尽量将车船开到方便游客上下的地方停靠,老年游客上下时,车船服务人员和陪同人员应提醒游客带好随身物品,注意上下的安全,并在老年游客上

下车船的地方进行引导、搀扶，必要时帮助其提放行李。

（4）安排好食宿。要安排好老年人的餐饮和住宿，保证吃得卫生、住得安全。要及早了解老年游客的饮食禁忌，并对餐饮供应单位事先说明。尽量选择集体用餐，选择既富有当地特色，又适合老年人胃口的饭菜。旅途中饮食要以清淡为主，多吃蔬菜，尽量避免喝饮料和酒。同时注意饭菜要多样化，保证提供热菜热饭和容易咀嚼、较软、易消化的食物。

老年人睡眠质量差，住宿条件不求奢华，但必须保证安静和安全。住宿区内须有无障碍通道，房内用具、卧具的配置应符合老年人的需要。接待老年游客的住房若无电梯，最好不要超过三层。老年游客活动区域的地面宜有如铺设防滑地砖、地板等防滑措施。卫生间内尤须注意防滑，淋浴器、澡盆等卫浴设备旁均安装有相应的扶手并配备有紧急求助按钮。

应当提醒老年游客妥善保管好自己的财物，为了防止发生游客走错、走失等问题，应每晚查房，晨起点名，并做好当天的工作安排。

（5）安排好旅游行程和时间。依据老年人的特点，与导游协商安排旅游行程和时间。注意节奏不能过快，活动内容不宜太多，尽量不要打破老年人的生活规律，适当休息、按时进餐。每到一个景点，下车后一定要交代游玩时间、集合时间及地点。出行时间应尽量避开节假日等出行高峰期以及夏天炎热的季节和冬天寒冷的季节。

（6）做好保健工作。做好老年人的保健工作，随团的医护人员要对身体欠佳和有病的老年人多加照顾和叮嘱，保障老年游客在旅游中的安全，解除老年人及其家属的后顾之忧。

三、老年旅游产业的发展

近年来，我国人口老龄化的趋势加深了全社会对老年旅游的重视。随着老年人生活水平的提高、社会医疗保障体系的逐步完善，老年人口的健康状况有了很大的改善，这为老年旅游企业提供了充足的客源，也为老年旅游产业的发展创造了有利条件。

（一）老年旅游市场存在的问题

1. 老年旅游产品开发不足

目前，我国的老年旅游市场中的旅游企业在提供旅游服务等方面远不能满足市场的需要，项目开发不足，而且缺乏科学安排，适合老年人的旅游产品不多。市场上充斥着各种让人眼花缭乱的老年旅游产品，最具代表性的当属"夕阳红"等招牌产品。但是这些旅游产品看似是专属老年旅游产品，但实则和一般旅游产品相差不大，没有明显的市场细分特色，对老年人的需求也考虑不足。总的来说，随着经济的发展，社会的进步，目前的许多旅游产品无法满足老年人日益增长的旅游需求。

2. 老年旅游市场服务人员专业性不强

就当前而言，老年旅游市场服务水平相对低端，缺少针对老年旅游专业化的导游。我国为老年旅游提供的导游多为青年人，他们与老年人之间存在年龄

代沟,在知识水平、对事物的认知和态度上,都存在很大的差异,交流起来有较多不便,这也是造成老年旅游市场服务质量不高的一个原因。

3. 老年旅游市场安全保障力度不够

老年人是个特殊的群体,因为年龄的原因,老年人身体功能减弱,所以在旅行时应有保健、安全等配套设施,还应该配备专业随团医生。然而,部分旅行社对一些国内常规老年旅行团却不配备随团医生。即使配备了随团医生,也仅仅是处理一些常见的疾病,遇到突发性的病症仍然束手无策。

4. 老年旅游市场规范性缺乏

老年旅游市场是我国起步较晚的一个市场,目前,在管理方面存在较多漏洞与不足,政府和社会对老年旅游市场的关注也不多,加之老年人消费的习惯和警惕性较差,导致老年旅游市场秩序较为混乱。

（二）老年人对旅游的要求

1. 安全第一

在旅行中,老年人最关心的问题是安全,旅行社最担心的问题也是安全。因此,老年人对旅行中交通工具的要求比较高,在短途旅游中,或者是目的地乘车旅游时,他们希望旅行社提供豪华一点、安全一点的大巴;在景点的选择上,他们希望旅行社选择相对安全的旅游景点;在整个旅程之中,他们希望旅行社能够配备专业随团医生,以便突发疾病时能得到及时治疗。同时,他们还希望旅行社能够按照规定,为游客投保旅行社责任险。

2. 可靠的服务质量和诚信度

根据市场调查显示,影响老年人出游的第二大问题是没有一个信得过的旅行社品牌,老年人比较担心旅行社的服务。老年人在体力上无法与年轻人相比,接收信息的渠道也比较简单,他们出行对旅行社的依赖性很大,而且他们的消费具有多元性、个性化的特点。因此他们希望旅行社能够站在老年人的角度考虑,设计出适合老年人的旅游产品。老年人对旅行社服务质量和诚信都比较关注,品牌信誉较好的旅行社更能吸引老年游客。

3. 节奏缓慢的行程

老年人体力较弱,他们不能接受常规行程的速度。他们希望轻轻松松观看各地景色,体会旅游乐趣。因此,他们需要行程松、节奏慢,比较节省脚力的旅游线路。在选择旅行交通工具上,他们比较喜欢安全、经济、舒适的高铁、火车。当然线路较长时,为了节省体力和时间,他们也愿意乘坐飞机。大多数老年人不喜欢爬山或长距离行走等消耗体力的旅游项目,比较喜欢"海南游""水乡游"等轻松的旅游项目。

4. 吃的软,住的静

老年人牙齿不够坚固,肠胃比较弱,特别是旅行之中,更应该注意饮食,否则很容易发生水土不服和肠胃疾病,影响行程。因此,他们希望带队者从老年人的角度出发,为他们选择细软清淡的饮食。

同时,老年人不要求住宿环境有多豪华,但是必须是干净、舒适、安静。老年人本身少眠怕吵,而且要保证每天6~8小时的睡眠时间,如果休息不好很难

有体力完成整个行程,因此旅行社必须为老年游客寻找适合的住宿环境。

5. 目的地要温暖舒适

老年人出行虽不受时间约束,但是他们既怕冷又怕热。所以他们对出行目的地的气候要求比较高。因此,老年人旅游一般愿意选择三四月份南方春暖花开的季节,或者是九十月份气候宜人的时节,但是要避开黄金周。现在部分有条件的老年人,在冬季最冷的一个月,喜欢到温暖的地方过冬。过冬的时候他们首选是海南,但是也有少部分的老年人选择出境游,如东南亚、澳洲。而南方城市的老年人在"桑拿"天气时,则喜欢清凉山水游。

6. 出境游也可接纳

由于出境游价格较高,以前老年人选择出境游的人数少。随着老年人经济条件的提升,现在有很多老年人都有了出国看看的愿望。现在,出境游中老年游客的身影也逐渐增加,银发族有越玩越远的趋势。从港澳游到东南亚乃至欧洲游、澳洲游等,每个出境旅游团都可以看到不少老年人的身影。有些新增旅游目的地国家的首发团时间排在非节假日,游客中一半是老年人。

(三)老年旅游的发展改革方向

1. 老年旅游产品要"特、专、新、敬"

"特"就是要把握老年人的特点,要创出"老年之旅"的特色。考虑到老年人的生理、心理特点,线路安排上,要"少走多看";游览节奏上,要"缓行安全";价格定位上,要"实在价廉";活动组织上,要注意老年人之间的沟通与交流,使老年旅游真正成为一种休闲娱乐、健康养性的有益活动。

"专"就是要建设老年旅游的专业旅行社,做好细分市场,真正打响"老年之旅"品牌;要不断丰富"老年之旅"的形式和内涵,以风光游、瞻仰游、生态游、科普游、都市游、农家游、度假游、金婚银婚游等内容,逐步提升"老年之旅"的专业水准;同时要树立"长短线结合,以短线为主;实惠游和豪华游结合,以实惠游为主;传统游和特色游结合,以特色游为主"的独特风格。

"新"就是要使"老年之旅"不断创新,敢为人先,从而使"老年之旅"成为老年游客所钟爱的旅游品牌。

"敬"就是要强化"敬老爱老"意识,使旅行社成为老年人温馨的"家"。倡导两代人一同旅游,提供子女孝敬父母,与父母加强沟通的机会;开展"寿宴"系列活动,让老人们的生日过得特别舒心、快乐;定期举办老年人旅游、摄影沙龙茶座等丰富多彩的活动,让老人们"老有所靠,老有所乐",从而大力弘扬中华民族"老吾老以及人之老"的优良传统。

2. 构建多元化、网络化的老年旅游服务体系

旅游机构应建立完善的培训系统,使老年旅游相关服务人员具备更高水平的业务素质。针对老年旅游团的特点,可选择年龄较大、阅历丰富、有耐心的中年导游,这样可以拉近导游与老年旅游者的心理距离。另外,老年旅游团的领队和导游,最好具备一定的医学专业知识。

为了拓展老年旅游市场,提高旅游服务水平,应积极展开合作,在短时间内,构建起一个相对健全的老年旅游服务网络。

内容小结

1. 老年人幸福生活的重要指标包括健康的体魄、持续稳定的生活来源、基本的居住条件、儿女孝顺、和睦的家庭关系、良好的生活习惯等。老年生活质量评估可以采用生活满意度评估、主观幸福感评估和生活质量的综合评估。

2. 首先,婚姻对于老年人十分重要,但老年人婚姻关系也受很多因素影响。处理老年夫妻关系应当遵循以下基本原则:思想上相互尊重、相互理解、相互信任,生活上相互照顾、相互关心、相互体谅,经济上相互商量、相互公开。同时,要处理好老年婚姻关系还应掌握一下技巧,如善于以情动人、把矛盾冷处理、巧用幽默、琐碎小事装糊涂、换位思考等。其次,老年人再婚问题很常见,老年人要处理好再婚问题需要注意以下几个方面:正确对待再婚、注重婚前的充分了解、做好子女的思想工作、处理好与家庭成员的关系、处理好财产关系。最后,拥有一个幸福的家庭,安享晚年,是众多老年人的心愿。

3. 老年人的精神文化需求是指老年人在亲情伦理和情感生活方面的感情需求,一般包含有情感需求、文化娱乐需求、人际交往需求、教育需求、自我实现需求。老年服务工作者要帮助老年人积极参与文化娱乐项目(包括学习型文化娱乐项目、趣味型文化娱乐项目、保健型文化娱乐项目)以实现老年人精神文化需求。

4. 老年活动的开展不仅有利于调试老年人的情绪、改善老年人人际关系,还有利于老年人健康和自我实现。老年活动策划应遵循动静相宜、娱乐为主、注重传统、精简易玩、安全至上等原则。老年活动开展前,应调查活动对象的实际情况,有针对性地设计活动。老年活动的组织分为活动前准备、活动过程控制和活动结束及评估。

5. 老年旅游项目的开展能促进老年人身心健康,丰富老年人的闲暇生活,提高老年生活质量等。老年旅游服务的具体要求包括:为老人打造有针对性的旅游景点,抓好旅游关键环节;维护老年人的合法权益,完善各项旅游协议;随团带队工作人员要做好老年人的各项服务工作。目前,我国老年旅游市场还存在一系列问题,难以满足老年群体对旅游的要求。老年旅游产品要"特、专、新、敬"和构建多元化、网络化的老年旅游服务体系是未来老年旅游的发展改革方向。

情境七

老龄化社会的管理

能力目标

本部分知识内容可采用案例讨论、小组讨论、角色扮演、情景模拟、社会调查等多种形式组织学习，旨在培养：

1. 借助网络平台查阅、了解相关信息的能力；
2. 为养老机构、老年社区的管理提出建议的能力；
3. 对相关问题展开分析并提出解决问题的思路的能力。

知识目标

通过学习本部分内容，应能够：

1. 掌握老年合法权益的内容，老年权益保障的意义和内容；
2. 掌握养老机构的性质、特点、类型、功能；
3. 了解养老机构的质量控制及管理要求；
4. 掌握老年社区的管理要求及其办法；
5. 了解老年人力资源开发的原则、方法及具体内容；
6. 了解老龄产业开发的意义；
7. 掌握老年产业开发管理的原则、方法、内容。

- 任务一　老年人权益保障
- 任务二　养老机构管理
- 任务三　老年社区管理
- 任务四　老年人力资源开发
- 任务五　老龄产业开发与管理

情境七　老龄化社会的管理

任务一　老年人权益保障

情境导入

情境1：张奶奶，71岁，老伴去世后，独居在一处80多平方米的学区房中。一天，儿子、儿媳还有孙子，带着一大包礼品来看望老人家，老人家喜出望外。尤其一向不与婆婆说话、从不叫妈妈的儿媳，这次一反常态，"妈、妈"地叫个不停，又殷勤麻利地做了一桌香喷喷的饭菜摆在老人家面前。一家人边吃边聊，席间张奶奶问起孙子的学习状况，儿子便乘机把孩子进重点中学需要交几万元费用等与张老太太一一叙说。张奶奶听后很是惊讶，不知上重点学校还得花那么多的钱，十分心疼儿子。这时儿子见机会来了，就从兜里掏出已备好的"文件"，告诉张奶奶只要在上面签个字，证明孩子是她的孙子，孩子就可在此处上学，不需再交费用了。张奶奶二话没说接过笔来，签了名。善良的张奶奶并不知道那是一份房产过户签证书。时隔几年后，孙子告诉张奶奶他要结婚，要收拾房子，请张奶奶搬出去，这时张奶奶才恍然大悟。张奶奶将儿子儿媳告上法庭但没有胜诉，只好搬出自己苦苦经营了一辈子的老房子，住进养老院。

（参考资料：陈林家园.侵犯老年人房产权益案例分析.http://www.360doc.com/content/16/0130/18/6736511_531706342.shtml.引用日期：2020-10-21.有删改）

情境2：70多岁的王奶奶有一儿三女，均已成家立业。老两口上了年纪后，儿女们一直不定期地给他们赡养费，有时还会带他们到公园里散散心。可是最近几年，王奶奶的几个儿女都推说工作太忙，很少回家探望老人，就连去年春节、中秋节儿女们也都没有回家。这变化让王奶奶老两口十分伤心，"要说不孝顺，儿女们并没少给我们赡养费，可他们就是不愿意回家看看。我们这心里空落啊！"王奶奶逢人便说。邻居都劝她说："精神赡养不是子女的法定义务。""给了钱，他们就尽到了责任，其他的事不能强求。"王奶奶心里也认同了邻居们的说法，但长期见不到儿女的她，孤独感日益加重。赡养老人，子女当真可以只给钱了事？

（参考资料：老年人保护案例分析.https://www.docin.com/p-1850049220.html.引用日期：2020-10-21.有删改）

【任务描述】

1．阅读上述两个情境，思考并讨论材料中的子女侵犯了老人的哪些合法权益？

2．请运用各种工具查阅相关资料，了解老年人合法权益还包含哪些方面？

3．思考并讨论老年人应采取哪些手段来维护自己的合法权益？

【任务实施】

1．按每7人为一组对全班同学进行分组。

2. 以小组为单位,根据任务展开讨论。
3. 各小组选派代表汇报,分享讨论结果。

【任务思考】

通过任务实施,你认为我们能为保护老年人合法权益做什么?

【知识链接】

一、老年权益保障的意义

(一)老年人权益的概述

老年人权益是指老年人依照国家法律法规所享有的各种权利和利益的总称,包括广大老年人与其他年龄群体共同享有的政治、经济、文化等方面的普遍的权利和利益,也包括老年人作为社会弱势群体所享有的特殊权利。

根据老年人的特点和需求,《老年人权益保障法》规定了老年人应享有的权利,主要内容有:

1. 从国家社会获得物质帮助的权利

《老年人权益保障法》明确规定:老年人有从国家和社会获得物质帮助的权利,有享受社会服务和社会优待的权利,有参与社会发展和共享发展成果的权利。禁止歧视、侮辱、虐待或者遗弃老年人。

2. 受赡养的权利

老年人养老以居家为基础,家庭成员应当尊重、关心和照料老年人。赡养人应当履行对老年人经济上供养、生活上照料和精神上慰藉的义务,照顾老年人的特殊需要。赡养人的配偶应当协助赡养人履行赡养义务。

赡养人应当使患病的老年人及时得到治疗和护理。赡养人应当妥善安排老年人的住房,不得强迫老年人居住或迁居条件低劣的房屋。老年人自有的或者承租的住房,子女或者其他亲属不得侵占,不得擅自改变产权关系或者租赁关系。老年人自有的住房,赡养人有维修的义务。赡养人不履行赡养义务,老年人有要求赡养人付给赡养费等权利。

3. 享受婚姻自由的权利

老年人的婚姻自由受法律保护。子女或者其他亲属不得干涉老年人离婚、再婚及婚后的生活。赡养人的赡养义务不因老年人的婚姻关系变化而消除。赡养人之间可以就履行赡养义务签订协议。赡养协议的内容不得违反法律的规定和老年人的意愿。基层群众性自治组织、老年人组织或者赡养人所在单位监督协议的履行。

4. 老年人的养老金

老年人依法享有的养老金、医疗待遇和其他待遇应当得到保障,有关机构必须按时足额支付,不得克扣、拖欠或者挪用。国家根据经济发展以及职工平均工资增长、物价上涨等情况,适时提高养老保障水平。国家对经济困难的老年人给予基本生活、医疗、居住或者其他救助。老年人无劳动能力、无生活来源、无赡养人和扶养人,或者其赡养人和扶养人确无赡养能力或者扶养能力的,

由地方各级人民政府依照有关规定给予供养或者救助。对流浪乞讨、遭受遗弃等生活无着的老年人,由地方各级人民政府依照有关规定给予救助。

5. 老年人的医疗权利

国家通过基本医疗保险制度,保障老年人的基本医疗需要。享受最低生活保障的老年人和符合条件的低收入家庭中的老年人参加新型农村合作医疗和城镇居民基本医疗保险所需个人缴费部分,由政府给予补贴。有关部门制定医疗保险办法,应当对老年人给予照顾。对生活长期不能自理、经济困难的老年人,地方各级人民政府应当根据其失能程度等情况给予护理补贴。国家鼓励医疗机构开设针对老年病的专科或者门诊。医疗卫生机构应当开展老年人的健康服务和疾病防治工作。医疗机构应当为老年人就医提供方便,对老年人就医予以优先。有条件的地方,可以为老年病人设立家庭病床,开展巡回医疗、护理、康复、免费体检等服务。提倡为老年人义诊。国家采取措施,加强老年医学的研究和人才培养,提高老年病的早期发现、诊断和治疗。国家和社会采取措施开展各种形式的健康教育,普及老年保健知识,增强老年人自我保健意识。

6. 老年人的住房

赡养人应当妥善安排老年人的住房,不得强迫老年人居住或者迁居条件低劣的房屋。老年人自有的或者承租的住房,子女或者其他亲属不得侵占,不得擅自改变产权关系或者租赁关系。老年人自有的住房,赡养人有维修的义务。地方各级人民政府在实施廉租住房、公共租赁住房等住房保障制度或者进行危旧房屋改造时,应当优先照顾符合条件的老年人。

7. 老年人的教育与福利

老年人有继续受教育的权利。国家发展老年教育,把老年教育纳入终身教育体系,鼓励社会办好各类老年学校。各级人民政府对老年教育应当加强领导,统一规划,加大投入。国家和社会采取措施,开展适合老年人的群众性文化、体育、娱乐活动,丰富老年人的精神文化生活。

国家建立和完善老年人福利制度,根据经济社会发展水平和老年人的实际需要,增加老年人的社会福利。国家鼓励地方建立八十周岁以上低收入老年人高龄津贴制度。国家建立和完善计划生育家庭老年人扶助制度。农村可以将未承包的集体所有的部分土地、山林、水面、滩涂等作为养老基地,收益供老年人养老。

8. 老年人宜居环境

国家采取措施,推进宜居环境建设,为老年人提供安全、便利和舒适的环境。国家推动老年宜居社区建设,引导、支持老年宜居住宅的开发,推动和扶持老年人家庭无障碍设施的改造,为老年人创造无障碍居住环境。

9. 老年人权益受侵害的处理

老年人因其合法权益受侵害提起诉讼,缴纳诉讼费确有困难的,可以缓交、减交或者免交;需要获得律师帮助,但无力支付律师费用的,可以获得法律援助。老年人合法权益受到侵害的，被侵害人或者其代理人有权要求有关部门处理，或者依法向人民法院提起诉讼。老年人与家庭成员因赡养、抚养或者住房、财产等发生纠纷，可以申请人民调解委员会或者其他有关组织进行调解，也可以直接向人民法院提起诉讼。侮辱、诽谤老年人，构成违反治安管理行为的，依法给予治安管理处罚；构成犯罪的，依法追究刑事责任。干涉老年人婚姻自由，对老年人负有赡养义务、扶养义务而拒绝赡养、扶养，虐待老年人或者对老年人实施家庭暴力的，由有关单位给予批评教育；构成违反治安管理行为的，依法给予治安管理处罚；构成犯罪的，依法追究刑事责任。家庭成员盗窃、诈骗、抢夺、侵占、勒索、故意损毁老年人财物，构成违反治安管理行为的，依法给予治安管理处罚；构成犯罪的，依法追究刑事责任。

（二）老年人权益保障的意义

保障老年人合法权益是提高老年人生活质量和生命质量的重要手段。只有全面保障老年人的合法权益，才能促进其生活质量和生命质量的提高。保障老年人合法权益，是指利用法律的、行政的等各种方法和手段，为符合老年这一法定年龄条件的群体和个人，提供全部合法权益的保障，维护其应当享有的权利和利益。

老年人的合法权益涉及政治的、经济的、文化的广泛领域，主要有：政治权利，人身自由权利，社会经济权利，受赡养扶助的权利，财产所有权，婚姻自由权利，住房权，继承权，知识产权，文化教育权利等。可以看出，老年人的合法权益，既包括保障其基本生活的经济和物质方面的内容，也包括更高境界的政治和精神文化生活方面的内容；既包括基本的人身权利，也包括享受社会发展成果的更高层次的权利。

老年人的生活质量是指按照科学标准来衡量的老年人物质需求的满足程度，生活条件的优劣状态和生活环境的适宜状况，其具体内容包括在吃、穿、住、医、行、用等物质生活方面和精神文化生活方面能够满足老年人必要需求的程度。生活质量的基础是物质和文化条件。老年人的生命质量是指老年人生理和心理的健康程度。生命质量的基础是生理和心理健康。

老年人的生活生命质量是指老年人物质与精神文化生活的满足状态、身体与心理的健康状况以及生活环境的适宜程度等。要提高老年人的生活生命质量，就要加强法律法规和政策对老年群体的保护，完善家庭养老、社会保障的各种法规制度。增大投入，改善居家养老、机构养老、医疗保健、文化学习、文体娱乐等物质和文化条件，创造舒适的环境条件，实现老有所养、老有所医、老有所为、老有所学、老有所乐的目标。

二、老年权益保障体系

老年权益保障体系在我国主要包括社会保障和家庭保障。社会保障是指以国家为主体，通过国民收入的分配与再分配，依法对全社会老年人的基本生活权利予以保障的社会安全制度。它包括老年人社会保险（养老保险、医疗保险）、老年福利、老年社会救助。家庭保障是指传统的家庭养老，即以家庭为主体。

（一）社会保障

1. 老年人社会保险

（1）养老保险。

养老保险是社会保障制度的重要组成部分，是社会保险五大险种中最重要的险种之一。所谓养老保险（或养老保险制度），是国家和社会根据一定的法律和法规，为保障劳动者在达到国家规定的解除劳动义务的劳动年龄界限，或因年老丧失劳动能力退出劳动岗位后的基本生活而建立的一种社会保险制度。养老保险是世界各国较普遍实行的一种社会保障制度。

一般来讲，养老保险具有以下主要特征。

① 强制性。国家通过立法，强制用人单位和劳动者个人必须依法参加养老保险，履行法律所赋予的权利和义务，缴纳养老保险费，待劳动者到达法定退休年龄时，可向社会保险部门领取基本养老金，享受基本养老保险待遇，保障退休以后的基本生活。

② 互济性。养老保险费用来源一般由国家、企业或单位、个人三方共同负担，并在较高的层次上和较大的范围内实现养老保险费用的社会统筹和互济。

③ 普遍性。每个人都有老年岁月，这是人生的必经阶段。养老问题不仅是社会问题，而且是一个全球性问题，关系到一个国家或社会的经济、文明发展，需要我们予以足够的重视。由于养老保险的实施范围很广，被保险人享受待遇的时间较长，费用收支规模庞大，因此，必须由政府设立专门机构，在全社会统一立法、统一规则、统一管理和统一组织实施。

世界各国实行的养老保险制度有三种模式。

① 传统型养老保险制度。传统型养老保险制度又称雇佣相关性模式（Employment Related Programs）或自保公助模式，最早由德国俾斯麦政府于1889年颁布养老保险法所创设，后被美国、日本等国家所采纳。该制度的特点是个人领取养老金的权利与缴费义务联系在一起，即个人缴费是领取养老金的前提，养老金水平与个人收入挂钩，基本养老金按退休前雇员历年指数化月平均工资和不同档次的替代率来计算，并定期自动调整。除基本养老金外，国家还通过税收、利息等方面的优惠政策，鼓励企业实行补充养老保险。

② 国家统筹养老保险制度。国家统筹型（Universal Programs）养老保险制度分为两种类型。一种是福利型养老保险制度，最早由英国创设，目前采用该类型的国家还包括瑞典、挪威、澳大利亚、加拿大等。该类型的特点是实行完全的"现收现付"制度，并按"支付确定"的方式来确定养老金水平。养老保险费全部来源于政府税收，个人无须缴费。享受养老金的对象不仅仅为劳动者，还包括社会全体成员。养老金保障水平相对较低，通常只能保障最低生活水平而不是基本生活。另一种是苏联创设的，其理论基础为列宁的国家保险理论，后被东欧各国、蒙古、朝鲜等所采用。该类型与福利型养老保险制度一样，都是由国家来包揽养老保险活动和筹集资金，实行统一的保险待遇水平，劳动者个人

无须缴费,退休后可享受退休金。但该类型适用的对象并非全体社会成员,而是在职劳动者,养老金也只有一个层次,未建立多层次的养老保险,一般也不定期调整养老金水平。

③ 强制储蓄型养老保险制度。强制储蓄型养老保险制度主要有新加坡模式和智利模式两种。新加坡模式是一种公积金模式。该模式的主要特点是强调自我保障,建立个人公积金账户,由劳动者在在职期间与其雇主共同缴纳养老保险费,劳动者在退休后完全从个人账户领取养老金,国家不再以任何形式支付养老金。除新加坡外,东南亚、非洲等一些发展中国家也采取了该模式。智利模式作为另一种强制储蓄型养老保险制度,也强调自我保障,也采取了个人账户的模式。但与新加坡模式不同的是,智利模式中个人账户的管理完全实行私有化,即将个人账户交由自负盈亏的私营养老保险公司,规定了最大化回报率,同时实行养老金最低保险制度。该模式于20世纪80年代在智利推出后,也被拉美一些国家所效仿。

(2) 医疗保险。

医疗保险是社会保障的主要内容之一。它是指以社会保险形式建立的,为居民提供因疾病所需医疗费用资助的一种保险制度。具体来说,医疗保险是通过国家立法,强制性由国家、单位、个人共同凑集资金而建立医疗保险基金,在个人遭遇疾病需要必须的医疗服务时,由社会医疗保险机构提供医疗费用补偿的一种社会医疗保险制度。老年医疗保险是指国家和有关部门建立的多种形式的医疗保险制度和医疗保险办法,以保障老年人的基本医疗需要、医疗照顾和医疗待遇。

一般来讲医疗保险有以下的特点。

① 普遍性。疾病风险是每个人都难以回避的,对于老年人来说更是如此,由于疾病风险的特点,医疗保险是社会保险各个项目中保障对象最广泛的一个项目。

② 复杂性。首先,医疗保险涉及医、患、保,还有用人单位等多方之间复杂的权利义务关系;其次,为了确保医疗保险资源的合理利用,医疗保险还存在着对医疗服务的接受者和提供者的行为进行合理引导和控制的问题;最后,医疗保险不仅与国家的经济发展有关,还涉及医疗服务的需求和供给。这些都是其他社会保险项目所不具备的。

③ 短期性和经常性。由于疾病的发生具有随机性、突发性,医疗保险提供的补偿也只能是短期性、经常性的。

④ 医疗费用的难控制性。每个人都会遇到疾病风险,有的人甚至会多次遇到这种风险。每个人每次医疗开支的费用都不会相同,甚至数额差额较大,费用低时不会影响患者生活,费用高时又足以使患者陷入困境。同时由于医疗保险的费用支付涉及医疗保险机构、患者和医院三方,而不同的支付模式将会产生不同费用控制效果,加之医疗在世界各国都存在道德风险。因此,医疗保险费用的控制是一个重要问题。

简单介绍美国、日本、加拿大的老年医疗保险的模式如下。

① 美国。美国的老年医疗保障系统是由政府主导,企业参与合作,主要通过医疗照顾制度、医疗补助制度以及医疗保险制度为美国65岁以上的老年人提供医疗卫生和健康保健服务。近年来,随着人口老龄化的加剧,美国还开展了长期护理保险。

② 日本。20世纪70年代日本步入老龄化社会。面对人口老龄化带来的问题,日本采取护理保险制度和覆盖全民的医疗保险体系有机结合的方式,取得了很大成效。日本的老年医疗保障系统由老年医疗保险体系和老年医疗服务体系两个部分组成。其中,老年医疗保险体系包括高龄者医疗保险制度、退休者医疗制度和老年护理保险制度3种。高龄者医疗保险制度规定70岁以上的高龄者及65岁以上的瘫痪老人无论以前加入何种医疗保险,其医疗费用最终通过高龄者医疗保险制度予以给付。日本老年医疗服务体系制度完善、设施种类齐全,为老年人提供了全面的生活护理和医疗服务护理。服务设施应有尽有,服务种类多样化、人性化,提高了老年人的生活质量。

③ 加拿大。加拿大实行全民免费医疗保健体制,加入医疗保险的公民和永久居民持"健康卡",可以免费获得健康保险所覆盖的看病、诊疗、化验、透视、手术、住院等服务。医疗保险是政府从税收中直接支付给医院和医生的。除了健康保险覆盖的服务项目之外,各省和地方政府还为老年人、儿童和低收入者等提供额外的公费医疗保险项目,老年人在加拿大看病基本免费。除了医院、社区医生等为老年人提供医疗护理服务外,加拿大政府还推行新的老年人养老政策,提供了方便、快捷和价格相对低廉的健康和生活照顾的新型家庭服务模式。

2. 老年福利

老年福利是以老年人为对象的社会福利项目,是国家和社会为了安定老年人生活、维护老年人健康、充实老年人精神文化生活而采取的政策、措施和提供的社会公益服务。老年福利是养老保险的延续和提高,在防止和减少老年贫困、保障老年人基本物质生活的基础上,进一步保证老年人共享改革发展成果,满足老年人精神文化生活的需要,努力实现"老有所养、老有所医、老有所为、老有所学、老有所乐"的目标。在社会福利方面,我国《老年人权益保障法》规定国家建立和完善老年人福利制度,并吸收地方的实际做法,鼓励地方建立高龄津贴制度。

(1) 老年人福利的内容。

① 老年人福利津贴。老年人福利津贴是一种普遍养老金计划,这些计划为所有超过规定年龄的社会成员提供养老金,而不管他们的收入、就业状况或者经济来源如何。

② 社会养老。养老方式主要有两种,即家庭养老和社会养老。随着人口老龄化的加剧,再加上家庭的日益小型化和核心化,传统的家庭养老方式越来越不足以承担养老的重任,因此,家庭养老必然向社会养老过渡。而社会养老是

由国家和社会承担起养老的主要责任,为所有老年人提供生活保障及必要的福利设施和服务。

③ 老年人保健。老年人保健是一个系统工程,涉及多个方面的内容,例如:建立医疗机构,为老年人提供医疗服务;建立老年公寓、疗养院、日间护理中心等,改善老年人的生活环境;建立适合老年人活动的体育设施,组织老年人体育活动,增强老年人的体质。

④ 老年福利机构。国家鼓励和扶持社会组织或者个人兴办各种老年福利机构,如老年福利院、敬老院、老年公寓、老年医疗康复中心、老年俱乐部、老年人文化活动中心等。

⑤ 老年人再就业。老年人再就业是解决老年人贫困问题,丰富晚年生活,实现"发展性需求"和"价值性需求"的重要途径。从长远看,人口老龄化是全球趋势,重视老年劳动力的就业问题,可以为未来经济和社会发展提供有益经验。

(2) 老年人福利的形式。

① 收养性福利。收养性福利主要是指收养无家可归、无依无靠、无生活来源的孤寡老人。收养性的福利机构包括养老院、托老院、老年公寓和福利院等。

② 娱乐学习性福利。娱乐学习性福利主要是指为老年人提供各种文化娱乐性服务,面向所有老年人开放。娱乐学习性福利设施主要包括老年人大学、老年人活动中心等。

③ 保健服务性福利。保健服务性福利主要是指为老年人提供一些生活和健康方面的服务,服务对象面向全社会的老年人。这类机构主要包括老年人康复中心、老年医院、老年人咨询中心、老年人交友中心等。

④ 津贴性福利。津贴性福利主要是指以现金的形式为老年人提供的福利。

⑤ 社区福利服务。社区福利服务主要体现在以下两个方面:一是社区老人福利服务体系,具体包括为老年人提供生活照料服务、医疗服务、康复保健服务,为老年人创造文化娱乐和再学习的条件,保护老年人的合法权益,组织老年人投身社区服务。二是推进社区福利服务行业化进程。社区福利服务是一项新兴的社会服务行业,为促进这项事业的发展,民政部等14个部门联合印发了《关于加快发展社区服务业的意见》,该文件中对发展社区服务包括发展社区老年人服务制定了一些优惠政策,极大地促进了老年人社区福利服务业的发展,使其朝着行业化、规范化的方向迈进。

3. 老年社会救助

社会救助是社会成员因有自然灾害、意外事故和个人生理、心理等原因而导致生存困难不能维持最低限度生活水平时,由国家或有关部门依法给予一定的物质或资金的救助和扶助,以使其基本生活得到保证的一种社会保障措施。社会救助既然是国家和社会依法为不能维持最低限度生活水平的公民提供满足其最低生活需求保障的社会保障制度,因而有其特定的救助范围。一般说

来,各国的社会救助范围包括灾害救助、贫困地区和贫困户救助、孤寡病残救助三大类。孤寡病残救助是国家和社会为无法定抚养人抚养、无维持正常生活的劳动能力、无保障正常生活的经济来源的未成年孤儿、残疾人和老年人提供最低或基本生活需求保障的社会救助项目。老年社会救助就属于这一类。在老年社会救助方面,《老年人权益保障法》规定国家对经济困难的老年人,应当给予生活、医疗、居住等多方面的救助和照顾,还对流浪乞讨、遭受遗弃等生活无着的老年人的救助做了专门规定。

(二)家庭保障

敬老养老是中华民族的传统美德,家庭养老也是我国保障老年人权益的传统方式。《老年人权益保障法》对此也做出了明确的规定:老年人养老以居家为基础,家庭成员应当尊重、关心和照料老年人。即,老年人养老主要依靠家庭,由赡养人承担赡养义务;赡养人应当履行对老年人经济上供养、生活上照料和精神上慰藉的义务,赡养人应当为患病的老年人提供医疗费用和护理等。家庭中的所有成员不论是否有赡养义务,都应当关心和照料老年人,使老年人能够在温馨、祥和、团结互助的家庭环境中颐养天年,幸福、愉快地生活。

思考题

1. 老年人依法享有的权益有哪些?当老年人权益受到侵犯的时候应怎么办?
2. 老年人的权益保障体系包括哪些内容?
3. 结合国外老年医疗保障体系谈谈其对我国的启发。

任务二　养老机构管理

情境导入

情境1:住在某养老院的一位男性老人,70岁,三级护理对象。某日下午,由儿子带出去吃晚饭,晚上7点钟回养老院,回院后要求护理员开浴室门洗浴。护理员说:"洗浴时间已过,不能洗。"在老人再三要求下,护理员打开浴室门让他洗浴。一小时后,护理员发现该老人已死在浴室内。家属提出要求养老院赔偿,如协商不成,将上诉法庭。

情境2:"老人半小时前吃中午饭时还在,快找快找!"不久前的一天下午,杭州某养老院里打破了宁静,几十号人都在找一位九十多岁的李姓老人。三小时后,院内外遍寻无着,李姓老人的家属得到通知后急吼吼赶来。出乎意料的是,家属不是配合寻找老人,而是一开口就向养老院索赔,而且态度强硬,不时进行言语恐吓。

老人家属的反常举止引起了院长怀疑：多病的耄耋老人，行动不便，平时活动范围不超过 50 米，能跑到哪儿呢？老人思维清晰，身无分文，如走失肯定会向路人求援。老人走得蹊跷，其中一定有问题！此时，老人家属更是变本加厉，到民政部门大吵大闹。于是，养老院向老人亲属"摊牌"："老人走失有欺诈嫌疑，我们要向公安机关报案。"

老人家属一听到要报警，立刻改变了态度。稍后，老人家属特意赶来，说老人找到了。此时，养老院院长要求老人家属说出找到老人的详细过程，对方却支支吾吾。见此情景，养老院上下都明白了这是怎么回事。

（参考资料：老年人保护案例分析. https://www.docin.com/p-1850049220.html. 引用日期：2020-10-02. 有删改）

【任务描述】
1. 阅读上述材料，谈谈你的感受。
2. 针对材料中养老院出现的事件，思考并讨论问题出在哪里。
3. 讨论应从哪些方面加强养老机构的管理。
4. 课外社会调查：
(1) 请调研你所在地区的养老机构的服务情况、管理情况。
(2) 撰写调查分析报告，并就所调查养老机构存在的不足提出建议和对策。

【任务实施】
1. 分小组就各个主题展开讨论，并分享讨论结果。
2. 分小组进行社会调查，形成调查报告，课堂分享调查结果。

【任务思考】
你在社会调查过程中遇到了哪些问题？怎么解决的？

【知识链接】

一、养老机构概述

养老机构是指为老年人提供饮食起居、清洁卫生、生活护理、健康管理和文体娱乐活动等综合性服务的机构。它可以是独立的法人机构，也可以是附属于医疗机构、企事业单位、社会团体或组织、综合性社会福利机构的一个部门或者分支机构，通过为入住的老年人提供住养服务，进行健康管理，提高老年人的生活质量，以达到"老有所养、老有所医、老有所为、老有所学、老有所乐"的目的。

（一）养老机构的接收对象、性质与特点

1. 养老机构的接收对象

养老机构是老年人养老或修养的场所，其服务对象主要是老年人，即养老机构接收的对象是 60 周岁及以上、要求入住养老机构、符合入住条件的老年人。养老机构不接纳患有不适宜入住的传染性疾病、精神疾病患者。但是某些养老机构（如农村敬老院）也接收辖区内的孤残儿童和残疾人。

2. 养老机构的性质

目前我国养老机构的投资主体包括国家、集体(城市街道、农村乡镇)和民间(个体、民营、外资企业),大致可划分为福利性养老机构、非营利性养老机构和营利性养老机构三种类型。

(1) 福利性养老机构。

福利性养老机构由政府投资兴建,主要接收城市"三无"(无劳动能力,无生活来源,无法定赡养人、扶养人或法定赡养人、扶养人无赡养、扶养能力)老年人和农村"五保"(保吃、保穿、保住、保医、保葬)老年人。

(2) 非营利性养老机构。

由民间资本投资兴建的,不以营利为目的的养老机构属于非营利性养老机构,应当在当地民政部门以民办非企业单位注册登记,享受国家相关的优惠政策,并且不需要缴纳税金,但赢利部分不能分红,只能用于养老机构滚动式发展,属于老年社会福利事业。

(3) 营利性养老机构。

由民间资本投资兴建的,以营利为目的的养老机构属于营利性养老机构,应当在当地工商、税务部门注册登记,一般不享受国家有关优惠政策,在完成税收征缴后,其利润可以分红,属于老龄产业。

3. 养老机构的服务特点

养老机构是现代服务业的重要组成部分,也是国家社会福利的具体体现。服务对象的特殊性,决定了养老机构服务具有以下特点。

(1) 公益性。

公益,即"公众利益"之意。公益性事业是指直接或间接地为经济活动、社会活动和居民生活服务的部门、企业及其设施。公益性企业是指直接涉及社会公共利益领域服务的企业。我国绝大多数养老机构是以帮扶、救助城市"三无"、农村"五保"老年人为主,且多不以营利为主要目的,所以其公益性特征尤为明显。

(2) 全人、全员、全程服务性。

与其他服务不同的是,养老服务是一种全人、全员、全程服务。"全人"服务是指养老机构不仅要满足老年人的衣食住行等基本生活照料需求,还要满足老年人医疗保健、疾病预防、护理与康复,以及精神文化、心理与社会等需求;"全员"服务是指满足入住老年人的上述需求,需要养老机构全体工作人员共同努力;"全程"服务是指绝大多数入住老年人是把养老机构作为其人生最后的归宿,从老年人入住那天开始,养老机构工作人员就要做好陪伴着老年人走完人生最后里程的准备。

(3) 高风险性。

入住养老机构的老年人平均年龄多在75岁以上。增龄衰老,自然使老年人成为意外事件、伤害、疾病突发死亡的高危人群。此外,养老服务业又是一个投资大、回报周期长、市场竞争激烈的高风险行业。如果没有市场意识、经营意识,没有严格的管理和风险防范机制,必然增加养老机构投资与经营的风险。

（二）养老机构的类型与功能

1. 养老机构的类型

根据中华人民共和国民政部发布的《老年人社会福利机构基本规范》，我国一般将养老机构划分为以下几种类型。

（1）老年社会福利院（social welfare institution for the aged）。

老年社会福利院由国家出资兴建与管理，主要接纳"三无"老人、自理老人、介助老人、介护老人安度晚年。机构通常设有生活起居、文化娱乐、康复训练、医疗保健等多项服务设施。

（2）养老院或者老人院（homes for the aged）。

养老院或者老人院专为接待自理老人或综合接待自理老人、介助老人、介护老人安度晚年而设置的社会养老服务机构，设有生活起居、文化娱乐、康复训练、医疗保健等多项服务设施。

（3）老年公寓（hostels for the elderly）。

老年公寓专供生活能够自理的老年人集中居住，符合老年体能心态特征的公寓式老年住宅，具备餐饮、清洁卫生、文化娱乐、医疗保健等多项服务设施。

（4）护老院（homes for the device-aided elderly）。

护老院是专为接待介助老人安度晚年而设置的社会养老服务机构，设有生活起居、文化娱乐、康复训练、医疗保健等多项服务设施。

（5）护养院（nursing homes）。

护养院又称"护理养老机构"，或"护理院"，是专为接收生活完全不能自理的介护老人安度晚年而设置的社会养老服务机构，设有生活起居、文化娱乐、康复训练、医疗保健等多项服务设施。

（6）敬老院（homes for elderly in the rural areas）。

敬老院是在农村乡（镇）、村设置的供养"三无""五保"老人；接待社会上的老人安度晚年的养老服务机构；设有生活起居、文化娱乐、康复训练、医疗保健等多项服务设施。

（7）托老所（nursery for the elderly）。

托老所是提供短期接待老年人托管服务的社区养老服务场所，设有生活起居、文化娱乐、康复训练、医疗保健等多项服务设施，分为日托、全托、临时托等。

（8）老年人服务中心（center of service for the elderly）。

老年服务中心是为老年人提供各种综合性服务的社区服务场所，设有文化娱乐、康复训练、医疗保健等多项或单项服务设施和上门服务项目。

2. 养老机构的功能分类

养老机构的功能分类是根据养老机构入住的老年人所需要帮助和照顾的程度，对其照料功能所进行的科学分类。在美国，养老机构通常分为三类：第一类为"技术护理照顾型养老机构"，主要接收需要 24 小时精心医疗照顾，但又不需要养老机构提供经常性医疗服务的老年人；第二类为"中级护理照顾型养老机构",主要接收没有严重疾病,需要24小时监护和护理,但不需要技术护理照顾的老年人;第三类为"一般照顾型养老机构",主要接收需要提供食宿和个人帮助,但不需要医疗服务及24小时生活护理服务的老人。

在我国,除了护理院外,其他养老机构都没有进行功能分类,一般的养老机构接收的老年人既有生活基本能自理的老年人,也有长期卧床不起,甚至需要"临终关怀"的老年人,是一种混合型管理模式。但随着养老服务业的发展,这种混合型管理模式也暴露出不少弊端,所以近年来,国内有学者提出不论养老机构名称有何不同,所有制性质有何差别,均可以按照老年人照料需求的级别不同分为重度护理养老院、中度护理养老院和轻度护理养老院三种类型。

(三)养老机构内部组织机构设置

养老机构内部组织机构设置主要是指养老机构内部行政、业务和后勤职能部门的设置和人员配置。

1. 养老机构内部组织机构设置

养老机构内部实行分级管理。较大型的养老机构,特别是国办养老机构,多实行"三层五级"管理模式,即分为决策层、管理层、操作层,院长级、科级、区主任级、班组级、员工级,由此形成了阶梯形的领导与被领导关系。中小型养老机构可以不拘泥于上述复杂的分级管理模式,其内部组织管理部门和人员配置应根据实际工作需要,本着精简、高效的原则灵活设置和配置。在中小型养老机构更强调部门综合,管理人员一专多能,管理人员既是机构的管理者,也是具体任务的操作者和执行者,这一点在农村敬老院和民办小型养老机构表现得尤为突出。

2. 养老机构人员配置

养老机构人员配置应与养老机构功能定位、服务模式与实际工作需要相适应。以人岗匹配理论、人力资源规划理论为理论依据,遵循目的性、整体性、规范性、实用性、可操作性等原则,将现有的国家及地方相关标准中的部分内容与现状调查结果相结合,制定出标准的框架及内容指标,最终确立了人员配置标准。

根据入住老年人生活自理能力将入住老年人分为三个类型,即自理老人、介助老人、介护老人。根据收住老年人的类型将养老机构分为三种类型,即居养型养老机构、助养型养老机构、护理型养老机构。用星的数量表示养老机构的服务等级。养老机构星级分为五个等级,即一星级、二星级、三星级、四星级、五星级。最低为一星级,最高为五星级。星级越高,表示养老机构的等级越高。

(1)居养型养老机构。

居养型养老机构是以接收自理老人为主,采取独立或半独立居家方式,设有配套的护理和生活照护场所的养老机构。不同星级的居养型养老机构人员配置要求如表7-1所示。

表 7-1 不同星级的居养型养老机构人员配置要求

	一星级	二星级	三星级	四星级	五星级
行政管理人员	占职工总人数<15%	占职工总人数<15%	占职工总人数<10%	占职工总人数<10%	占职工总人数<10%
医务人员	医务人员、药学、其他医技人员按需配备	注册护士1名；康复师、药学及其他医技人员按需配备	注册护士2名；专职或兼职临床类别医师1名；专职或兼职康复师1名；药学及其他医技人员按需配备	注册护士3名；专职临床类别医师1名；专职中医类别医师1名；专职康复师2名；药学及其他医技人员按需配备	注册护士4名；专职临床类别医师2名；专职中医类别医师1名；专职康复师3名；药学及其他医技人员按需配备
养老护理员	按需配备养老护理员	与自理老年人比例≥1∶16	与自理老年人比例≥1∶14	与自理老年人比例≥1∶12	与自理老年人比例≥1∶10
相关人员	按需配备相关人员	至少配备1名专职或兼职营养师；按需配备心理咨询师和社会工作者	至少配备1名专职营养师；至少配备1名专职或兼职心理咨询师或社会工作者	至少配备2名专职或兼职营养师；至少配备1名专职或兼职心理咨询师或社会工作者	至少配备2名专职或兼职营养师，至少配备2名专职心理咨询师或社会工作者
后勤保障人员	按需配备后勤人员和膳食人员	按需配备后勤保障人员；膳食服务人员与服务对象人数比例≥1∶50	按需配备后勤保障人员；膳食服务人员与服务对象人数比例≥1∶40	按需配备后勤保障人员；膳食服务人员与服务对象人数比例≥1∶30。	按需配备后勤保障人员；膳食服务人员与服务对象人数比例≥1∶25

(2) 助养型养老机构。

助养型养老机构是以接收介助老人为主,采取集中居住方式,提供医疗卫生、康复和照护服务的养老机构。由于接收的老年人为介助老人,其自理能力与居家型养老机构接收的自理老人在自理能力方面有差别,介助老人对照护的需求更高。因此,助养型养老机构在人员的配置上增加了医务人员和养老护理员的配置。尤其是医务人员的配置方面,相同的星级下居家型养老机构都增加了1名注册护士。助养型养老机构对养老护理员的配置要求如下:一星级要求按需配置,二星级要求养老护理员与介助老人比例不低于1∶10,三星级要求养老护理员与介助老人比例不低于1∶9,四星级要求养老护理员与介助老人比例不低于1∶8,五星级要求养老护理员与介助老人比例不低于1∶7。

(3) 护理型养老机构。

护理型养老机构是以接收介护老人为主,具有医护功能,提供长期照护服务的养老机构。这一类型的养老机构接收的老年人需要长期照护,因此其对养老护理员的配置力度要求更高:一星级按需配置,二星级要求养老护理员与介护老人比例不低于1∶4,三星级要求养老护理员与介护老人比例不低于1∶3.5,

四星级要求养老护理员与介护老人比例不低于1：3,五星级要求养老护理员与介护老人比例不低于1：2.5。

二、养老机构管理要求

养老机构的管理同其他企业一样应当遵循管理学的基本原理与方法,按照养老服务行业建设、经营与发展规律,构建自己的组织管理体系,制定自己的管理方针、目标与方法,进而对养老机构的服务与经营实施有效的管理。养老机构管理应包括两个层面,即政府对养老机构的管理和养老机构内部的管理。二者相辅相成,缺一不可。

(一) 政府对养老机构的管理

政府对养老机构的管理主要通过政府职能部门的服务与行政监督来强化对养老机构业务的指导与管理。政府的管理多是从宏观层面,即从政策法规层面对养老机构建设、服务与经营进行管理,这种管理多为指导和监督。实践证明：凡是主动接受政府职能部门的指导与管理的养老机构,其管理规范、发展速度快、运行质量高,能够取得较好的社会经济效益。

1. 管理原则

(1) 依法管理的原则。

政府职能部门依据国家、行业和地方相关政策法规、管理规范,代表着一级政府对养老机构的工作进行业务指导和管理。例如,民政部门出台的政策法规主要是对养老机构进行全面监督和管理;卫生部门出台的政策法规主要是对养老机构内的医疗服务卫生、卫生防疫等工作进行监督和管理;消防部门出台的政策法规主要是对养老机构消防安全工作进行监督和管理;建设部门出台的政策法规主要是对养老机构的建筑设计、装修实施进行管理;劳动部门主要依据《中华人民共和国劳动法》和《中华人民共和国劳动合同法》等政策法规实施进行管理。所以,养老机构的管理者应当熟悉并掌握相关的政策法规,以适应政府职能部门依法管理的需要,保证养老机构在国家政策法规允许的范围内开展建设、服务与经营管理。

(2) 以服务为中心的原则。

政府对养老机构的管理本质上属于一种服务行为。政府职能部门要以服务为中心,经常深入养老机构进行调查、指导,切实帮助养老机构解决在建设、经营、服务与发展过程中存在的问题。养老机构的管理者要正确认识政府职能部门对养老机构管理的作用,主动接受他们的指导与管理,切不可把政府对机构的管理当成一种负担,疲于应付,更不能有抵触情绪。

(3) 科学管理的原则。

政府对养老机构的管理应秉承科学管理的原则,要根据现实的国情、省情和地区实际情况,用科学发展观统筹规划本区域老年社会福利事业的建设与发展,不可盲目追求养老机构的数量,忽视养老机构运行质量。

2. 管理内容

不同的政府部门有着不同的分工,具有不同的管理职能。熟悉这些分工和职能,将有助于养老机构开展工作。

(1) 民政部门。

作为养老服务行业主管部门,民政部门管理的内容相当广泛,几乎涉及养老机构工作的方方面面,主要包括:

① 养老机构的筹建、审批、验收、民办非企业注册登记和发证;

② 养老机构日常经营业务指导、监督与管理;

③ 国办养老机构和乡镇敬老院的机构设置、院长任命与领导班子考核;

④ 国办养老机构的财务计划、专项建设资金的审核与运行监督;

⑤ 农村乡镇敬老院"五保"供养资金和运行经费审核、拨付、运行监督;

⑥ 养老机构的建设方针、发展目标和发展规划的审批;

⑦ 养老机构的年审、考核、评级和总结表彰;

⑧ 养老机构的纠纷调解、意外事故调查与处理。

(2) 卫生部门。

卫生部门主要针对养老机构的医疗服务行为进行管理,包括:

① 养老机构内设医疗服务部门(医务室、附设医院)的审批、年审;

② 医务人员执业资格认证、注册、职称晋升和继续教育;

③ 医疗服务过程中医德医风、服务质量的监督;

④ 卫生防疫和食品卫生监督;

⑤ 医疗事故纠纷的调解、仲裁等。

(3) 消防部门。

消防部门主要针对养老机构存在或潜在的消防安全问题进行技术指导和监督管理,并颁发消防安全许可证。

(4) 国土部门。

国土部门主要负责养老机构新、改、扩建设项目的土地审批、划拨的管理。

(5) 建设部门。

建设部门主要负责新、改、扩建项目的建筑设计、审批、施工、竣工验收的管理。

(6) 工商部门。

工商部门主要负责营利性养老机构的工商注册登记和经营监督管理。

(7) 税务部门。

税务部门主要负责财务监管与税务监督,营利性养老机构税务注册登记和征缴,非营利性养老机构的税收减免等工作。

(8) 劳动部门。

劳动部门主要对养老机构劳动用工进行执法监督。

(9) 其他部门。

养老机构经营过程中,如果涉及污染排放、治理问题,则由环保部门负责处理;如果涉及社会治安、刑事犯罪问题,则由公安部门负责处理;如果涉及老年文体活动开展问题,则由体育和文化相关部门负责处理。

3．管理方法

（1）依法管理。

政府职能部门应当帮助养老机构学法、懂法、依法经营，同时，政府职能部门应加强执法监督。为此，要求政府职能部门经常深入养老机构调研、检查、指导，并制定出符合本地区实际的相关政策法规、管理办法，帮助养老机构规范经营。

（2）分级管理。

国家按照属地化管理原则，实行一级政府主管部门对应管理一级养老机构。此外，为激励养老机构服务水平、管理上层次，国家和地方也制定了相应带有荣誉性质的分级管理办法。例如，2020年民政部发布了《〈养老机构等级划分与评定〉国家标准实施指南（试行）》作为开展养老机构等级评定工作的实操性评价工具，评定指标分为环境、设施设备、运营管理和服务四个部分，根据《养老服务机构等级划分与评定》标准要求，进一步细化量化养老服务标准，提出了易操作、可评价的工作规范，更加有利于养老机构的星级管理。

（3）目标管理。

政府主管部门应根据实际情况制定养老机构（主要指国办社会福利院和农村敬老院）的年度管理目标，包括经济目标、服务目标、质量目标和安全目标等，并与养老机构法人或负责人签署目标责任状，督促养老机构做好自身服务、经营与管理工作。

（4）行业协会管理。

行业协会是指同业及其组织自愿组成，完成行业服务和自律管理的非营利性社会团体。随着我国市场经济体制的建立和政府机构改革的不断深化，"小政府，大社会"和服务型政府的格局已成为现代社会发展的必然趋势。在这种格局下，仅仅靠"小政府"是很难服务与管理好一个庞大的行业，于是行业协会便应运而生。政府将部分职能转移或委托行业协会，充分发挥行业协会在行业内的服务与自律管理的作用。

（二）养老机构内部的管理

养老机构的管理者必须明确管什么、如何管、应达到什么目标与要求等问题。

1．管理内容

（1）按照生产服务要素进行分类。

养老机构管理主要包括人、财、物的管理。

① 人的管理。

养老机构一切活动都是服务于人，并且靠人来完成，因此，对人的管理极为重要。养老机构人的管理包括员工管理和入住老年人管理。

员工管理应从三方面入手，第一，做好员工的选拔、岗前培训、聘用和继续教育，把握好员工"入口"关和继续教育关，不断提升员工素质和服务技能。第二，加强员工的职业道德教育。第三，加强员工考核管理，实现奖惩分明。

入住老年人管理具体包括老人入院与出院管理、生活照料与护理管理、医疗服务管理、营养与膳食管理、精神文化生活与入住安全管理等。有条件的养老机构应采取"养老机构信息化综合管理系统软件",实行信息化管理。

② 财的管理。

财的管理是指养老机构的财务和资金的管理。养老机构财务管理包括财务计划、财务进度、资金分配、周转、成本核算和财务监督等管理。

③ 物的管理。

养老机构对物的管理包括对机构内硬件设施的建设、改造、维修,设备、物品的采购、使用、维护和保管。

(2) 按照子系统类型进行分类。

按照子系统类型进行分类可分为行政管理、业务管理和后勤管理。

① 行政管理。

养老机构行政管理包括组织机构管理、大政方针管理以及规章制度建设与管理。其中,组织机构管理包括科室设置、岗位设置、人员配置、部门职能、岗位责任、人事聘用和档案管理等工作。科室设置和人员配置应当根据养老机构的实际工作需要,按照等级对应的原则进行统筹规划、合理设置和配置。大政方针包括办院宗旨、服务定位、发展方向、发展目标与发展规划等,大政方针管理是指养老机构的领导者首先要研究、确定好这些问题,然后通过加强领导、深化改革、监督实施,使养老机构按照既定方针、目标发展。规章制度是员工的行为规范、工作准则,领导者应当亲自主持制定并发布本机构各部门与岗位的职责、服务标准、操作规程与流程以及管理工作制度。

② 业务管理。

业务管理是指针对养老机构所开展的各项业务活动而进行的有效管理,主要包括出入院管理、护理管理和医疗服务管理。出入院管理是养老机构正常运行的重要保障。入院管理包括接待咨询、登记预约、健康体检、家庭调访、入住审批、协议签订、试住等工作。出院管理包括出院手续办理等工作。护理管理是养老机构管理工作的中心和核心内容,包括健康评估、护理等级评定或变更、生活护理、心理护理、疾病护理、康复护理、老人安全和文娱体育活动组织以及入住老人健康和个人档案等管理。医疗服务管理包括医务人员执业资格管理,药品、处方管理和病历档案管理等工作。为了规避一些风险,养老机构必须强化医疗服务管理,如发生重大、突发性疾病,应在进行现场急救的同时,及时通知其亲属。

③ 后勤管理。

后勤管理涉及养老机构环境绿化、美化和卫生,房屋、水、电、煤气、采暖等设施的维修,食品采购、加工制作与服务,车辆的使用和维护,消防安全与保卫等工作的管理。

(3) 按照服务对象进行分类。

按照服务对象进行分类,养老机构管理分为自理老年人与非自理老年人管理、健康老年人与患病或临终老年人管理以及国家供养对象与社会老年人的管理。多数情况下,服务对象的管理是按照老年人的生活自理能力、健康状况、年龄、经济承受能力实施分级和分类管理。多数国办机构将"三无""五保"老年人与托养、寄养老年人实行分开管理。

(4) 按照建设与经营过程进行分类。

按照建设与经营过程进行分类,养老机构管理分为养老机构的筹建申报、审批、注册登记和年度审核等管理。

2. 管理原则

养老机构管理应遵循以下原则。

(1) 以人为本的原则。

养老机构管理中的"以人为本"主要体现在三个方面:第一,在规划设计、装修,或改造过程中体现"以人为本",充分考虑老年人的体能、心态的变化,一切为了方便老年人居住与生活,为老年人营造一个舒适的居住环境;第二,在服务理念上体现"以人为本",充分了解老年人的需求,理解老年人的心理与期望,为他们提供体贴入微的个性化服务;第三,在员工的管理上体现"以人为本"。

(2) 安全第一的原则。

养老服务业是一个高风险的行业,在养老机构管理中,安全管理是头等大事。应从制度上进行设防,意识上加以强化,把不安全因素消除在萌芽阶段。

(3) 质量第一的原则。

质量是任何一个企业发展的生命线,养老机构也不例外。没有可靠的服务质量,难以吸引和留住老年人,将导致养老机构的经营面临困境,甚至无法生存。

(4) 依法管理的原则。

养老服务是一个政策性、管理严格、社会关注度高、十分敏感的工作,稍有偏离,将会遭到行政管理部门的批评、处罚,以及社会舆论的谴责,使养老机构处于十分被动,甚至难堪的局面。只有依法管理才能使养老机构健康发展,才能赢得政府的扶持和社会的支持。

3. 管理方法

(1) 系统化管理。

系统化管理是建立在系统论和控制论基础上的一种管理方法,强调把组织机构各部门、各环节的生产、经营、服务活动严密地组织起来,规定它们在质量管理方面的职责、任务和权限,并建立统一协调这些活动的组织机构,在组织机构内形成一个完整的质量管理工作体系。这个体系就是国际标准化组织(International Organization for Standardization,ISO)提出的"质量管理体系"。目前,许多地区都推广了ISO 9000质量管理体系标准认证,通过认证,帮助养老机构建立一套完整、被国际认可的质量管理体系。使其部门与岗位职责更加清晰,经营管理更加规范,全面提升其服务质量。

(2) 制度化管理。

制度化管理是指机构制定切实可行的规章制度,并要求全体员工共同遵守。制度化管理能使组织管理规范有序,工作井井有条,更容易实现组织共同

奋斗的目标。此外,全体员工共同遵守规章制度,容易形成良好的习惯,由此逐渐形成组织机构文化,使制度化管理演化为文化管理。

(3) 标准化管理。

标准化管理是指在企业管理中,针对企业生产、经营、服务过程中的每一个环节、每一个部门、每一个岗位,以人本为核心,制定细而又细的科学化、量化的标准,并按标准进行管理。特别适合用于老年社会福利机构。

(4) 目标化管理。

目标化管理强调根据既定的目标进行管理,即围绕目标,以实现目标为中心所开展的一系列管理活动。这种管理的主要特点是:强调活动的目的性,重视未来发展研究和目标体系的设置;强调用目标来统一和指导全体员工的思想和行动,保证组织的整体性和行动的一致性;强调根据目标进行系统整体管理,使管理过程、员工、方法和工作安排都围绕目标运行;强调发挥人的积极性、主动性和创造性;强调根据目标来考核绩效。

(5) 信息化管理。

信息化管理是计算机技术、通信技术和管理科学在机构管理中的应用。目前,国内越来越多的养老机构采用"养老机构信息化管理系统",既节约了时间、降低了成本,又提高了效力,而且还规范了养老机构经营、服务与管理行为,使养老机构服务上水平、管理上层次。

三、养老机构服务质量控制

质量是企业的生命线,没有产品质量,企业也将失去生存、发展的空间。养老机构虽然不是生产物化产品的企业,但是服务也是一种产品,如果服务质量低劣,达不到老年人和社会的期望或跟不上时代发展的步伐,那么这样的养老机构迟早会在激烈的竞争中被淘汰。

(一) 养老机构老年护理服务

1. 老年人生活照料服务

(1) 服务内容。

老年人生活照料服务内容有个人清洁卫生服务、穿衣服务、修饰服务、饮食服务、如厕服务、口腔清洁服务、皮肤清洁护理服务、压疮预防服务、便溺护理服务等。

① 个人清洁卫生服务包括洗脸、洗手、洗头(包括床上洗头)、洗脚、按摩、拍背、协助整理个人物品、清洁平整床铺、更换床单位等。

② 穿衣服务包括协助穿衣、帮助扣扣子、更换衣物、整理衣物等。

③ 修饰服务包括理发、梳头、化妆、协助化妆、剪指甲、修面等。

④ 饮食服务包括协助用膳、饮水或喂饭、鼻管喂食等。

⑤ 如厕服务包括定时提醒如厕、使用便盆、尿壶,协助入厕排便、排尿等。

⑥ 口腔清洁服务包括刷牙、漱口、协助清洁口腔、处理假牙等。

⑦ 皮肤清洁护理服务包括清洗会阴,擦洗胸背部、腿部,沐浴(包括人工和使用工具协助洗澡),等等。

⑧ 压疮预防服务包括保持床单位的干燥,定时更换卧位、协助翻身、减轻皮肤受压状况,清洁皮肤、会阴部,清洁平整床铺,更换床单位。

⑨ 便溺护理服务包括协助大小便失禁、尿潴留或便秘、腹泻的老年人排便和排尿,实施人工排便、清洗、更换尿布等。

(2) 质量控制。

① 机构提出个人生活照料建议,老年人或相关第三方提出服务需求,按需服务。

② 服务老人要做到:四无——无压疮、无坠床、无烫伤、无跌伤;五关心——关心老人的饮食、卫生、安全、睡眠、排泄;六洁——皮肤、口腔、头发、手足、指(趾)甲、会阴部清洁;七知道——知道每位老人的姓名、个人生活照料的重点、个人爱好、所患疾病情况、家庭情况、使用药品治疗情况、精神心理情况;保持居室清洁、整齐,空气新鲜、无异味。

③ 提供服务完成率100%,Ⅱ度压疮发生率0,老人和家属满意率≥90%。

④ 做到每日自查、每周重点检查、每月进行效果评估。

2. 老年人护理服务

(1) 服务内容。

老年人护理服务内容包括老年社区护理、基础护理、老年专科疾病护理、老年心理护理、老年康复指导、老年期健康教育、健康咨询、护理技术操作、机构内感染控制等工作。

① 老年社区护理包括老年人健康管理、老年健康生活方式指导、老年人自我防护、老年人慢性病的防治。

② 基础护理包括老年人的清洁护理、饮食护理、排泄护理。

③ 老年专科疾病护理包括老年专科疾病护理及技术操作。

④ 老年心理护理包括老年人心理卫生教育、老年人心理问题评估、实施老年心理护理干预措施。

⑤ 老年康复指导包括传授老年期自我护理技术、老年病并发症康复预防、指导如何使用康复治疗技术。

⑥ 老年期健康教育包括传播老年期健康知识、矫正不良健康行为。

⑦ 健康咨询包括老年病的预防、康复,老年期的营养、心理卫生和社会活动等咨询服务。

⑧ 护理技术操作包括基础护理技术操作、老年专科护理技术操作、急救技术操作。

⑨ 机构内感染控制包括采取预防性措施、监测及控制传染病的暴发和流行。

(2) 质量控制。

① 应根据需求配置必要的护理设备。

② 机构提出老年护理服务建议,老年人或相关第三方提出服务需求,按需服务。

③ 对老年人异常生命体征、病情变化、特殊心理变化、重要的社会家庭变化、服务范围调整的记录应根据服务对象特点,客观如实记录。记录时间应当具体到分钟。

④ 应正确执行医嘱,对各种治疗严格执行查对制度和无菌技术要求。

⑤ 应达到8项护理服务基础质量目标:落实护理措施100%、基础护理合格率≥90%、Ⅱ度压疮发生率0(入院前发生严重低蛋白血症,全身高度浮肿、癌症晚期、恶病质等患者除外)、机构内感染发生率≤15%、常规物品消毒合格率100%、记录合格率≥90%、护士技术操作合格率≥90%、严重护理缺陷0。

⑥ 应检查指导养老护理员工作,每周检查并记录。

3. 老年人安全保护服务

(1) 服务内容。

老年人安全保护服务内容包括提供安全设施、使用约束物品、采取安全预防措施。

① 提供安全设施包括提供床挡、防护垫、安全标识、安全扶手、紧急呼救系统。

② 使用约束物品包括使用约束带、约束衣、约束手套。

③ 采取安全预防措施包括评估老人不安全因素,制定意外灾害、常见意外的预防方案,定期检查安全程序落实情况。

(2) 质量控制。

① 老年人照料设施应符合《老年人照料设施建筑设计标准》(JGJ 450—2018)的规定。

② 应在防止老年人自伤、伤害他人、跌倒、坠床、自行除去尿袋或鼻饲管、尿布、衣服等,以及有其他危险因素时,使用约束物品。使用约束物品前应得到医师、护士和相关第三方的书面认可。

③ 应确保服务及时、准确、有效和无医源性损伤。

4. 老年人心理支持服务

(1) 服务内容。

老年人心理支持服务内容包括访视、访谈、危机处理、咨询、公益、送温暖和社会交往。

① 根据老人特长、身体健康状况、社会参与意愿,为老年人提供中介服务或给予劳动机会。

② 制订有针对性的"入住适应计划",帮助新入住的老年人顺利度过入住初期。

③ 经常与相关第三方联系和沟通,寻求相关第三方的支持。

④ 及时掌握每个老年人的情绪变化,对普遍性问题和极端的个人问题集体研究解决,保持老年人的自信状态。

⑤ 经常与相关第三方联系和沟通,寻求相关第三方的支持。

(2) 质量控制。

① 有提供心理/精神支持服务的场地和设备。

② 相关第三方对老年人的知情率达到90%以上。

③ 应注意保护老年人的隐私权。

④ 提供服务完成率100%。

5．老年人休闲娱乐服务

(1) 服务内容。

老年人休闲娱乐服务内容包括开展各种休闲娱乐活动，如棋、牌、器械、书法、绘画、唱歌、戏曲、趣味活动、参观游览等。

(2) 质量控制。

① 有必要的设施设备和场地，并确保安全使用。

② 提供的服务项目应符合老年人的生理、心理特点。

③ 提供服务完成率100%，老人满意率≥90%。

(二) 养老机构医疗服务

1．协助医疗服务

(1) 服务内容。

协助医疗服务内容包括：观察老年人日常生活情况变化，协助老年人服药，协助生活不能自理的老年人进行肢体活动，协助老年人使用助行器具，标本的收集送检，搬运，协助进行并发症的预防，协助做好院内感染的预防工作。

① 观察老年人的日常生活情况变化包括观察老年人生命体征、常见老年疾病症状变化、一般心理反应和社会家庭变化情况。

② 协助老年人服药主要是指在医护人员的指导下协助生活不能自理的老年人，正确服用药品。

③ 协助生活不能自理的老年人进行肢体活动包括协助老年人采取适当舒适的体位、协助进行肢体被动运动。

④ 协助老年人使用助行器具包括协助老年人使用拐杖、步行器、支架、轮椅。

⑤ 标本的收集送检包括协助采集、留取标本和送检标本。

⑥ 搬运包括协助老年人转移至床头、床边，协助下床，协助坐轮椅，利用移位板，徒手搬运、器具搬运。

⑦ 协助进行并发症的预防即协助预防各系统的并发症。

⑧ 协助做好院内感染的预防工作包括老年人个人物品和环境的清洁、消毒及污物的处理。

(2) 质量控制。

① 有必要的服务设备，如助行器、轮椅、平车、大小便器、标本收集器皿及其他辅助器具。

② 协助老年人服药应注意药品正确、剂量准确、给药时间准确、给药途径正确，不应擅自给老年人服用任何药品。

③ 机构内感染的预防工作应符合《消毒技术规范》《医院消毒卫生标准》的规定。

④ 协助医疗服务应做到及时、准确、技术操作合格。

2. 健康管理

(1) 服务内容。

健康管理包括为老年人建立健康档案,提供老年专科医疗保健,维持或改善老年人身心状态,减轻病痛,做好老年人常见病、多发病、慢性非传染性疾病的诊断、治疗、预防,以及院前急救工作和转院工作,为临终老年人提供医疗服务。

(2) 质量控制。

① 应由取得执业许可证的内设医疗机构开展或委托其他医疗机构开展。

② 配置医疗设备应符合医疗机构执业许可范围。

③ 为老年人服务前应得到其或相关第三方确认,并定期与其或相关第三方沟通。

④ 及时完成本机构内老年人慢性病、常见病的管理和院前抢救。

⑤ 每年至少为入住的老年人体检1次,体检项目可根据老年人的身体状况确定,并有记录。

⑥ 应在老年人入住后48小时内为其建立健康档案,并定期记录。记录应及时准确,签章完整,合格率≥80%。

⑦ 根据老年人情况定时巡视并有记录,及时处理老年人的健康问题,落实率≥90%。

⑧ 药品的安全使用、验收、储存等管理工作由药剂师或医师负责,并符合《医院药剂管理办法》的规定。

⑨ 医疗用物定人保管、定时核对消毒、定点放置、定量供应。毒麻药品、贵重仪器专人管理,定期检查。药品做到内用药和外用药分类放置、标签清楚、账卡物相符、定时清点登记,处方合格率≥90%。

⑩ 健康档案保留30年,处方保留15年,老年人满意率≥90%。

(三) 养老机构膳食服务

1. 服务内容

养老机构膳食服务内容包括:食物的采购、处理、储存、烹饪、供应;提供适宜的就餐环境;提供膳食及食品的卫生监控管理;建立老年人膳食管委会,定期召开管委会会议,征求管委会对食品的意见和建议。

2. 质量控制

(1) 从业人员应每年体检1次,有记录,按《食品安全国家标准 消毒餐(饮)具》(GB 14934—2016)中的规定,注意卫生。

(2) 患有国务院卫生行政部门规定的有碍食品安全疾病的人员不得从事入口食品工作。

(3) 设备数量应满足老年人基本生活需求,如冰箱、冰柜、保温设备、消毒设备、必要的炊事用具和餐桌椅等。

(4) 应做好食品储存、运输、加工、制作的环节管理,做到"三不""四隔离""四过关""五无"。① "三不":采购员不买腐烂变质的原料、库房保管员不收腐烂变质的原料、厨师不用腐烂变质的原料加工成品。② "四隔离":成品(食物)

存放实行生与熟隔离,成品与半成品隔离,食品与杂物、药品隔离,食品与天然冰隔离。③"四过关":餐具保持清洁、定期消毒,做到一洗、二刷、三冲、四消毒。④"五无":提供的食品应做到无毒、无致病菌、无寄生虫、无腐败变质、无杂质。

(5) 保持食堂内外环境卫生整洁,做到"四定":定人、定物、定时间、定质量;划片分工包干负责;消灭苍蝇、老鼠、蟑螂和其他害虫,并消除其孳生条件。

(6) 食物中毒率0,老人满意率≥80%。

(四) 养老机构其他后勤服务

应根据本机构的人员情况、设施设备和服务对象的不同,选择提供服务项目。

思考题

1. 养老机构管理包括哪些内容?
2. 养老机构管理应遵循哪些原则?
3. 养老机构管理者应该具备什么样的能力?
4. 简述养老机构管理护理服务方面的内容和控制标准。

任务三　老年社区管理

情境导入

国外特色养老模式介绍

英国老年社区特点:配套设施齐全的全龄化大型老年社区。英国的老年社区建筑规模大,有各种各样的俱乐部,开设的课程和组织的活动达80种以上;具有完善的配套设施与功能区划分,是集居住、商业服务、度假疗养为一体的大型综合社区。

丹麦老年住宅特点:环境优美,设计精当。乡村城市——田园风光般的美丽和宁静,众多的庄园点缀广阔绿野上,开阔的乡间公路,如图画一般的古老的乡村教堂,独具丹麦风味的小餐馆,构成和谐的生活画卷。

德国的养老社区特点:老年住宅与养老院相结合。德国老年产业分为两种体系:社会住宅体系,养老院体系。社会住宅体系里的老年住宅,内部多为无障碍设计,政府对老年人住房采取补贴措施。在生活援助方面,老年住宅房产主与民间福利团体签订提供服务的合同。该合同可成为房产主获得建设资金贷款的融资条件。养老院体系里的老年住宅接近普通住宅形式。在规划上,设计者把社会体系的老年住宅和养老院毗邻建设,以便在设置服务网点和急救站时,两者能共用。

(参考资料:国外的养老模式和经典案例. http://docin.com/p-1035965412.html. 引用日期:2021-10-22.有删改)

【任务描述】

1. 阅读上述情境,思考并讨论国外老年社区的特点。
2. 结合国外老年社区的特点,讨论我国老年社区的建设中存在哪些问题。
3. 老年社区是为老年群体所建设的,那么在管理上面应有哪些特殊的要求?
4. 课外社会调查:请调研你所在地区的老年社区的建设情况、管理情况;通过调研情况对存在的问题提出合理的解决措施。

【任务实施】

1. 分小组就各个主题展开讨论,并分享讨论结果。
2. 分小组进行社会调查,形成调查报告,课堂分享调查结果。

【任务思考】

你在社会调查过程中遇到了哪些问题?怎么解决的?

【知识链接】

一、老年社区的含义与特点

长期以来,"家庭养老"是我国传统的养老模式,但随着我国改革开放,经济的发展和社会观念的改变,"家庭养老"将逐渐被"社区居家养老"和"养老院养老"所代替。伴随国民经济的快速增长,全球人口老龄化问题的加剧,作为满足老年人基本生活需要的衣食住行中的居住问题,它不仅关系老年人的居所,更关系老年人的生活环境、健康、教育、配套、服务以及养老保障等各方面的社会问题。未来 20 年里,城市中大部分的老年人都接受过高层次教育,退休后也有自己可独立支配的高额退休金,有条件选择更高质量的方式来度过晚年,而大型老年社区将成为他们的理想场所。

(一)社区

随着社区一词的提出,对其也出现了多种定义,综合起来,社区是指一定数量居民组成的、具有内在互动关系和文化维系力的地域性的生活共同体。这个定义具有下列四个特点。

(1) 强调了居住在社区的居民是社区人口的主体,这也使社区得以保持相对稳定的人力资源。

(2) 强调居民之间在居住环境、卫生、文化娱乐、教育、治安和社区参与等方面的互动关系。

(3) 强调了文化维系力的作用,即居民之间因相同的利益和社会分层而产生的对社区的认同感和归属感。

(4) 强调了地域共同体和地缘关系的特征。

(二)老年社区

老年社区是市场化与商业化的产物,它通常可以根据服务对象、规模、位置及设施要求的不同,划分为公寓型老年社区和社区型老年社区两种不同的产品形式(见表 7-2)。

表 7-2　老年社区的形式

项目	公寓型	社区型
服务对象	家庭无法照料或自身意愿,同时具有一定支付能力的独居老年人	身体健康、喜欢独立生活且具有较强支付能力的老年人家庭或合居家庭
规模	一般较小	一般较大
位置	城市成熟生活区内	环境理想的城市郊区
设施要求	(1) 内部配置公寓＋少量生活与服务设施 (2) 对外部生活设施(包括商场、医院、电影院等)依赖程度高	(1) 内部配置公寓＋完整配套设施,包括基本的购物、医疗、文化娱乐等 (2) 对外部设施依赖较小

参考资料:高佩钰.老年居住社区的设计研究[D].合肥:合肥工业大学,2010.

(三) 老年社区的特点

1. 老年人的需求特点

老年人生活的需求和其他年龄阶段的人不一样,他们需要物质保障基础之上更高级别的精神追求。他们大多人喜欢安静的同时又喜欢热闹。老年人口具有以下几个活动特征:群聚性、类聚性、时域性、地域性、交往性、私密性等。

(1) 老年人对居住环境的要求。

老年人对居住环境的要求有以下几点:① 空气清新;② 采光充分;③ 色彩应用合理;④ 湿度适中;⑤ 室内温度适宜。

(2) 老年人对户外环境的要求。

老年人对户外环境有特殊的需求,老年人身体灵活程度降低,涉足范围缩小、距离缩短,所以老年人日常生活所需的基本商业设施、服务设施、保健服务、娱乐设施等要尽可能集中并易于前往。

2. 老年社区配置特点

老年社区是供老年人集中居住的,是居家养老与社区服务的结合,不仅需要在楼层、医院、交通、服务设施等方面符合老年人的身体特点,更要在娱乐、学习、交往、情感等方面照顾老年人的心理需要。

老年社区必须包含必要的医疗、教育、娱乐等公共设施。其中医疗设施包括医院、康复中心、保健站、诊所等;教育设施包括老年大学、图书阅览室、书画协会等;娱乐设施包括老年活动中心、俱乐部、老年之家等;其他设施包括老年餐厅、日间服务站等。

3. 老年社区规划特点

老年社区的各种设施还必须按照老年人的特点进行规划设计。当然,老年社区规划及设计重点需体现在细节上。例如,使用温暖、人性化、贴近自然的材料代替冷冰冰的白灰,拉近老人与自然的距离,减轻老人长期处于室内而产生的烦躁感。在颜色的使用上,大胆地采用红绿蓝等原色,用米色、淡黄色等暖色调代替白色,为老人创造温馨、舒适的环境。

公共空间采用较大的开放空间,给人宽敞、平等的感觉,并利于老年人交往和进行集体性活动。玻璃幕墙对着优美的风景,老年人足不出户就能享受到自

然景观。同时还要考虑充分利用自然采光。这些特殊的设计,充分考虑到了老年人的生理、心理和行为特点,安全、方便、舒适,能使他们感到亲切。

4. 老年社区的模式

(1) 纯老年社区。

目前,纯老年社区典型的代表是美国的太阳城模式,我国部分老年社区也在按照这种模式进行开发。其特点是建筑类型包括三种类型的老年公寓和部分低密度的别墅。其中三类老年公寓分别是:适合单身或夫妇两人居住的宿舍式公寓,一家一户的居家式公寓或住宅式公寓,配备专门护理人员的护理式公寓;而别墅有250~300平方米、400~500平方米、400~500平方米几种,以满足老年人的不同需求。社区内配备专供老年人使用的生活、休闲设施。一般说来,纯老年社区的价格会比较高。

(2) 融入型老年社区。

融入型老年社区模式在国外较为普遍,而这一模式从实践来看也更符合我国国情。该模式下的老年社区与其他的度假社区、国际社区、商务社区等共同组成。选择此类社区的客户,可以是老年人在此养老,享受较好的环境和精神文化生活,及必要的医疗设施;也可以是老年人住老年社区,后代住其他社区,两代人平日各取所需,周末相互照应。我国融入型老年社区多选择在离北京、上海等经济发达城市不远的近郊和周边。我国老年社区的主要消费群应该是一部分收入水平相对较高、对生活品质有一定要求,又不愿意到离常年生活的城市太远的地方养老的城市老年人。

二、老年社区服务管理的需要

(一) 老年社区服务

老年社区服务是老年社区建设与管理的龙头,它对于满足社区中老年人的生活需求、实现社会福利、完善老年社区管理、推动老年社区建设具有重要意义。

1. 老年社区服务的含义

老年社区服务指的是在政府的倡导下、在社区范围内主要面向老年群体实施的,具有福利性和公益性的,满足老年人需求的各种社会服务活动,一般为无偿或低偿提供。

2. 老年社区服务体系

老年人服务主要是针对老年人在衣、食、住、行、医、学、乐等方面为老年人提供的服务。综合老年人服务的内容,老年社区服务体系包括以下四个方面。

(1) 日常生活照料体系。

这是老年人需求的最低层面,也是最基本的需求,主要包括以下几个方面。

① 建立包括家政服务、日托中心、养老院照顾等多种形式的社区生活照顾体系,使传统的家庭养老、机构养老与社区服务相衔接。

② 建立定点服务和上门服务相结合,有偿服务与低偿或无偿服务相结合,专业服务与志愿服务相结合的多种形式的服务体系。

③ 建立个性化的,针对高龄、空巢、独居、残疾及非自理老年人不同需求的,多层次、多元化和多项目的服务体系,提供家务、送餐、购物、陪护和应急救助等服务。

(2) 社区卫生服务体系。

社区卫生服务是一项比较复杂的社会工程,是供需双方互动的体系。社区卫生服务体系建设包括以下内容。

① 建立形式多样、内容丰富的医疗保健知识宣传、教育和交流的科普体系,提高老年人参与的积极性和主动性,强化对健康保健知识的掌握,增强保健意识。

② 建立全过程的医疗监测体系,把心理健康状况纳入健康档案管理并充分利用,进行日常疾病预防、健康管理、健康监测与疾病治疗,把疾病早期干预措施纳入医疗工作范畴。

③ 建立一体化病床、家庭门诊等上门服务,同时建设正规大医院和社区卫生中心及家庭互动的连续性体系,为老年人提供预防、医疗、康复、保健、护理和临终关怀等一体化服务。

(3) 精神文化服务体系。

精神文化服务体系是老年人生活的高层次需求,体现了老有所乐、老有所学、老有所为的思想。精神文化服务体系建设包括以下内容。

① 建立包含社区老年活动中心、小区老年活动室、图书馆、健身室、健身点在内的社区老年文体设施,定期举办文体活动,帮助老年人参与社交、增强体质等。

② 建立健全老年教育体系,综合利用社区资源,满足老年人的学习需求。

③ 建立老年人社会参与体系,结合老年人特点,组织利用和开发老年人力资源,建立老年人志愿者和就业服务体系,使老年人参与到社会生活中,实现人生价值。

(4) 社区养老服务保障体系。

社区养老服务保障体系建设包括社区养老服务制度建设和社区养老服务设施建设。社区养老服务制度建设,包括社区养老服务设施用地政策、用房政策、兴办社区老年人事业的税收政策、财政支持政策、城市公建配套法规、社区老年人服务与管理规章制度。社区养老服务设施建设,要从改善老年人居家养老的居住条件,满足老年人对医疗保健和照料服务的需求,改善老年人出行活动、交往的户外环境等方面着手,从而建设与完善社区养老服务设施。

(二) 老年社区文化

老年社区文化是老年社区建设与管理的重要内容,它对于丰富社区老年居民的生活、提高社区老年居民的素质,促进社会进步具有重要意义。

1. 老年文化的含义

老年文化是文化的一个分支,是指以老年人为主要内容所形成的文化体系,其中包含专门反映老年人生活的艺术形式和娱乐形式。老年文化既包括形象化的反映关于老年人现实生活的文化活动,也包括以老年人为参与主体的各类娱乐活动。

2. 老年社区文化工作的含义

老年社区文化工作是指根据老年人的生理和心理特点,组织和引导老年人开展各种各样的文化娱乐活动,丰富老年人生活,使其老有所乐。开展老年文化娱乐活动对促进老年人身心健康具有重要意义,通过参与活动老年人身心得以松弛,情绪得以舒张,也增加了老年人与他人交往的经验,丰富了老年人的生活。

3. 老年社区文化工作的特点

老年社区文化工作与其他群体文化工作相比有以下特点。

(1) 群众性。老年人的生活范围基本都在社区,人与人之间不再严格以职业和阶层为界限,更多的是强调群体沟通与交往。老年社区文化工作的主要内容属于人们喜闻乐见的项目,群体性十分明显。

(2) 社会性。老年社区文化工作必须考虑老年人几十年的人生经历,许多兴趣和爱好是长年逐渐养成的,与其个人成长经历和社会历史都有很大的关系。因此,老年社区文化工作一定要照顾老年人的这些情况。

(3) 娱乐性。人到老年,淡泊名利。他们参与活动多是为了健身和开心,开展丰富多彩的老年文化活动,让老年人生活充实,让老年人真正从中感受到快乐和舒服是最重要的。

(三) 老年社区教育

教育是开启人们智慧之门的钥匙,是发展高科技的先导,是引导人类走向崇高理想社会的阶梯。教育不仅面向婴幼儿和青少年,或某一专业工种、某一专门技能的人,而是面向社会全体成员、所有年龄阶段的人,当然也包括老年人。

1. 老年教育的含义

国内学术界对老年教育有以下几种定义。

(1) 老年教育是以提高老年人思想道德和科学文化素质,促进受教育者增长知识,丰富生活,陶冶情操,增进健康,服务社会为目的所实施的教育活动。

(2) 老年教育是终身教育的最后环节,是人生大教育系统中的一个子系统。它既是成人教育的一种形式,也是终身教育不可缺少的组成部分。

(3) 老年教育的内涵界定有广义和狭义之分。广义的老年教育是指影响人们的知识、技能、身心健康、思想品德的形成和发展的各种有益活动;狭义的老年教育则是指以老年大学和各级各类老年学校为主体的,对老年人所实施的有目的、有计划、有组织的教育活动。

2. 老年社区教育的含义

老年人长期稳定地生活在社区,对社区最了解、最有感情,同时对社区的向心力也最强,老年人必须依赖社区为他们提供各种设施,使他们能够便捷、顺利地享受应有的教育权利。所以,考虑老年人身体状况、家居范围及情感依赖等因素,老年教育的举办范围也应该突出"小区域化"的特点。

3. 老年社区教育的特点

(1) 特殊性。社区老年教育从形式和内容上都有着自己的特殊性而不能与现有教育类别简单地融为一体。社区老年教育也不可纳入某种特定的教育形态,如学校教育、成人教育、社会教育、非正规教育等。

(2) 社区性。社区老年教育的属性是社区性,它是社区教育这一概念的子概念,属于社区教育中针对老年人和老年服务工作相关者进行的一种具体活动,可以纳入多种形式和内容,是一个庞大的教育体系和概念,如社区老年学校、老年活动中心,社区中的图书馆、文化馆等,以及网络、报纸杂志等其他老年教育可用资源和途径等。

(3) 多样性。社区老年教育的实施方式具有多样性,可以分为有集中式教育和分散式教育。集中式教育就是将老年人集中起来进行知识传授,以社区老年学校教育为代表;分散式教育就是让老年人分散学习,比较典型的有老年活动中心、社区中的图书馆、网络教学、家庭教学等。

三、老年社区管理的原则

社区管理的特点决定了社区管理是一项有计划的实践活动,社区管理的复杂性要求我们在管理中必须遵循一定的原则。

1. 全体利益原则

全体利益原则强调,社区管理的目标是满足社区内全体居民、组织、团体、单位的共同需要和利益。一切手段、做法都必须紧紧围绕着这个根本目标,而不能偏离,它是衡量社区管理有效与否的最直接的标准。

2. 自治和自助原则

自治和自助原则强调,明确社区自我组织、自我管理的管理方式,充分调动社区成员参与社区管理的主动性、积极性和创造性,利用社区内的人力和物力资源,发挥社区居民的特长和潜能,以自动、自发、自助、自治的精神,来实现社区的管理和发展。

3. 组织和教育原则

组织和教育原则强调,实现社区管理目的的方法,是通过社区教育,提高社区居民的综合素质;通过组织和管理,利用约束性要素,来建立、健全并理顺社区居民之间的关系,统一大家的认识,培养社区意识。

4. 协调性原则

协调性原则强调,社区管理不能仅仅局限于社区这个小区域,要注重社区与整个外部大环境的协调,以及组织与功能之间的协调,以保证管理的及时、有效。

5. 前瞻性原则

前瞻性原则强调,在社区管理过程中,要重视预见性,要有长远的目标,要充分考虑社区管理的根本出路问题,将影响社区发展的不利因素化解在萌芽状态。

6. 法制管理原则

依法治理社区是现代社区管理的必然要求,社区的各项管理活动、管理行为,要有法律依据,符合法律规定。

四、老年社区管理的方法

(一) 老年个案工作在老年社区管理中的应用

1. 老年个案工作含义

老年个案工作就是老年社会工作者依托老年服务机构对老年人个人或者家庭提供物质和情感支持与服务,旨在改善老年人生活环境与条件,增强其社会功能,提高老年人适应社会和应对困难的能力的活动过程。

2. 老年个案工作的程序与技巧

老年个案工作的过程就是老年个案工作的操作程序与具体步骤,具体展开过程千差万变,但仍有一个大致相同的程序,大致归纳为接案、收集资料、诊断、实施、结案与评估五个步骤。

(1) 接案。

接案的主要目的是通过对案主问题的初步评估,根据机构的功能和目标,决定案主是否被接受为服务对象。在这个过程中,工作者要善于抓住求助者的现实性的心理反应。具体包括三个方面的内容:一是了解求助者意愿并进行适当处理;二是澄清求助者的期望;三是初步评估问题和需要。

由于案主是老年人,在思考潜在影响因素时,要从老年人的心理特点、生理特点出发,如案主的身体状况是否允许长谈,是否允许激动。与老年案主会谈时,一定要有足够的耐心和热情,还要注意衣着打扮,避免过于新潮而让他们感到差距太大。对会谈室内的布置也要符合老年人的特点,尽量使用柔软的椅子,甚至躺椅等设施。

(2) 收集资料。

收集资料的主要目的是从各个方面了解案主及其问题,需收集的资料包括直接资料和间接资料。直接资料是指通过与案主的会谈直接获得的资料,与案主本人会谈是老年个案工作常用的获得资料的方法。通过与案主的面对面交谈,不仅可以直接从案主口中获得案主的个人史、家庭史、案主的问题,以及案主对自己的问题和其他有关事物的看法,同时还能直接观察案主的态度和了解案主的心态。间接资料是在访谈案主家属、同事、邻居或其他有关机构所获得的资料。对于一些与他人沟通存在问题的老年人,只依靠与老年人面对面交谈获得的资料很少,为了进一步了解案主的家庭生活和社会关系,工作者要通过访谈案主的家属和其他关系人,全面了解案主和他的问题,但是,原则上这需要获得案主的同意。

(3) 诊断。

诊断的目的在于寻求"这个人如何才能获得有效的帮助",尤其是处在老龄阶段的人们。在诊断的过程中,个案工作者通过对老年案主问题的性质和案主

个人能力的评估,寻求解决问题的有效方法和途径。其诊断内容包括了解案主问题的真相、症结所在,问题的起因以及对案主的影响,确认问题的性质、详细认识案主的人格、发现解决问题的阻力和动力。

(4) 实施。

实施是个案工作程序中最重要的一个步骤,也是个案工作的最终目的,前阶段的问题诊断在这个阶段中付诸实施。在实施过程中工作者主要有三个方面的任务:一是协助案主自我了解、探索自己的问题,在此基础上发展人格,发挥潜能,自立自主解决自身问题;二是协助案主调整社会关系;三是协助案主改善环境,消除环境阻力,给予适度的经济协助或其他社会资源,以便解决问题。

(5) 结案与评估。

结案与评估是整个个案工作程序的最后一个阶段。结案是指个案工作者与案主的专业关系结束前的处理工作。当案主的问题已解决或者案主已具备能力应付和解决他自己的问题时就可以结案。评估是指整个个案结束后,工作者应该有一个评估或评价的机会,反思整个个案进行的过程,总结经验,以作为日后工作的参考。评估是工作者总结工作经验,自我提升的过程,也是一个必要的工作步骤。在评估的过程中,工作者要坚持案主参与、为案主保密的原则。最后,工作者以书面的形式把评估结果记录下来。至此,整个个案工作才算完成。

(二) 老年小组工作在老年社区管理中的应用

1. 老年小组工作含义

老年小组工作通过组织老年人参与小组活动,提高老年人的社会生活功能,协助老年人更好地处理个人、家庭、团体及社区的问题。

2. 老年小组工作方法与技巧

(1) 老年小组活动方案设计。

小组活动方案的设计是小组工作的重要内容,好的活动方案不仅可以活跃小组气氛,增加成员的互动,也可以产生治疗功能。因此小组活动方案设计在小组工作中十分重要,在设计老年小组活动方案时应考虑以下几个方面:

① 小组的目标。工作者在运用团体活动方案时应先检视团体的目标。在团体活动进行中应紧扣团体目标,对于老年人小组而言,不同性质的小组,应根据不同的目标设计不同的活动方案。

② 小组的发展阶段。小组工作是持续性的,不同的发展阶段有不同的需求,在老年人小组的发展阶段,要考虑老年人自身的特性及互动。

③ 小组的大小。每个团体活动有人数限制,为达到最佳效果,老年人小组的活动一般而言在 8～12 人。

④ 活动时间。每一次团体活动时间要把握好,不能过长或过短,一般在 1～2 小时。在设计老年人团体活动时,要考虑老年人的生理、心理特征。

⑤ 工具准备。把每次活动所需的器材列成清单提前准备好。

⑥ 环境安排。环境包括场地空间、屋内格局、室外排场、座位、灯光等,应根

据老年人的身体特点进行安排,不能太复杂。

⑦ 过程导向。注意每一个过程的衔接,如何开场,如何转折,如何持续,如何回馈等,均应步骤化。

⑧ 弹性应用。工作要在活动的设计中灵活应用。

⑨ 工作契约。确立工作者在带领小组活动中的角色与职责。

⑩ 活动评价。工作者要先制定小组活动的评价标准,通过评价来改进活动和发展小组。

(2) 老年小组工作技巧。

① 有效消除老年人参加小组活动的心理障碍。

参加小组活动前,工作者可通过直接面谈的形式向老年人介绍小组的内容,参加小组给他带来什么好处,以及介绍以前举办类似小组的成功经验,展示相关活动图片,以吸引老年人的兴趣。工作者还可以把准备开展小组的信息做成展板,放在社区显眼处,并设立咨询台,给来咨询的老人介绍具体情况,同时老年人大多有合群的心理,这样可以把更多老年人吸引进来。

② 小组成员的选择。

小组工作非常强调成员之间的互动、影响、支持,因此,成员的选择对小组工作尤为重要。应当注意以下几个方面:受教育程度相差不大;身体活动能力差不多,活动或是游戏时便可一视同仁;对小组的期望和参加小组的兴趣最好一致。

③ 聚会前的筹备工作。

聚会场所的布置要让小组成员都有认同感,房间里可以布置一些小组的象征物,表明对老年人的接纳;房间的大小和座位的安排要考虑老年人的特征,椅子要便于搬动。负责接待的工作者要有知识、有礼貌,并在聚会场所设立清楚的指引标,对一些行动不便的老年人要搀扶进场。负责带领小组的工作者要提前进房间,做好准备工作。

④ 在小组成立初期聚会,工作者可采用的技巧。

在小组的初次聚会上,小组是以工作者为中心的,成员们大部分时间是花在与工作者的沟通上,期待工作者为他们解决个别问题。因此,工作者的态度、行为十分重要。具体而言,工作者应该:首先,要主动,最好能亲自示范,这样可以拉近与组员之间的关系,建立初步信任;要积极把握机会赞赏组员能力;其次,在活动游戏的选择上,切忌过于抽象与复杂,考虑老年人的身体状况、心理状况;再次,在活动的过程中,要留意组员的感受,要注意成员的面部表情、肢体语言、反应态度等,并及时沟通和调节;最后要有耐心,不能操之过急。

⑤ 工作者在小组工作的后期阶段要处理的情况。

在小组的发展过程中,有些成员会与工作者产生感情,会对小组产生依赖,不愿意结束,因此工作者应在结束前三次会面时就提醒组员,避免最后突然提出,让组员有种被抛弃的感觉,影响小组工作效果;协助成员回顾小组经历,总结个人的成长与转变;以面谈方式或问卷方式进行小组工作评估,为下次开展此类的活动提供资料和经验。

(三) 老年社区工作在老年社区管理中的应用

1. 老年社区工作含义

老年社区工作主要以社区中的老年人为工作对象,通过发动和组织社区内居民参与集体行动,确定老年人在社区中的问题和需求,动员社区资源来预防和解决老年人问题,培养老年人的自助、互助、自决精神,让老年人有愉快的晚年生活并维护社区的稳定。

2. 老年社区工作目标

老年社区工作的目标大致有以下几个方面:

(1) 降低老年人与社会的疏离感,增进老年人的社区参与感;

(2) 消除老年人自卑、无能和无助的心理,建立积极的人生观;

(3) 改变社会人士对老年人的负面评价;

(4) 争取和巩固老年人权益,改善老年人生活状况;

(5) 发挥老年人潜能,鼓励其参与改善社区生活;

(6) 提高老年人的政治意识,加强老年人的政治影响力。

3. 老年社区工作方法和技巧

(1) 加强老年人对社区的认识,鼓励老年人参与社区活动,实现老有所乐。

要加强老年人与社区的联系,增进老年人在社区的参与感,首先要做的工作是让老年人对居住地有足够的认识,让他们多了解社区设施、社区新发展、社区内政府部门的工作,掌握社区内所发生的事的最新情况,等等。在社区活动中心、"老年人之家"的活动中,可安排老年人进行社区探访活动。在老年福利机构中,工作者应经常提醒老年人的家人来探望老年人;应多举办各种富有社区气氛的活动,如在春节、元宵节、端午节、中秋节等传统节日,举办各种活动。还可以办一些认识社区及搜集社区资料的比赛活动,让老年人多关注身边的事物。在社区或服务单位的宣传栏里,最好专门开辟一块"社区新闻栏"或时事栏,将社区发生的新闻张贴起来,让老年人定期阅读。工作者应鼓励老年人参与到这些活动中来,发挥他们的特长。

(2) 增强老年人的自助、互助能力,提升老年人自信心。

社区应经常推行老年人自助、互助计划,以增强老年人自助、互助能力,并鼓励居民间的守望相助。在老年服务机构内也应多开展一些自助、互助活动。老年人丰富的人生经验和工作经验,是十分宝贵的资源。工作者可以鼓励老年人参与活动的策划及组织工作,如活动的宣传、制作游戏物品、布置场地、准备节目,甚至活动的主持等。工作者还可以根据老人各自的特长,开展老年人互助活动,如理发、读写信、教唱歌、跳舞或乐器等。

(3) 发展、培养老年志愿者,实现老有所为。

协助老年人成立志愿者小组。志愿者可以参与社区内一些义务工作,如协助维护社区的治安、社区内活动的策划和组织、争取社会资源等。志愿者还可成为老年群体与工作者之间的沟通桥梁,通过志愿者,工作者能更多地了解老年人的需要及其对服务的意见;通过参与志愿者工作,老年人能加深对社区的归属感,并产生被尊重和有能力参与的感受。

(4) 成立老年人组织,动员老年人关注社区事务。

社区工作者可以引导社区的老年人成立相关协会或小组,将老年人组织起来,动员他们关心一些关乎老年人切身利益的社区问题。实际上,老年人对与其有切身关系的问题有很多自己的看法,只是社区工作者没有重视他们的意见,甚至有些老人的意见反映到社区以后,社区没有回应,这样就可能挫伤他们关心社区事务的积极性。

(5) 向老年人灌输权益的意识,帮助老年人维护自身权益。

老年人自我权益意识的提高是维护老年人权益的关键。很多老年人的权益意识不强,不知道自己应该有些什么权益,更不知道怎样维护自己的权益。因此,社区工作者要不断地向老年人讲解他们的权利,让他们明白争取更多话语权、参与权和决策权的重要性,帮助他们提升自身权益意识。同时,举行有关老年人权益的讲座、讨论会等,进行老年人权益的宣传,使社会大众了解老年人曾经对社会所做的贡献,使大家明白老年人应该得到社会的照顾,从而自觉维护老年人权益。

(6) 为社区老年人提供培训,培养社区老年人领袖。

老年人是有条件去学习新事物的,老年人还有不少才能有待施展。可以为老年人举办一些短期或定期的学习培训班,内容可包括认识社会资源、解决问题方法、组织技巧培养、自信心训练、政策分析等。社区中培养的老年人领袖往往更容易与社区中的其他老年人交流。

思考题

1. 老年社区的特点有哪些?
2. 我们在老年社区管理中应注意哪几个方面?
3. 简述老年社区管理的原则。
4. 简述老年社区管理的方法。
5. 如果你是一位老年社区工作者,请为老年朋友们策划一次活动,并写一份策划书。

任务四　老年人力资源开发

情境导入

随着生活条件的改善和传统观念的改变,步入 60 岁的"银发族"已经成为就业市场上一股不可小觑的力量。在一些特殊领域,"银发族"甚至比年轻人更受欢迎。

目前,老年人再就业的形式大致可分为三种类型:

一、高薪聘请型

这类老年人的特点是，在机关、企事业单位从事管理或技术类岗位多年，经验丰富或拥有一技之长。退休后他们有完善的养老保障，因"闲不下来"而选择了"退而不休"。

二、自主创业型

这类老年人大多是子女已成家立业，没有家庭生活负担，遂利用积蓄搞起了创业。

三、无奈打工型

这类老年人往往受教育程度较低，缺少一技之长，其子女往往生活也不富足。

在目前老年人就业市场上，第一类占据了主要部分，而且"银发精英"供不应求。而没有一技之长的老年人想再就业，常常面临着年龄歧视，存在缺乏就业保障和维权难的问题。

据了解，我国在退休人员再就业的劳动关系方面尚存在法律空白，用人单位和返聘人员不能依据法律主张权利和承担义务。由于缺乏配套的老年人才市场引导机制，老年人再就业一般都是靠朋友或者熟人介绍，而通过这种"地下操作"的方式找工作，老年人十分容易吃"哑巴亏"，遭遇年龄歧视、随意解雇等问题。

（参考资料：李惊亚. 再就业老年人的新问题. https://epaper.gmw.cn/wzb/html/2010-12/23/nw.D110000wzb_20101223_4-01.htm. 引用日期：2020-09-15）

【任务描述】

根据上述情境内容，讨论分析下列问题：

1. 老年人再就业有何社会意义？
2. 老年人再就业存在哪些问题？

【任务实施】

1. 按实际情况对全班同学进行分组。
2. 以小组为单位根据任务展开主题讨论。
3. 各小组选派代表汇报、分享讨论结果。

【任务思考】

通过上述任务实施，你认为可以从哪几个方面来保障老年人再就业的权益？

【知识链接】

一、人口老龄化与人力资源开发

（一）人口老龄化与人力资源开发相关概念界定

人口老龄化是指总人口中因年轻人口数量减少、老年人口数量增多而导致的老年人口比例相应增长的动态。它包含两个含义：一是指老年人口相对增

多,在总人口中所占比例不断上升的过程;二是指社会人口结构呈现老年状态,进入老龄化社会。

人力资源又称劳动力资源,是指一个国家或地区全部人口中具有劳动能力的人口的总称。劳动年龄人口的数量及其在总人口中的比重,对一个国家或地区的经济发展至关重要。人口老龄化发展会导致劳动年龄人口比重相对下降,劳动力资源不足。由于劳动参与的能力减弱,导致劳动参与率的降低,老年人口抚养比的增加,从而影响到社会经济的发展。

(二) 人口老龄化形势下我国劳动力资源状况

自我国步入人口老龄化社会以来,人口老龄化进一步加速,并日益呈现老年人口基数大、增长快,高龄化趋势。人口老龄化直接影响劳动力供给。从生理层面看,人口老龄化,直接导致社会劳动能力水平下降。根据人的生命周期理论,随着人的生命延续,当步入老年以后,体力、智力等均会趋于衰退,劳动参与的能力也就随着减退。从制度层面看,人口老龄化使人口从劳动状态转移到退休状态,老年人口成为劳动力人口提供税收的享受者,成为单纯消费人口。随着我国人口老龄化逐步加剧,我国总体的劳动能力呈下降趋势,但这种情况在当前呈复杂态势,一方面,劳动力供给总量过剩;另一方面,劳动力有效供给不足,呈结构性短缺。

受计划生育政策的影响,我国的生育水平曾在短时间内下降,少年儿童人口比例急剧降低,老年人口比例相应迅速提高。在一定时间内,少年儿童人口比例的下降幅度高于老年人口比例的上升幅度,带来了劳动年龄人口比例的相对上升。2010年国务院新闻办公室发表的《中国的人力资源状况》白皮书显示,我国人力资源规模不断扩大。截至2009年年底,我国总人口达到 133 474 万人(不含香港、澳门特别行政区和台湾地区),其中,劳动力资源 106 969 万人,比 2000 年增加 11 267 万人;就业人员 77 995 万人,其中,城镇就业人员 31 120 万人,分别比 2000 年增加 5910 万人和 7969 万人。也就是说,那时候我国的劳动力资源还十分丰富,我国劳动人口的供求形势还没有发生根本改变,因为农村还有大批富余劳动力,只是区域性相对短缺已经出现。根据人力资源和社会保障部数据显示,我国劳动年龄人口从 2012 年开始有所减少,2020 年后减幅将加快。

我国劳动力市场的复杂态势还表现在劳务市场出现的结构性短缺上。所谓结构性短缺,是指低素质或未开发的低质量人力资源大为过剩,而经过科学开发、具备现代文化素质和先进劳动技能的高质量人力资源又相对缺乏,反映在就业市场上就是存在大量低质量的劳动力剩余,他们又无法填补许多要求较高技术和技能的工作岗位。近年来,城市劳动力市场用工单位的需求人数开始大于求职人数,部分企业"招工难"和部分劳动者"就业难"并存,这正是结构性短缺的体现,也说明我国已经从劳动力"无限供给"转向劳动力"有限剩余"。

需要指出的是,区域性短缺和结构性短缺是暂时的,随着人口老龄化程度的加深,我国将逐步走向真正意义上的劳动力短缺。

(三) 老年人力资源开发的可行性分析

越来越严峻的人口老龄化，对我国的产业结构和竞争优势产生了很大的威胁，并且我国劳动力供给将在2030—2050年进入最严峻的时期。

目前，我国应对人口老龄化的思想、物质、制度等各种准备还不足。未来，要全方位地做好应对人口老龄化高峰的准备，不仅时间十分紧迫，而且压力巨大。为此，我们必须找出对策来应对这些挑战，其中一个一举两得的对策就是开发利用我国现存的不可忽视的巨大的劳动力储备——老年人力资源。

(1) 从人力资源的概念上分析，我国老年人力资源开发是可行的。

人力资源（又称劳动力资源），是指一个国家或地区全部人口中具有劳动能力人口的总称，它既包括劳动年龄内具有劳动能力的人口，也包括法定劳动年龄以外具备实际参与社会性活动能力的人口。即人力资源的概念不应受年龄大小和在业与否的限制，包括健康的、具有一定劳动能力的老年人口在内。

(2) 从可开发的老年劳动力年龄上看，我国老年人力资源有开发空间。

我国目前仍沿用20世纪50年代开始实行的退休年龄，即男职工60岁，女干部55岁，女工人50岁，当时我国人口平均预期寿命不足50岁。而2020年，我国人口平均预期寿命达到77.9岁。寿命的延长，意味着人的体能条件在逐步提高，相应地，可劳动的年龄也在延长，在退休年龄不变的情况下，很显然，我国老年人力资源存在可开发的空间。大多数发达国家的法定退休年龄是65岁、67岁，我国是目前世界上退休年龄最早的国家，平均退休年龄不到55岁。2021年3月，《中华人民共和国国民经济和社会发展第十四个五年规划和2035年远景目标纲要》中明确提出，按照小步调整、弹性实施、分类推进、统筹兼顾等原则，逐步延迟法定退休年龄。小步调整是指每年延迟几个月或每几个月延迟1个月；弹性实施是指个人会有自主选择提前退休的空间；分类推进是指不同群体、不同性别将继续保持退休年龄差异；统筹兼顾是指配套政策和保障措施需协同推进。2022年2月，《"十四五"国家老龄事业发展和养老服务体系规划》中也提到：实施渐进式延迟法定退休年龄。

(3) 我国老年人的身体素质符合人力资源开发利用的要求。

在医疗条件和营养水平不断提高的情况下，老年人的身体素质在逐渐提高，退休人群中还有很大一部分是身体健康、精力旺盛的低龄老年人，他们具备再就业的身体条件。而在农村，老年往往没有明显的界线，只要身体条件允许，他们就会劳动到自己不能劳动为止。

(4) 老年人力资源有着其他人力资源群体所无法比拟的独特优势。

一是老年人是成熟的生产力，有深厚的工作积累，大多不用培训就可上岗；二是老年人工作认真负责，容易管理；三是老年人待遇要求不高，他们一般不需要住房等福利待遇，大多数人有医疗保障；四是老年人社会关系广泛、专业信息通畅，常常能为用人单位创造很高的价值。

二、老年人力资源管理与开发的原则

（一）积极导向原则

政府应积极采取措施，引导老年人将养老观念由"单纯养老型"向"开发养老型"转变，鼓励有能力的离退休人员以各种形式继续为社会做贡献。条件许可的情况下，政府可考虑提高老年人口参与劳动力市场的程度，减少其在晚年被排除在社会之外的风险，以完善的政策和社会福利保障老年人的老"有所不为"。同时，加大宣传力度，在全社会营造有利于老年人再就业的氛围，引导企业单位在用人机制上更加灵活，方便老年人再就业。

（二）平衡发展原则

老年人力资源开发要有全局观念，不应给其他人力资源开发造成损害或不良影响。因此，老年人力资源开发的顺序、力度和广度，要与国家整体人力资源开发目标保持平衡。提倡老年人发挥余热，但前提条件是不应对青壮年就业造成压力，即一方面要看到开发老年人力资源在满足老年人就业需求、弥补就业市场的空缺、减少人力资源浪费方面的意义；另一方面要把握平衡，引导老年人到"高、精、专"就业缺额比较大的岗位或就业环境差、就业报酬较低年轻人根本就不愿去的岗位就业，使其起到"拾遗补缺"的作用。

（三）合理配置、分类管理原则

与青壮年人力资源相比，老年人力资源有其自身的特性，他们知识和经验丰富、阅历深、人脉广，但老年群体精力和体力具有局限性，且个体间素质、能力的差异也很明显，因而对老年人再就业，应合理配置资源，分类管理，使其效能最大化。一是根据老年人整体特点和个体差异，在配置、使用和培训等环节上，合理、灵活地安排他们的工作岗位、工作时间、工作量以及培训内容和方法。二是实行分类或分层次管理，对老年高级人才应重点保护、优先开发；对一般人力者，应鼓励他们走向市场和社会；对收入较低、能力较弱者，应为他们自谋生计提供便利条件。

（四）双向调节原则

目前我国老年人才市场发展不够完善，缺乏老年人才市场引导，致使很多有一技之长并有意愿发挥余热的老人找不到就业单位，也使一些体力、精力、能力都具备再就业条件的老年人因对再就业市场状况缺乏必要的了解而导致再就业的意愿没有被调动起来。为避免由此造成人力资源的浪费，一方面应建立完善的老年人才市场，方便、快捷地向老年人传达市场供求信息，为他们进出劳动力市场创造优良的中介服务环境；另一方面应发挥各级老年管理组织的作用，引导和组织老年人参与各种有益的社会生产和公益活动，鼓励和引导老年人发挥余热。

（五）立法保护原则

传统就业模式还不能适应老年人就业的要求，加上社会上还有一些人对老年人再就业存在一些偏见或歧视等，这些会给老年人再就业带来阻碍和不公正。再就业是老年人的一项基本权利。《老年人权益保障法》明确规定"老年人参加劳动的合法收入受法律保护"，但国家目前对老年人劳动权益保护的规定并不具体。根据《中华人民共和国劳动合同法》,劳动者开始依法享受基本养老保险待遇后,劳动合同终止。也就是说,退休人员与回聘单位之间的关系只是民事上的雇佣关系,老年人退休后再就业无法受到《中华人民共和国劳动合同法》保护,一旦出现工伤、企业拒付加班费、不让休年假等情况,返聘人员无法到劳动保障部门投诉,要想维护权益,只能打民事官司。因此,应出台老年人再就业相关法律法规,以规范返聘用工行为,从制度上保障老年人再就业的权益。

三、老年人力资源管理与开发的内容

(一)加强观念引导,强化宣传力度,树立正确的人力资源观

老年人积累了一生的经验和技能,正是人生最成熟的阶段,而且大多数老年人也乐于在晚年力所能及地为社会创造财富,为家庭、为社会做出贡献。然而社会上对开发老年人力资源、推进老年人口就业存在误解。一是认为老年人再就业会与青年人争夺就业岗位,影响年轻人就业;二是低估了老年人的思维和工作能力,把他们视为社会的负担。因此,要加强观念引导,强化宣传力度,树立正确的老年人力资源观,具体而言,可从以下两个方面着手:一方面促使老年人改变传统的"单纯养老型"的观念,提高他们重新参与社会的自信心,鼓励他们为社会继续做出可能的贡献;另一方面使年轻人了解、支持老年人再就业,在社会上形成重视老年人才开发的良好舆论氛围,为老年人力资源开发营造良好外部环境。

(二)建立老年人力资源开发和管理系统

政府应建立老年人力资源开发与管理系统,在政府、街道办事处、社区等组织设置服务机构,负责处理老年人再就业的各类事项,规范有序地进行老年人力资源的开发与管理活动。有效的人力资源开发系统是与人力资源管理系统相辅相成的,人力资源管理系统的建立是为了更好地开发老年人力资源。老年人力资源开发系统一般应包括目标体系、投资体系、内容体系和方法体系。老年人力资源管理系统包括人力资源规划、工作分析、选拔、培训、职业发展、绩效管理以及福利等一系列管理过程和环节。

(三)调整产业结构,发展适应老年人从事的产业

为充分利用老年人力资源,要适当发展一些适合老年人继续就业和再就业的行业、部门和经济领域,如教育业、咨询服务业、家政服务业、养殖业、种植业、饮食业等,为越来越多的低龄老年人口继续参与社会发展创造条件,帮助实现老年人潜在的"资源价值"。

(四)实行弹性退休年龄制和弹性工作时间制

我国现行的法定退休年龄是男职工(不分工人和管理人员)60岁、女干部55岁、女工人50岁。而在这个年龄段中,他们的大多数依然身体健康、精力充沛,但迫于现行退休制度在年龄上的硬性规定不得不离开工作岗位。对此,我们可以借鉴国外的弹性退休制度,实行柔性退休政策,提倡和鼓励离退休人员再度就业创业。在企业员工达到法定退休年龄后,可根据其自身意愿和企业的

客观需求,在双方平等协商的基础上,决定是否可延迟退休和领取养老金。这种政策把刚性的规定柔化,以劳动者的意愿和健康水平为依据,使那些具有丰富劳动经验和较高技术水平的劳动者能够继续留在工作岗位上发挥他们的作用,实现他们的价值。

此外,还可以考虑对老年人口就业实行弹性工作时间制,如以每天 8 小时工作制为上限,每周 20 小时为下限,使他们可以适时调节工作节奏,保证以充沛的精力投入工作。

(五)要建立市场机制,实行双向选择

开发老年人力资源,不能靠政府硬性规定,而要遵循市场经济原则,通过市场机制调节老年人才供需关系。一是筹建老年人才市场,根据市场需求和老年人的愿望,搭建老年人才服务平台,拓宽老年人(特别是老年专业技术人员和老专家)参与社会建设的渠道。二是各类老年服务机构要积极配合有关部门,定期举办各种形式的老年人才交流活动,方便快捷地向老年人传达市场信息,为他们进出劳动力市场创造服务环境。三是人才中介机构要建立健全老年人才档案,对老年人实行信息化管理,把老年人才纳入服务范围。四是企事业单位在设置岗位时,要多提供环境好、工作稳定的服务性岗位,为老年人就业提供便利。五是国家要加大对第三产业的开发力度,为我国老年人力资源的开发创造条件。

(六)积极推进和发展老年教育事业

教育和培训是人力资源开发最重要的渠道。老年人要想参与社会建设,实现人生价值,就应该与时俱进,学习科技发展的新成果。但从现状上看,我国老年教育侧重"丰富生活、陶冶情操"的功能,其娱乐性有余而生产性功能不足。对此,我们应该革新老年教育体制,在关注老年人生活培训的同时,适当增加生产培训的课程,使老年人通过学习新知识、新技能适应经济社会的发展,使他们将原有的技术经验优势与时代发展需求有机结合起来。要健全老年教育网络,完善老年教育内容,探索老年教育管理方法。教育部门要以终身学习的价值取向为指导,向社会开放学校教育资源,充分实现教育资源的社会共享,改变对社会成员接受教育的年龄限制,改变传统的教育评价制度,制定不受特定年龄阶段限制的开放式入学制度和有利于人的可持续学习和发展的学习制度。同时,应重点发挥街道社区的作用,将更多的培训课程放到街道社区,以促进老年教育培训的普及。

(七)制定有利于开发老年人力资源的法律和政策体系

开发老年人力资源,消除社会成员对老年人再就业的偏见和歧视,一方面要通过宣传,加强观念上的积极导向,同时也要制定相关的保护政策,出台具体的办法措施,保护老年人再就业的权益。目前我国仅在暂缓离休、退休以及离休、退休高级专业技术人员返聘方面有明确的政策规定,而在涉及面更广的老年人参与社会发展的问题上则缺乏有针对性的法律法规,致使部分老年人的劳动权益受到损害。为此,我们应在《老年人权益保障法》的基础上,制定专门的法律法规,以维护老年人群体的合法权益,促进老年人力资源的开发。同时,还

要在国家现行离退休政策及《中华人民共和国劳动合同法》的框架下,适当放开对老年人就业的限制,在条件允许的情况下鼓励老年人实现再就业。

任务五　老龄产业开发与管理

情境导入

2050年,预测我国60岁以上老年人人口将达到5亿,老龄产业将有哪些机遇?

国家卫生健康委员会就"敬老月"活动有关情况举行新闻发布会。

会上,北京大学社会学系教授陆杰华认为,这两年,我国老龄产业发展面临黄金机遇期,主要在于我国养老服务、智慧养老,适老设施改造等各种公共政策推动老龄产业发展。另外,我国不断增大的老龄产业规模是产业发展的重要基础。还有科技水平提高带动产业发展,智慧养老是未来发展的重要方向。再有就是我们要抓住老年人对护理、旅居养生等刚性需求,做大养老产业。陆杰华解释,根据预测,50后、60后的人进入老龄时,老龄产业将进入快速发展时期。"这部分老人和在中华人民共和国成立之前出生的老人消费观念、家庭安排是不同的,这是重要的发展机遇。希望政府决策者、企业、社会各方关注产业发展,真正使产业进入高质量发展的新阶段。"

国家卫健委老龄健康司司长王海东介绍到,国家卫健委将大力发展医养结合,出台一系列政策措施,加快发展医养签约服务,鼓励多种形式举办医养结合机构。截至目前,全国共有近4000家医养结合机构,医疗机构与养老机构建立签约合作关系的有25000多对。全国养老院以不同形式提供医疗服务的比例达90%以上。未来,国家卫健委将加大对社会办医养结合机构的支持力度,医养结合机构中的社会办医养机构,符合条件的也要享受社会办医的各项支持政策及税费优惠政策和土地保障,鼓励各类金融机构不断地开发创新金融服务产品,拓宽医养结合的融资渠道。加强保险对医养结合的支持,只要是符合条件的尽快纳入基本医保。积极推动长期护理保险试点,鼓励保险机构进一步开发适合老年人的商业医养保险。

(参考资料:王营.全国有近4000家医养结合机构 超9成养老院提供医疗服务. http://finance.sina.com.cn/chanjing/2019-10-11/doc-iicezuev1477213.shtml. 引用日期: 2020-10-23.有删减)

【任务描述】

根据上述情境内容,讨论分析下列问题:

1. 老龄产业的发展趋势。
2. 应如何规范老龄产业市场?
3. 老龄人口的消费有什么特点?

【任务实施】
1. 按实际情况对全班同学进行分组。
2. 以小组为单位根据任务展开讨论。
3. 各小组选派代表汇报、分享讨论结果。

【任务思考】
通过任务实施了解到的内容,你认为未来老龄产业的发展前景如何?

【知识链接】

一、人口老龄化与老龄产业发展

随着我国老龄化趋势和程度的加深,老龄产业应运而生。老龄产业也称"银色产业",在西方发达国家已有很长的发展历史。我国老龄产业起步较晚,1997年5月28日中国老龄产业研讨会上首次提出"老龄产业",它包括所有满足老年人特殊需求的生产、经营、服务的经济活动和设施,以及为发挥老年人才作用兴办的各种经济实体等;也可指给老年人提供产品或劳务,满足老年人衣食住行等各方面需求的各种行业部门的通称。

老龄产业是人口老龄化发展的必然结果。随着人口老龄化趋势的加剧,家庭成员为老年人提供的支持越来越不能满足老年人的需求,传统家庭式养老模式或国家福利性集中养老模式已很难适应现代老年人的需要,因此老年人养老寻求社会支持成为趋势,老龄产业应运而生。

老龄产业是一门特殊产业,它不是传统意义上的一个独立的产业部门,也不同于经济学意义上有关"产业"的概念,其内涵实质与"老年人"密不可分,是以产品消费对象的指向性类群作为界定的依据和标准,从第一、二、三产业派生出来的新兴的综合性的特殊行业,是专门为老龄人生产和提供产品和服务,满足老龄人衣食住行各方面需求的各行业的集成或集合,其发展的最终目标是"五个老有",即老有所养、老有所医、老有所为、老有所学、老有所乐。

(一)发展老龄产业的意义

发展老龄产业意义重大,它不仅有助于提高老年人晚年的生活质量,同时也有利于拉动内需,促进国民经济健康可持续发展。

1. 有利于社会和谐与稳定

我国的老龄问题十分突出,老龄化带来的养老保障和老龄服务问题日益凸显。把老龄工作和老龄事业纳入经济社会发展的总体规划之中,统筹安排,妥善处理老年群体与其他社会群体的利益关系,满足老年人的物质文化需求,让老年人共享改革发展成果,既是统筹协调各方面利益关系的重要内容,也是实现和维护社会公平正义的重要方面,对于促进家庭和睦、社会和谐、社会稳定具有重要意义。

2. 有利于提高老年人生活生命质量

积极发展老龄产业,弘扬中华民族的传统美德,营造关爱老年人的良好社会风尚,给予老年人更多生活上的帮助和精神上的安慰,有利于提高老年人的生活生命质量,确保他们过上健康、充实、有保障的生活,提高他们的幸福感。

3. 有利于促进经济社会发展

老年群体的日益扩大,必然带来老龄服务需求的日益增长和老年消费市场的不断拓展,这不仅为老龄产业的兴起开辟了广阔空间,也为扩大劳动就业开辟了新的渠道。

(二)老龄产业开发的可行性

我国老龄产业发展潜力巨大。目前,我国老龄产业局限在老年健康医疗用品产业、老年食品保健产业、老年生活用品产业、老年居住建筑产业、老年复健及辅助用品产业等方面,产品单一,功能泛化,文化、科技含量低,对老人缺乏精神关怀和心理慰藉。在国内各个产业竞争日益白热化的市场条件下,老龄产业这个细分市场逐渐显现出无限的商机。

1. 人口老龄化加速为老龄产业的形成和发展提供了客观需要和外在的基础条件

截至2021年,我国60周岁及以上的老年人口已经达到2.67亿,预测在未来很长一段时间内,我国老年人口将一直呈迅速增长的趋势,到2050年,60周岁及以上的老年人口将接近5亿。老年群体的壮大,老年人对老年产品的需求相应地也会同步增长,这就为老龄产业的形成和发展提供了客观需求和外在的基础条件。

2. 我国老年人的需求市场已经发展充分

由于我国老年人口的数量大且增速快,在未来相当长的一段时期内,即使维持现有的、较低的消费水平,老龄消费总需求也会不断扩大。老年人口消费需求的增长潜力巨大,将日益成为刺激老龄产业持续高速发展的外在推动力。随着社会保障制度的逐步完善,老年人口的消费水平会有进一步的提高,并会对消费质量有更高追求,进而促进老年各类产品需求总量的提升。

3. 家庭养老功能弱化要求社会必须建立并发展老龄产业

随着社会的发展,家庭结构发生了很多变化,家庭规模日益小型化,空巢家庭逐渐增多,家庭的养老功能弱化。家庭养老功能弱化,要求社会必须承担起照料老人的责任,通过社会化、市场化、产业化的运行机制,不断满足老年人及其家庭日益增长的社会化服务需求,老年服务的社会化势在必行,老龄产业(如照料服务业、社区助老服务业等)应运而生。

4. 老年人收入的提高和消费观念的变化,为老龄产业的发展开辟了广阔的空间

伴随社会经济发展,我国老年人收入总体稳步增长。根据《中国城乡老年人生活状况抽样调查数据简报(2015年)》中数据显示:2014年,我国城镇老年人年人均收入达到23 930元,农村老年人年人均收入达到7621元。城乡老年人人均消费支出为14 764元,且日常生活支出、医疗费支出、其他支出占比降低,非经常性支出、文化活动支出、家庭转移支出占比提高。这表明,城乡老年人消费行为正在逐步由生存型向文化休闲型转变。同时,60后群体陆续开始进入退休生活,开启人生后半场。已经和即将退休的60后,不同于以往的"传统老人"。他们快速成长于改革开放时期,受教育程度和职场地位相对较高,财富

积累与消费水平也相较前代大幅提高,思想观念更加开放,知识视野更加开阔,对退休后的生活质量有更高的追求,愿消费、敢消费就成为顺理成章的事。老年人的收入增加和消费观念的改变,势必会给老龄产业的发展开辟广阔的空间。

5. 国家重视老龄产业发展

近年来,国家出台了一系列政策法规,进一步调整产业结构,重视第三产业特别是服务业发展,加大了对老龄产业的扶持和投入力度,为老龄产业发展创造了良好的大环境,这将直接推动老龄产业实现跨越式发展。

二、老龄产业开发与管理的原则、方法

(一)政府主导,社会兴办

老龄产业是一个关乎民生的基础性、福利性产业,在我国又属于起步阶段,因此,它需要政府发挥主导作用,对其进行大力扶持。政府主导是指政府要做好老龄产业规划布局,确定老龄产业发展的重点,研究老龄产业扶持政策,为老龄产业发展创造良好的社会环境,引导老龄产业科学发展。社会兴办是指老龄产业发展要引入市场经济的竞争机制,要吸引社会力量广泛参与,要充分运用现代公司的运作机制,培育一批投资主体多元化的老年社会服务经济实体,实行"谁投资、谁受益"的原则,为老年人提供多层次、多样化服务,推进老龄产业发展。

开发与管理老龄产业,既需要政府宏观调控,也要遵循市场规律。政府主导不是搞计划经济,不是搞大包大揽,而是说政府要把握市场规律,紧跟市场动态,根据经济社会发展和老年人物质精神需求,综合运用经济、法律和政策手段,动员、支持和鼓励社会各方面力量积极参与老龄产业开发,多渠道筹措产业发展资金,营造市场环境,推进老龄产业加快发展。我国目前尚处于社会主义初级阶段,发展老龄事业不能仅仅依靠政府,而应在发挥政府主导作用的基础上,动员社会力量积极参与,实现两条腿走路,正确处理好政府、市场和老年群体的关系,发挥各自的优势,形成互补,形成合力。为此,要正确认识和着力解决好以下三个问题:一是老年群体"收"与"支"的问题。"收"即逐步完善社会保障制度,增加老年群体的经济收入;"支"即加强舆论宣传,积极引导老年群体消费。二是老年产业市场"增"与"减"的问题。"增"即增加对老年群体真实消费需求的调查和研究,在老龄产品研发、市场推广和后期服务等方面加大投入和提高质量;"减"即减少技术难度、过度包装和操作程序,方便老年人使用。三是政府"进"与"退"的问题。"进"就是政府要加大扶持老龄产业发展力度,"退"就是政府要减少直接参与市场性服务活动。

(二)统筹规划,突出重点

老龄产业涉及范围广泛,需要统筹规划,突出重点,稳步推进。但是,目前我国还缺乏老龄产业可持续发展的总体规划和宏观指导。老龄产业管理滞后,缺少有力的行业监管机构,缺乏统一的市场规范和行业标准。尤其是在市场培育和开发方面,缺乏相关的产业发展指导,使老龄产业长期处于自主、无序、盲

目发展的状况,加上职能部门条块分割,分兵把守,增加了从事养老服务的企业或个人兴办老龄产业的难度。因此,开发老龄产业,必须要统筹规划,根据老年人的普遍性需求,区分轻重缓急,兼顾当前与长远,突出重点,分阶段推进。北京大学社会学系教授陆杰华教授认为:老龄产业的开发应以"老有所养、老有所医、老有所为、老有所学、老有所乐"为基本目标,以"全面、多样、高质量满足老年人需求"为根本宗旨;坚持"政策推动,企业参与,市场运作,统筹规划,社会支持"的总体思路,有序推进老龄产业各个领域的整体可持续发展,特别是优先发展养老服务业,鼓励发展老龄休闲业和老龄保险业,重点推进康养与智慧养老,解放思想,更新理念,稳步推进我国老龄产业快速健康高质量发展,使老龄产业成为未来我国国民经济的"动力产业"之一。

(三)规范老龄产业市场秩序

我国老龄产业发展还存在着一些困难和问题。首先是产业产品和服务规模较小,结构失衡,不能满足老年人的基本需求。从供给看,与老年服务业密切关联的上游产业,包括老年健康医疗用品产业、老年食品保健产业、老年生活用品产业、老年居住建筑产业、老年复健及辅助用品产业、老年休闲娱乐用品产业等更是严重缺乏。其次,老年旅游、老年教育、老年保险、老年财务规划、老年后事规划等软性产业领域也处于空白或低水平开发阶段。而且大部分老龄产品和服务技术含量低、服务质量较差。总体而言,当前我国老龄产业市场秩序比较混乱,缺乏行业标准、行业规范、行业自律和行业管理等。

对此,要采取以下措施加以解决:一要制定老龄产业发展总体规划,确定老龄产业发展与扶持重点,着力开发适合老年人需要的产品,并逐步提高其产品质量;二要建立老龄产业市场准入制度,加强老龄产业市场管理,严格规范市场管理与运作,构建老龄产品和服务的诚信体系,严厉打击危害老年人权益和利益的行为;三要研究制定老年产品和服务质量标准,加强产品的检查与认证;四要加强对养老服务行业的监管,发挥老龄产业行业协会和中介组织的积极作用,加强信息服务和行业自律。

(四)借鉴有益的国际经验

世界各国特别是发达国家发展老龄产业取得的经验和教训,是人类社会共同的财富。要拓宽对外交流与合作,借鉴国际上应对人口老龄化的经验和做法,不断深化改革,创新老龄产业发展的体制机制,建立并发展具有我国特色的老龄产业。

三、加快老龄产业发展的主要思路

党的十八大报告进一步明确指出,要"积极应对人口老龄化,大力发展老龄服务事业和产业"。党的十九大报告中更是提到"积极应对人口老龄化,构建养老、孝老、敬老政策体系和社会环境,推进医养结合,加快老龄事业和产业发展"。近几年来,由于政府的重视,老龄产业有了较快的发展,其在满足老年人的物质、精神、文化生活需求方面,起到了积极作用。总体看来,当前老龄产业

已初步形成,但发展还存在着一些困难和问题,且尚未形成产业规模和产业链,其发展滞后于人口老龄化和经济发展。为了加快老龄产业的发展步伐,就老龄产业发展提出如下建议:

(一)政府应加大对老龄产业的扶持力度

老龄产业与其他产业的不同在于其具有公共性、福利性,因而老龄产业的发展离不开公共政策的推动。政府应制定有利于发展老龄产业的政策,及时发布产业动态,加强信息沟通和中介服务,吸引资金,培育市场,为老龄产业发展创造一个良好的条件。一是加大对老龄产业发展的财政投入,增加政府对老龄产业发展的扶持力度,把老龄产业所需资金列入财政经常性预算项目,并根据物价的变化相应地增加对老年人服务产业的资金投入比例,在财力允许的范围内尽力为老龄服务机构和设施以及为老年人提供服务的产业给予相应的资金支持,为老龄产业的发展提供资金保障。二是要制定产业扶持和优惠政策,支持和鼓励社会、集体、个人兴办老龄产业,简化老年产业企业的审批、立项等准入手续和程序,在用地、用电、用水、信贷、税收、营销和流通等方面给予必要的优惠政策,或给予抵税、免税、财政补贴等优惠,引导社会各方面力量参与对老龄产业的投资,盘活存量,吸引增量,构筑多种经济成分并存和多种服务形式融合的新兴产业体系。

(二)老龄企业针对老年人的需求开展市场调研

随着经济的发展、社会的进步及消费观念的转变,老年人的生活需求也已发生了变化,从基本的衣食需求到保健养生需求再到精神娱乐需求,老年群体需求呈多样化、深层次化趋势。与老年群体需求相对应,目前,我国的老龄产业整体上还处在一个"小而散"的发展状态。一方面,在传统老年产业领域,产品及服务单一且层次低,主要在衣食、居住和医疗保健方面提供低层次的服务,硬性产业跟不上,延伸产业滞后,老年人的真正需求得不到普遍关注。另一方面,在现代老年产业领域,为老年人提供文化娱乐和精神享受的产品和服务没有得到很好的开发,与国外许多国家相比,我国的老年产业发展还基本上是处在起步的阶段,单一、贫乏的老年产品已远远不能满足老年人的需求。

老年群体的需求不仅纵向上存在差异,横向上也存差异。按照老年人的年龄结构和身体健康状况,可以将老年人划分为高龄老年人(80岁以上的生活自理能力较差或不能自理的老人)、体弱多病老年人和低龄老年人(60岁左右,身体基本健康)三个群体。不同的群体的消费需求是不一样的,这些需求随地域、性别、文化、习俗、家庭、收入等背景的差异又有不同,这就构成了一个规模庞大、结构多元、丰富多彩的老年人需求市场。因此,老龄用品生产企业要加强老龄产业的市场研究,搞好市场调查,研究老年消费者的消费习惯、消费心理和消费特点,针对老年人的消费需求,开发适合老年人的商品供应市场。

针对高龄老年群体,主要开发和提供护理服务,特别护理设施、特殊商品和服务;针对体弱多病的老年群体,主要研发和提供自助性生活辅助品,如电子呼救器、代步器,提供医疗服务、康复服务、家政服务、心理咨询服务等;针对低龄老年群体,主要开发和提供更多的适合自身特点的休养、娱乐的设施和场所。

由于老年人受年龄、体力限制,活动区域较小,时间相对固定,建议以社区、街道为依托,开展针对老年人的便民服务,特别是让适合老年人的服务性消费进社区、进街道,如美发、保健、休闲,修建便民商店、娱乐室、茶室和休闲吧等,在满足老年人日常生活需求的同时,进一步满足其精神消费需求。

(三)培养高水平的老龄产业从业人员

发展老龄产业,需要高水平的从业人员作支撑。然而在我国,老龄从业人员的总体水平不高,尤其是中高级养老服务人才培养渠道匮乏,且动力不足,不能满足老龄产业提质增效的用人要求。为此,要采取以下举措加以解决:一要加快培养老龄产业管理、服务人才。老龄服务产业涉及多个专业,应该鼓励医学、心理学、社会学、管理学等相关专业的人才从事老龄产业的管理和研究。同时,有计划地在有条件的高等院校开设老年学专业,开展该专业的本科和研究生学历教学,培养高层次的老龄服务、管理人才。二是实现老年服务人员的职业化、专业化。一方面鼓励和支持有条件的高等院校、职业教育机构、医院和疗养院等部门,大力开展老年服务人员的培训工作;另一方面要通过提高从业人员工资水平、落实社会保障待遇、加强岗前技能培训和职业教育、规范技能资格评价鉴定等手段,鼓励和支持更多的社会就业人员从事老年服务产业,不断壮大老龄产业从业人员队伍。三是积极培育和发展老年服务中介组织和志愿者队伍,调动社会力量参与老年人服务工作,弥补专职服务人员不足,提高老年人生活质量。

(四)大力发展老年服务业

日益增长的老年群体需求与现行老年公共产品有限的供给能力形成的矛盾,已成为我国老龄化社会中不可回避的社会事实,而缓和、解决供需矛盾的关键就是积极构建现代的老年社会服务体系,大力发展老年服务业。

社会养老服务体系是指政府、社会对养老服务有支持意义的各种制度、政策、机构等方面所构成的系统。其基本内容是以居家养老为基础、社区服务为依托、机构养老为补充,资金保障与服务提供相匹配,无偿、低偿和有偿服务相结合,政府主导,部门协同,社会参与,公众互助,着眼于老年人的实际需求,提供具有适宜技术的养老服务,优先保障低收入的高龄、独居、失能等养老困难老年人的服务需求。社会养老服务体系筹划建立已经十多年了,但各地建设情况参差不齐。为此,要重点做好以下几方面的工作:一是加大政府投入力度,争取更多的财政支持,切实提高机构养老水平;二是整合社会资源,积极拓展养老服务的空间;三是确保养老机构的社会福利和公益性质;四是拓展为老服务内容;五是建立和完善社区居家养老服务网络;六是建立居家养老服务管理体制。

(五)建立和完善法律法规体系,规范行业标准

建立老龄产业法律法规体系是老龄产业政策的一项重要内容。一是尽快制定引导、鼓励、扶持老龄产业发展的法律法规,为老龄产业的发展提供法律依据,使老龄产业的管理步入法制化的轨道。二是建立老龄产业鉴定、评

估、管理机构，制定统一的行业标准和分级管理制度，强化服务质量监控，加快培育老龄服务中介组织，逐步实现老龄产品多样化、市场化和养老服务专业化、规范化。三是加强对老龄产业企业的监管，规范市场秩序，维护老年人合法权益。

（六）完善养老保障制度，提高老年人口的购买力

老龄产业的发展，取决于老年人的消费能力。切实提高老年人的收入和保障水平，才能增强老年人的消费能力。老年人口收入的增长有赖于老龄人口保障水平的提高和老龄人口保障机制的健全。为切实提高老年人的收入和保障水平，增强老年人的消费能力，应做好以下几方面的工作：一是提高老年人收入水平。要加快老龄社会保障体系建设的进程，要提高老年人收入保障水平，在财政许可的条件下，可以适当提高退休金水平，扩大卫生、医疗保险范围，增加农村失去劳动能力老年人的转移支付。还可以通过支持兴办老年经济实体，挖掘和发挥老年人的潜力，利用他们丰富的阅历和工作经验开展有偿的信息咨询，鼓励合适的老年人创办企业、兴办实业等。二是引导老年人转变消费观念，优化消费结构。要加大宣传力度，改变老年人传统的消费观念，引导老年人把钱花到为自己的身心保健以及提高自身生活质量上，在满足基本物质消费需求的前提下，适当满足自身精神文化需求，使晚年生活更加丰富多彩。可通过多种形式向老年人普及消费知识，帮助老年人科学消费，促使老年消费市场健康、平稳、适度可持续发展。三是加强老年产品和老年服务的推广，激发和吸引老年人消费。

思考题

1. 为什么老年人容易被不法分子骗钱骗物？
2. 老年人消费心理有什么特点？
3. 如何规范老龄产业市场？
4. 开发老年人力资源的原则有哪些？
5. 老年人力资源开发的具体内容有哪些？
6. 谈谈你对弹性退休制度的看法。

内容小结

1. 保障老年人合法权益是提高老年人生活质量和生命质量的重要手段。只有全面保障老年人的合法权益，才能促进其生活质量和生命质量的提高。老年权益保障体系在我国主要包括社会保障和家庭保障。

2. 养老机构是指为老年人提供饮食起居、清洁卫生、生活护理、健康管理和文体娱乐活动等综合性服务的机构。从营利角度可分为福利性养老机构、非营利性养老机构和营利性养老机构三种类型。不同类型的养老机构有不同的内部组织及机构人员配置。其质量控制主要来自两个方面，一是政府层面，二是机构内部。

3. 常见的老年社区有公寓型老年社区和社区型老年社区。老年社区需要提供日常生活照料、社区卫生服务、精神文化服务；社会工作者在老年社区管理中起到重要作用。

4. 在越来越严峻的人口老龄化社会态势下，需要适当开发老年人力资源，可以尝试一些方法，如：调整产业结构，发展适应老年人从事的产业；实行弹性退休年龄制和弹性工作时间制等。

5. 随着老年人口的增多，势必带来老年产业的发展。在老龄产业开发与管理上需要遵循一些原则和方法。

附录

附表1 量表1

生活满意度指数 A(LSI A)

下面的一些陈述涉及人们对生活的不同感受。请阅读下列陈述,如果你同意该观点,请在"同意"之下做一记号;如果不同意该观点,请在"不同意"之下做一记号;如果无法确定是否同意,请在"?"之下做一记号。请务必回答每一个问题。

1. 当我老了以后发现事情似乎要比原先想象得好。(A)
   同意　不同意　?
2. 与我所认识的多数人相比,我更好地把握了生活中的机遇。(A)
   同意　不同意　?
3. 现在是我一生中最沉闷的时期。(D)
   同意　不同意　?
4. 我现在和年轻时一样幸福。(A)
   同意　不同意　?
5. 我的生活原本应该是更好的时光。(D)
   同意　不同意　?
6. 现在是我一生中最美好的时光。(A)
   同意　不同意　?
7. 我所做的事情多半是令人厌烦和单调乏味的。(D)
   同意　不同意　?
8. 我估计最近能遇到一些有趣的、令人愉快的事。(A)
   同意　不同意　?
9. 我现在做的事和以前做的事一样有趣。(A)
   同意　不同意　?
10. 我感到老了、有些累了。(D)
    同意　不同意　?
11. 我感到自己确实上了年纪,但我并不为此而烦恼。(A)
    同意　不同意　?
12. 回首往事,我相当满足。(A)
    同意　不同意　?
13. 即使能改变自己的过去,我也不愿有所改变。(A)
    同意　不同意　?
14. 与同龄人相比,我曾做出较多的愚蠢的决定。(D)
    同意　不同意　?

15. 与同龄人相比,我外表较年轻。(A)

　　同意　　不同意　　?

16. 我已经为一个月甚至一年后该做的事制订了计划。(A)

　　同意　　不同意　　?

17. 回首往事,我有许多想得到的东西均未得到。(D)

　　同意　　不同意　　?

18. 与其他人相比,我惨遭失败的次数太多了。(D)

　　同意　　不同意　　?

19. 我在生活中得到了相当多我所期望的东西。(A)

　　同意　　不同意　　?

20. 不管人们怎样说,许多普通人是越过越糟,而不是越过越好了。(D)

　　同意　　不同意　　?

注意:

A 为正序记分,D 为反序记分。得分从 0 分(满意度最低)到 40 分(满意度最高)。

生活满意度自我评价:该量表包含 20 个题目,其中有 12 个正向问题,8 个负向问题;涉及热情与冷漠,决心与不屈服,愿望与实现目标的统一等问题,记分方法是同意正向问题得 2 分,不同意得 0 分;同意负向问题得 0 分,不同意得 2 分;不回答或不清楚的得 0 分,总分最高为 40 分,最低为 0 分,分数越高表明生活满意度越高。

附表 2　量表 2

纽芬兰纪念大学幸福度量表(MUNSH)

指导语:我们想问一些关于你的日子过得怎么样的问题。如果符合你的情况,请回答"是",如果不符合你的情况,答"否"。

最近几个月里,你感到:

(1) 满意到极点?　(PA)

(2) 情绪很好?　(PA)

(3) 对你的生活很满意?　(PA)

(4) 很走运?　(PA)

(5) 烦恼?　(NA)

(6) 非常孤独或与人疏远?　(NA)

(7) 忧郁或非常不愉快?　(NA)

(8) 担心,因为不知道将会发生什么情况?　(NA)

(9) 感到你的生活处境变得艰苦?　(NA)

(10) 一般说来,生活处境变得使你感到满意?　(PA)

(11) 这是我一生最难受的时期?　(NE)

(12) 我像年轻时一样高兴?　(PE)

(13) 我所做的大多数事情都令人厌烦或单调？ （NE）
(14) 我做的事使我感兴趣？ （PE）
(15) 当我回顾我的一生时,我感到相当满意 （PE）
(16) 随着年龄的增加,一切事情更加糟糕？ （NE）
(17) 你感到孤独的程度如何？ （NE）
(18) 今年一些事情使我烦恼？ （NE）
(19) 如果你能到你想住的地方去住,你愿意到那儿去住吗？ （PE）
(20) 有时我感到活着没意思？ （NE）
(21) 我现在像我年轻时一样高兴？ （PE）
(22) 大多数时候我感到生活是艰苦的 （NE）
(23) 你对你当年的生活满意吗？ （PE）
(24) 我的健康情况和我的同龄人比,与他们相同甚至还好些？ （PE）

解释：

由于 MUNSH 对幸福度测定的效度和信度较高,具有较好内部一致性和最大的时间稳定性,MUNSH 作为评价老年人精神卫生状况的恒定的间接指标已被许多国家广泛应用。MUNSH 的理论结构是情感平衡理论,这一理论把幸福理解为两种对立而同样重要的、彼此独立的情感之间的平衡,即正性情感与负性情感之间的平衡,正性情感增加一个人幸福度,负性情感降低一个人的幸福度,总的幸福度是两者之间平衡的结果。

MUNSH 由 24 个条目组成,10 个条目反映正性情感和负性情感,其中 5 个条目反映正性情感(PA),5 个条目反映负性情感(NA);14 个条目反映正性体验和负性体验,其中 7 个条目反映正性体验(PE),另外 7 个条目反映负性体验(NE)。

总的幸福度＝PA－NA＋PE－NE。

评分：

回答"是",记 2 分;答"不知道",记 1 分;答"否",记 0 分。

第(19)项"现在住地"记 2 分,"别的住地"记 0 分。

第(23)项答"满意",记 2 分,"不满意"记 0 分。

总分＝PA－NA＋PE－NE,得分范围－24 至＋24。

为了便于计算,加上常数 24,记分范围 0～48。

附表 3　量表 3

90 项症状自评量表(Symptom Checklist 90,SCL-90)

用户编号：	姓名：
出生日期：	性别：
文化程度：	婚姻状况：
年级：	班级：

指导语：以下条目中列出了有些人可能会有的问题,请仔细阅读每一条,然

后根据最近一周内下述情况影响你的实际感觉,在五个答案中选择一个答案(无:自觉并无该项症状或问题;轻度:自觉有该项症状,但对测验者并无实际影响,或影响轻微;中度:自觉有该项症状,对测验者有一定影响;相当重:自觉常有该项症状,对测验者有相当程度的影响;严重:自觉该项症状的频度和强度都十分严重,对测验者的影响严重)。

选项内容:(共5项)1. 无 2. 轻度 3. 中度 4. 相当重 5. 严重

测验题目:(共90题):

(1) 头痛

(2) 神经过敏,心中不踏实

(3) 头脑中有不必要的想法或字句盘旋

(4) 头晕或晕倒

(5) 对异性的兴趣减退

(6) 对旁人责备求全

(7) 感到别人能控制您的思想

(8) 责怪别人制造麻烦

(9) 忘性大

(10) 担心自己的衣饰整齐及仪态的端正

(11) 容易烦恼和激动

(12) 胸痛

(13) 害怕空旷的场所或街道

(14) 感到自己的精力下降,活动减慢

(15) 想结束自己的生命

(16) 听到旁人听不到的声音

(17) 发抖

(18) 感到大多数人都不可信任

(19) 胃口不好

(20) 容易哭泣

(21) 同异性相处时感到害羞不自在

(22) 感到受骗、中了圈套或有人想抓住您

(23) 无缘无故地突然感到害怕

(24) 控制不住发脾气

(25) 怕单独出门

(26) 经常责怪自己

(27) 腰痛

(28) 感到难以完成任务

(29) 感到孤独

(30) 感到苦闷

(31) 过分担忧

(32) 对事物不感兴趣

(33) 感到害怕
(34) 我的感情容易受到伤害
(35) 旁人能知道您的私下想法
(36) 感到别人不理解您、不同情您
(37) 感到人们对您不友好、不喜欢您
(38) 做事情必须做得很慢以保证做得正确
(39) 心跳得很厉害
(40) 恶心或胃部不舒服
(41) 感到比不上他人
(42) 肌肉酸痛
(43) 感到有人在监视您、谈论您
(44) 难以入睡
(45) 做事必须反复检查
(46) 难以作出决定
(47) 怕乘电车、公共汽车、地铁或火车
(48) 呼吸有困难
(49) 一阵阵发冷或发热
(50) 因为感到害怕而避开某些东西、场合或活动
(51) 脑子变空了
(52) 身体发麻或刺痛
(53) 喉咙有梗塞感
(54) 感到没有前途、没有希望
(55) 不能集中注意
(56) 感到身体的某一部分软弱无力
(57) 感到紧张或容易紧张
(58) 感到手或脚发重
(59) 想到死亡的事
(60) 吃得太多
(61) 当别人看着您或谈论您时感到不自在
(62) 有一些不属于您自己的想法
(63) 有想打人或伤害他人的冲动
(64) 醒得太早
(65) 必须反复洗手、点数目或触摸某些东西
(66) 睡得不稳不深
(67) 有想摔坏或破坏东西的冲动
(68) 有一些别人没有的想法或念头
(69) 感到对别人神经过敏
(70) 在商店或电影院等人多的地方感到不自在
(71) 感到任何事情都很困难

(72) 一阵阵恐惧或惊恐
(73) 感到在公共场合吃东西很不舒服
(74) 经常与人争论
(75) 单独一人时神经很紧张
(76) 别人对您的成绩没有作出恰当的评价
(77) 即使和别人在一起也感到孤单
(78) 感到坐立不安心神不定
(79) 感到自己没有什么价值
(80) 感到熟悉的东西变得陌生或不像是真的
(81) 大叫或摔东西
(82) 害怕会在公共场合晕倒
(83) 感到别人想占您的便宜
(84) 为一些有关"性"的想法而很苦恼
(85) 认为应该因为自己的过错而受到惩罚
(86) 感到要赶快把事情做完
(87) 感到自己的身体有严重问题
(88) 从未感到和其他人很亲近
(89) 感到自己有罪
(90) 感到自己的脑子有毛病

参考文献

[1] 麦金尼斯-迪特里克.老年社会工作：生理、心理及社会方面的评估与干预：第2版[M].隋玉杰,译.北京：中国人民大学出版社,2008.
[2] 陈敖忠.常见老年病防治指导[M].2版.郑州：河南科学技术出版社,2017.
[3] 陈可冀.老龄化中国：问题与对策[M].中国科学院生物学部专题咨询组,编著.北京：中国协和医科大学出版社,2002.
[4] 陈杏铁,张正义.老年社会工作[M].北京：中国人民大学出版社,2003.
[5] 陈雪萍,姚蕴伍,杜丽萍.养老机构老年护理服务规范和评价标准[M].杭州：浙江大学出版社,2011.
[6] 陈雪萍.以社区为基础的老年人长期照护体系构建：基于杭州市的实证分析[M].杭州：浙江大学出版社,2011.
[7] 陈卓颐.实用养老机构管理[M].天津：天津大学出版社,2009.
[8] 高焕民,柳耀泉,吕辉.老年心理学[M].北京：科学出版社,2007.
[9] 胡伟略.人口社会学[M].北京：中国社会科学出版社,2002.
[10] 刘嘉龙.休闲活动策划与管理[M].上海：上海人民出版社,2011.
[11] 刘静林.老年社会工作：社区工作与管理专业[M].北京：中国轻工业出版社,2005.
[12] 刘渝琳.养老质量评测：中国老年人口生活质量评价与保障制度[M].北京：商务印书馆,2007.
[13] 卢桂珍.老年健康照护[M].天津：天津大学出版社,2008.
[14] 裴晓梅,房莉杰.老年长期照护导论[M].北京：社会科学文献出版社,2010.
[15] 曲江川.老年社会学[M].北京：科学出版社,2007.
[16] 任淑华.老年膳食营养[M].北京：经济管理出版社,2006.
[17] 宋岳涛.老年综合评估[M].北京：中国协和医科大学出版社,2012.
[18] 孙长颢.营养与食品卫生学[M].8版.北京：人民卫生出版社,2017.
[19] 田定中.中国老年旅游指南[M].北京：光明日报出版社,2011.
[20] 田雪原.中国老年人口（人口）[M].北京：社会科学文献出版社,2007.
[21] 王东进.中国社会保障制度的改革与发展[M].北京：法律出版社,2001.
[22] 王海霞.老年护理学[M].上海：同济大学出版社,2008.
[23] 王育忠.银色浪潮忧思录[M].北京：华龄出版社,2006.
[24] 武新,刘华锋.社会保障概论[M].北京：中国劳动社会保障出版社,2007.
[25] 姚远.中国人口年龄结构变化及老年人问题研究[M].北京：中国人口出版社,2007.

[26] 赵宝华.提高老年生活质量对策研究报告[M].北京：华龄出版社,2002.

[27] 赵勤,周良才.社区管理[M].北京：中国劳动社会保障出版社,2007.

[28] 周绿林.社会保障概论[M].天津：天津大学出版社,2008.

[29] 陈力.老年人力资源的特点与开发原则[J].中国人才,1996(12)：6—7.

[30] 陈友华,徐愫.中国老年人口的健康状况、福利需求与前景[J].人口学刊,2011(2)：34—39.

[31] 程欣.老年人生活照料研究综述[J].赤峰学院学报（汉文哲学社会科学版）,2011(10)：117—119.

[32] 董红亚.非营利组织视角下养老机构管理研究[J].海南大学学报（人文社会科学版）,2011,29(1)：41—47.

[33] 董之鹰.21世纪的社会老年学学科走向[J].社会科学管理与评论,2004(1)：65—71.

[34] 何靖楠,李宁华,张毅,等.国内外人口老龄化现状及我国面临的挑战[J].中华临床医师杂志（电子版）,2011,5(13)：3894—3897.

[35] 黄艺红,刘海涌.城市老年人服务需求的实证研究[J].北华大学学报（社会科学版）,2006(2)：89—93.

[36] 江立华,黄加成.老年人需求与宜居社区建设[J].华东理工大学学报（社会科学版）,2011,26(6)：87—92,113.

[37] 李建伟.老年旅游市场现状及发展方向[J].经济论坛,2009(12)：52—55.

[38] 李敏.论我国老年旅游市场发展存在的问题及策略[J].安阳工学院学报,2007(5)：30—32.

[39] 李齐云,崔德英.老龄产业发展现状、问题与对策研究[J].山东经济,2008(1)：71—75.

[40] 李倩.老龄化背景下老年人的精神需求分析[J].东方企业文化,2011(8)：118.

[41] 刘文,焦佩.国际视野中的积极老龄化研究[J].中山大学学报（社会科学版）,2015(1)：167—180.

[42] 刘艳阳.浅谈老年人的幸福指数[J].企业家天地（下旬刊）,2011(10)：195.

[43] 鲁志国.简论人口老龄化对我国产业结构调整的影响[J].深圳大学学报（人文社会科学版）,2001(2)：45—51.

[44] 祁峰.英国的社区照顾及启示[J].西北人口,2010,31(6)：20—24,28.

[45] 宋珮珮.论国外老年学的学科体系[J].国外医学（社会医学分册）,2001(3)：106—109.

[46] 孙颖心,张开荆.老年服务与管理专业教育的现状及对策[J].中国老年学杂志,2005,12(25)：1576—1577.

[47] 唐东霞.论老年活动策划与组织原则[J].江苏经贸职业技术学院学报,2012(2)：34—37.

[48] 王刚义,赵晶磊.居家养老的困境与出路：探索一种适合中国国情的养老模式[J].创新,2008(3)：86—89.

[49] 王宁.城市社区养老需求与社区养老服务体系建设[J].重庆科技学院学报(社会科学版),2011(11)：77—79.

[50] 王瑞文.我国人口老龄化对社会发展的影响[J].天津商学院学报,2006(4)：41—45.

[51] 王石泉.老年社会服务需求考察[J].中国社会保障,2006(9)：28—29.

[52] 王岳喜,李洪星.试论市场经济条件下我国老龄产业发展的现状与前景[J].山东经济,2004(5)：17—19.

[53] 邢学亮,汪莹.老年心理问题与社区老年心理服务[J].宁波大学学报(教育科学版),2008(1)：60—63.

[54] 颜志敏.人口老龄化对社会可持续发展的影响[J].哈尔滨市委党校学报,2007(2)：57—59.

[55] 杨宜勇,杨亚哲.论我国居家养老服务体系的发展[J].中共中央党校学报,2011,15(5)：94—98.

[56] 袁露.论我国老年人权益保护[J].知识经济,2010(19)：73.

[57] 张本波.中国多支柱养老服务体系发展的框架和思路[J].社会福利,2008(11)：37—39.

[58] 张岩松.论举办高职本科老年服务与管理专业的必要性[J].辽宁高职学报,2012,14(4)：13—14,73.

[59] 张雨缘.老年旅游供给侧改革方式探究[J].农村经济与科技,2018,29(6)：60,63.

[60] 赵巧云,张金明.老年人权益保障问题研究[J].合肥学院学报(社会科学版),2008(2)：38—41.

[61] 赵旭旦,林梅.浅谈老年人心理健康的维护与促进[J].科技资讯,2010(11)：237.

[62] 郑志学,朱汉民,王赞舜,等.全球人口老龄化新动向[J].中国老年学杂志,2001(1)：79—80.

[63] 庄琦.我国城市社区居家养老服务的现状与出路[J].北京劳动保障职业学院学报,2008,2(4)：13—15.

[64] 曹娟.积极老龄化视角下中国老年社会保障研究[D].南京：南京大学,2013.

[65] 高娟.社区老年教育模式研究[D].西安：陕西师范大学,2011.

[66] 高佩钰.老年居住社区的设计研究[D].合肥：合肥工业大学,2010.

[67] 牟洋.浅析老年人权利法律保障及其完善[D].济南：山东大学,2009.

[68] 田青.老年社区照料服务：基于福利多元主义的比较研究[D].上海：华东师范大学,2010.

[69] 王君岚.我国养老护理服务人才培养问题研究[D].济南：山东师范大

学.2019.

[70] 王石泉.中国老年社会保障制度与服务体系的重建[D].上海:复旦大学.2004.

[71] 闫堃.论城市社区老年保障的有效建立:以北京方庄的15个社区为例[D].北京:首都经济贸易大学,2007.

[72] 晏慧敏.养老机构人员配置标准的构建:以浙江省为例[D].杭州:杭州师范大学,2017.

[73] 杨雯雯.老龄化背景下社区养老服务需求研究:基于长春市的调查[D].长春:吉林大学,2010.